国家职业教育城市轨道交通专业教学资源库配套教材

城市轨道交通暖通空调与给排水系统

主　编　齐　群　宁善平
副主编　赵　晨　贺文锦

人民交通出版社股份有限公司

北　京

内 容 提 要

本教材为国家职业教育城市轨道交通专业教学资源库配套教材之一,围绕"以职业能力为核心"的编写理念,全面介绍了城市轨道交通车站暖通空调与给排水系统相关知识。全书共分为6个模块:模块1暖通空调与给排水系统基础知识;模块2空气调节技术相关理论;模块3通风空调与给排水常用设备及设施;模块4环控设备检修及故障处理;模块5维修安全防护工具及设备;模块6空调水系统管网设计与施工。

本教材可作为职业院校城市轨道交通类专业学生学习用书,也可作为城市轨道交通暖通空调及给排水相关从业人员参考书。

* 本教材配套多媒体教学课件,任课教师可通过加入职教轨道教学研讨群(教师专用 QQ 群: 129327355)获取。

图书在版编目(CIP)数据

城市轨道交通暖通空调与给排水系统 / 齐群,宁善平主编. — 北京 : 人民交通出版社股份有限公司,
2021.8(2025.1 重印)

ISBN 978-7-114-17377-6

Ⅰ.①城… Ⅱ.①齐… ②宁… Ⅲ.①城市铁路—轨道交通—采暖设备—给排水系统—职业教育—教材②城市铁路—轨道交通—通风设备—给排水系统—职业教育—教材 Ⅳ.①U239.5

中国版本图书馆 CIP 数据核字(2021)第 109524 号

国家职业教育城市轨道交通专业教学资源库配套教材
Chengshi Guidao Jiaotong Nuantong Kongtiao yu Jipaishui Xitong

书　　名	城市轨道交通暖通空调与给排水系统
著 作 者	齐　群　宁善平
责任编辑	司昌静　杨　思
责任校对	孙国靖　龙　雪
责任印制	张　凯
出版发行	人民交通出版社股份有限公司
地　　址	(100011)北京市朝阳区安定门外外馆斜街 3 号
网　　址	http://www. ccpcl. com. cn
销售电话	(010)85285911
总 经 销	人民交通出版社股份有限公司发行部
经　　销	各地新华书店
印　　刷	北京虎彩文化传播有限公司
开　　本	787×1092　1/16
印　　张	15.25
字　　数	371 千
版　　次	2021 年 8 月　第 1 版
印　　次	2025 年 1 月　第 4 次印刷
书　　号	ISBN 978-7-114-17377-6
定　　价	45.00 元

(有印刷、装订质量问题的图书由本公司负责调换)

前　言

【编写背景】

近些年来,我国城市轨道交通已从"拼速度、比规模"转向高质量发展,城市轨道交通线网规划也将逐渐实现与城际线网、高速铁路线网的互联互通,并从单个城市拓展到都市圈或城市群。随着产业升级和经济结构调整不断加快,各行各业对技术技能人才的需求越来越紧迫,职业教育的重要地位和作用越来越突显。

城市轨道交通的发展有助于加快城市化的建设,车站是城市轨道交通建设中的一个重要组成部分,暖通空调与给排水系统的设计影响着线路的运营。基于此背景,本教材就城市轨道交通车站暖通空调与给排水系统的相关知识展开介绍,以促进就业和适应产业发展需求为导向,着力培养高素质劳动者和技术技能人才。

【主要内容】

本教材全面介绍了城市轨道交通车站暖通空调与给排水的相关知识。全书共分为6个模块:模块1暖通空调与给排水系统基础知识;模块2空气调节技术相关理论;模块3通风空调与给排水常用设备及设施;模块4环控设备检修及故障处理;模块5维修安全防护工具及设备;模块6空调水系统管网设计与施工。

【教材特色】

本教材作为国家职业教育城市轨道交通专业教学资源库配套教材,适应新时代技术技能人才培养的新要求,吸收行业内经验,内容科学先进、针对性强。推荐读者直接访问 www.icve.com.cn,进入"城市轨道交通暖通空调与给排水系统"标准课与 MOOC 学习。

本教材结合目前城市轨道交通车站暖通空调与给排水系统先进的检修与设计流程,改变了以知识能力点为主的体系框架,以实践活动为主线,理论辅助实践,通过模块化学习方式,以真实生产项目、典型工作任务、案例等为载体组织教学单元,紧紧围绕"以职业能力为核心"的理念,培养职业院校学生的动手能力。

【使用建议】

本教材可作为高职高专院校城市轨道交通专业课程的教材,也可作为应用型本科、成人教育、自学考试、开放大学的教材,以及城市轨道交通工程技术人员的参考书。

【编写组织】

本教材由广东交通职业技术学院齐群和宁善平担任主编,教材在编写过程中得到了学院、教务处相关领导的大力支持和帮助。本教材主要由广东交通职业技术学院齐群、宁善平、赵晨、贺文锦、张薇琳、黄玉萍、史陆星等编写。教材在编写的过程中得到了广州地铁集团有限公司相关专家的帮助,他们对本教材提出了许多宝贵的意见和建议,在此一并表示感谢。

【致谢】

本教材在编写过程中参考、借鉴了相关文献、书籍及资料,在此对专家及相关作者一并表示感谢。由于资料来源和编者水平有限,本教材中难免存在不足之处,真诚地希望广大读者提出批评及改进意见。

作　者

2021 年 5 月

目 录

配套资源索引

注:读者可访问 www.icve.com.cn,进入"城市轨道交通暖通空调与给排水系统"标准课与 MOOC 学习。

I

模块1 暖通空调与给排水系统基础知识

模块背景

　　暖通空调系统与给排水系统是城市轨道交通车站的两大重要系统。无论是暖通空调系统还是给排水系统,其涉及的介质均为流体(气体或液体)。因此,研究流体力学的相关内容,对于更好地认识暖通空调系统与给排水系统有着重要意义,并可为学生今后的深入学习和工作打下良好的基础。

　　泵和风机都是根据流体力学理论设计的用于输送流体或提高流体压力的流体机械,在城市轨道交通暖通空调和给排水系统中有着重要的作用。泵的工作对象是液体;风机的工作对象是气体。它们的工作原理都是将原动机(电动机等)的机械能转变为被作用流体的能量,从而使流体产生速度和压力。从能量的观点来说,泵和风机都属于能量转换的流体机械。

　　热学主要是从能量转化的观点来研究物质的热性质,它揭示了能量从一种形式转换为另一种形式时遵从的宏观规律,总结了物质的宏观现象。热力学理论并不研究物质的微观结构,而只关心系统在整体上表现出来的热现象及其变化发展所必须遵循的基本规律。热力学理论通过少数几个能直接感受和可观测的宏观状态量(如温度、压强、体积、浓度等)描述和确定系统所处的状态。暖通空调与给排水系统中涉及大量的热力学理论相关概念与内容。

模块学习清单

　　暖通空调与给排水系统基础知识模块学习清单见表1-1。

暖通空调与给排水系统基础知识模块学习清单　　　　　　　　　　表1-1

名　　　称		暖通空调与给排水系统基础知识
学习目标	知识目标	1.掌握流体力学概念,了解流体力学主要研究对象、研究方向和研究内容; 2.掌握流体的物理性质、流体静力学以及流体动力相关知识点; 3.掌握离心泵与风机的理论知识、基本构造; 4.掌握温度和热的基本概念及其应用
	技能目标	1.掌握绝对压力、表压力和真空度的概念以及不同压力单位的换算; 2.掌握层流和紊流的判别方式; 3.掌握离心泵与风机基本构造的识别以及损失与效率的计算; 4.掌握摄氏温度和华氏温度的换算以及简单的换热计算
	素质目标	1.具有良好的社会公德、职业道德和专业基本素质; 2.具有强烈的法律意识、环境保护意识、安全与自我保护意识; 3.具有沟通协调能力、语言表达能力、班组管理能力; 4.培养团结协作、热情有礼、认真细心、沉着冷静、遇乱不惊的职业素养

名　　称	暖通空调与给排水系统基础知识
学习内容	单元 1.1　流体力学理论基础 　阐述流体力学的概念、流体力学主要研究内容和流体力学发展史;介绍流体的重要物理性质以及流体静力学和流体动力学的相关知识;介绍流动阻力与流动阻力损失计算。 单元 1.2　泵与风机 　阐述离心泵与风机的理论基础相关知识,离心泵与风机的基本构造、运行方式以及调节方法;介绍其他几种泵与风机及其特点。 单元 1.3　温度概述 　阐述温度的基本概念及其应用、热的几种基本概念以及几种基本的传热方式
学习要求	1.将授课班级学生分组,每小组 5~8 人为一个学习团队; 2.每个学习团队组织学习,进行模块分析、组员分配、制订团队工作分配表; 3.资料学习、相关知识准备,完成模块的资讯环节; 4.利用现场教学、资源完成模块的实施演练环节; 5.学习团队讨论,编制模块—单元—知识点学习计划书; 6.学习团队现场实践,制订现场实践的实施方案; 7.学习团队制作模块的汇报演讲稿,团队派代表上台演讲; 8.制定该模块的评价表、考核要素,进行小组互评
学习要点	1.教学资源的收集与整理; 2.确认模块下每个单元学习的重点与难点; 3.单元学习计划制订,小组分工,汇报 PPT 制作,小组交流演讲; 4.学习团队进行讨论,教师参与讨论,通过团队合作解决问题
学习拓展	1.收集具有国际领先水平的具有代表性的暖通空调与给排水系统基础知识的相关资料; 2.按"准员工"的要求来学习,结合本城市的情况,组织团队成员去现场学习; 3.制作内容丰富的多媒体课件(PPT)
清单下发人	日期:　　年　　月　　日
清单执行人	日期:　　年　　月　　日

单元 1.1　流体力学理论基础

学习目标

1. 掌握流体力学概念,了解流体力学主要研究对象、研究方向与研究内容;
2. 掌握流体的物理性质、流体静力学以及流体动力学相关知识点;
3. 了解流动阻力的基本概念,能够进行简单的流动阻力损失计算。

学习重点

1. 流体力学、流体静力学以及流体动力学的基本概念;
2. 绝对压力、表压力和真空度的概念以及不同压力单位的换算;
3. 雷诺数的概念以及层流和紊流的判别。

理论知识

一、流体力学概念

根据研究对象不同,力学一般可分为三种:以受力后不变形的绝对刚体为研究对象的理论力学;以受力后产生微小变形的固体为研究对象的固体力学;以受力后产生较大变形的流体为研究对象的流体力学。城市轨道交通车站暖通空调与给排水系统主要涉及流体力学。

1. 流体力学的研究对象

流体力学(Fluid Mechanics)是力学的一个分支,研究流体的平衡和流体的机械运动规律,并研究流体在工程实际中的应用。

工程流体力学以流体(包括液体和气体)为研究对象,研究流体宏观的平衡和运动的规律、流体与固体壁面之间的相互作用规律,以及这些规律在工程实际中的应用。

2. 流体力学的主要分支

流体是气体和液体的总称。在人们的生活和生产活动中随时随地都可遇到流体。所以,流体力学是与人类日常生活和生产事业密切相关的,其主要分支学科如下。

1)地球流体力学

大气和水是最常见的两种流体。大气包围着整个地球,地球表面约70%是水面。大气运动、海水运动(包括波浪、潮汐、中尺度涡旋、环流等)乃至地球深处熔浆的流动都是流体力学的研究内容,属于地球流体力学范围。

2)水动力学

水在管道、渠道、江河中的运动从古至今都是人们研究的对象。人们还利用水做功制做机械工具,如古老的水碓和近代高度发展的水轮机。船舶一直是人们的交通运输工具,船舶在水中运动时所遇到的各种阻力、船舶稳定性以及船体和推进器在水中引起的空化现象,一直是船舶水动力学的研究课题。这些研究有关水的运动规律的分支学科称为水动力学。

3)气体动力学

自20世纪初世界上第一架飞机出现以来,飞机和其他各种飞行器得到迅速发展。20世纪50年代开始的航天飞行使人类的活动范围扩展到其他星球。航空航天事业的蓬勃发展与流体力学的分支学科——空气动力学和气体动力学的发展紧密相连。这些学科是流体力学中十分活跃、富有成果的领域。

4)渗流力学

石油和天然气的开采以及地下水的开发利用,要求人们了解流体在多孔或缝隙介质中的运动,这是流体力学分支之一——渗流力学研究的主要对象。渗流力学还涉及土壤盐碱化的防治,化工中的浓缩、分离和多孔过滤,燃烧室的冷却等技术问题。

5)物理-化学流体动力学

燃烧煤、石油、天然气等,可以得到热能来推动机械或做其他用途。燃烧离不开气体,这是有化学反应和热能变化的流体力学问题,是物理-化学流体动力学的内容之一。爆炸是猛烈的瞬间能量变化和传递过程,涉及气体动力学,从而形成了爆炸力学。

6)多相流体力学

沙漠迁移、河流泥沙运动、管道中煤粉输送、化工流态化床中气体催化剂的运动等都涉及流体中带有固体颗粒或液体中带有气泡等问题,这类问题是多相流体力学研究的范围。

7)等离子体动力学和电磁流体力学

等离子体是自由电子、带等量正电荷的离子以及中性粒子的集合体。等离子体在磁场作用下有特殊的运动规律。研究等离子体的运动规律的学科称为等离子体动力学和电磁流体力学(见电流体动力学、磁流体力学)。它们在受控热核反应、磁流体发电、宇宙气体运动(见宇宙气体动力学)等方面有广泛的应用。

8)环境流体力学

风对建筑物、桥梁、电缆等的作用使它们承受载荷和激发振动,废气和废水的排放造成环境污染,河床冲刷迁移和海岸遭受侵蚀,研究这些流体本身的运动及其同人类、动植物间的相互作用的学科称为环境流体力学(其中包括环境空气动力学、建筑空气动力学)。这是一门涉及经典流体力学、气象学、海洋学和水力学、结构动力学等的新兴边缘学科。

9)生物流变学

生物流变学研究人体或其他动植物中有关的流体力学问题,如血液在血管中的流动,心、肺、肾中的生理流体运动(见循环系统动力学、呼吸系统动力学)和植物中营养液的输送(见植物体内的流动)。此外,生物流变学还研究鸟类在空中的飞翔(见鸟和昆虫的飞行)、动物(如海豚)在水中的游动等。

因此,流体力学既包含自然科学的基础理论,又涉及工程技术科学方面的应用。以上主要是从研究对象的角度来说明流体力学的内容和分支。此外,从流体作用力的角度,流体力学可分为流体静力学、流体运动学和流体动力学;从对不同"力学模型"的研究来划分,流体力学可分为理想流体动力学、黏性流体动力学、不可压缩流体动力学、可压缩流体动力学和非牛顿流体力学等。

3.流体力学的应用

流体力学应用较为广泛,航空航天、水运工程、流体机械、给水排水、水利工程、化学工程、气象预报,以及环境保护等学科均以流体力学为重要理论基础。其具体学科与应用的对应关系如下:

(1)空气动力学和气体动力学——航空航天领域。

(2)渗流力学——流体在多孔或缝隙介质中的运动(石油、天然气开采等)。

(3)物理–化学流体动力学——燃烧过程。

(4)多相流体力学——沙漠迁移、管道煤粉输送等。

(5)等离子体动力学和电磁流体力学——等离子体运动规律。

(6)生物流变学——动植物相关流体力学。

对于常见的工程领域方面的应用,流体力学也可按工程领域区分如下:

(1)水利类流体力学:面向水利工程、水动力学、海洋工程等。

(2)机械类流体力学:面向机械工程、冶金工程、化学工业、水机等。

(3)土木类流体力学:面向市政、工业与民用建筑、道路桥梁、城市防洪等。

二、流体的物理性质

1.流体的密度和重度

流体单位体积内所具有的质量称为密度。密度用字母 ρ 表示,单位为 kg/m^3。流体单位体积内所具有的重量称为重度。重度用 γ 表示,单位为 N/m^3。两者之间的关系为

$$\gamma = \rho g \tag{1-1}$$

式中:g——重力加速度,通常 $g = 9.806 m/s^2$。

流体的密度和重度不仅随流体种类而异,而且与流体的温度和压力有关。因为当温度和压力不同时,流体的体积会发生变化,所以其密度和重度也随之变化。对于液体来讲,密度和重度受压力和温度变化的影响不大,可近似地认为它们是常数;对于气体来讲,压力和温度对密度和重度的影响很大。

2.流体的黏滞性

流体黏滞性是指流体运动时,在流体的层间产生内摩擦力的一种性质。

所谓动力黏度系数,是指流体单位接触面积上的内摩擦力与垂直于运动方向上的速度变化率的比值,用 μ 来表示。

所谓运动黏度,是指动力黏度系数 μ 与相应的流体密度 ρ 之比,用 v 来表示。

运动黏度或动力黏度的大小与流体的种类有关,对于同一流体,其值又随温度而异。气体的黏度系数随温度升高而升高,而液体的黏度系数则随温度升高而降低。

液体黏滞性随温度升高而降低的特性,对电厂锅炉燃油输送和雾化是有利的,因此锅炉燃烧用的重油需加热到一定温度后,才用油泵打出。但这个特性对水泵和风机等转动机械则是不利的,因为润滑油油温超过60℃时,其黏滞性下降,会妨碍润滑油油膜的形成,造成轴承温度升高,以致发生烧瓦事故,所以轴承回油温度一般保持在60℃以下。

三、流体静力学知识

1. 流体静压力及其特性

处于静止状态下的流体,不仅对与之相接触的固体边壁有压力作用,而且在流体内部,相邻的流体之间也有压力作用,这种压力被称为流体静压力。流体静压力是指作用在单位面积上的力,其单位为 Pa。

平均静压力值可能大于该面积上某些点的流体静压力值,或者小于该面积上另一些点的流体静压力值,因此,它与该面积上某点的实际静压力是不相符的,为了表示某点的实际流体静压力就需要引出点静压强的概念。

静止流体作用在单位面积上的流体静压力称为流体静压强。

如图 1-1 所示,取水体表面任意一表面积 ΔA,该点总压力为 ΔP,则 ΔA 的平均压强 P 为

$$P = \frac{\Delta P}{\Delta A} \tag{1-2}$$

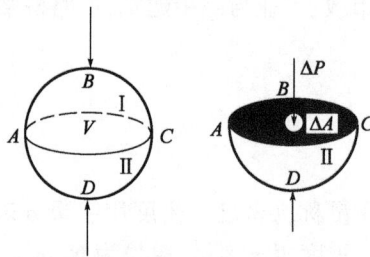

图 1-1   流体静压强的定义

当表面某 a 点 ΔA 区域无限小(接近一点)时,则

$$P = \lim_{\Delta A \to 0} \frac{\Delta P}{\Delta A} \tag{1-3}$$

这个极限值 P 称为 a 点的静压强。流体静压强的单位常用 Pa 表示,则 $1\mathrm{Pa} = 1\mathrm{N/m^2}$,$1\mathrm{MPa} = 1000\mathrm{kPa}$,$1\mathrm{MPa} = 10\mathrm{bar}$。

流体静压强有两个特性:

(1)流体静压强的方向与其作用面相垂直,并指向作用面。

(2)流体内任一点的各个方向的流体静压强均相等。

2. 流体静力学基本方程

$$p = p_0 + \gamma h \tag{1-4}$$

式(1-4)为流体静力学基本方程式,它表明液体内任一点的静压力等于自由液面上的压力 p_0 加上该点距自由液面的深度 h 与液体重度 γ 的乘积。由流体静力学基本方程式可知,静压力是随着深度按线性规律变化的,即点的位置越深,则压力就越大。

3. 绝对压力、表压力和真空度

当某一点的流体静压力是以绝对真空为零算起时,这个压力称为绝对压力。

以大气压力为零算起的压力,称为表压力或相对压力。表压力可用绝对压力减去当地大气压力进行计算。

如果流体中某点的绝对压力小于大气压力,即表压力为负值,则称该处处于真空状态。真空的大小,一般用真空值或真空度表示。真空值是指大气压力与绝对压力的差值。由于真空值就是负的表压力,因此真空值也称为负压。真空度是指真空值与当地大气压力相比的百分数。

流体静压力的计量单位有许多。为了便于对照使用,特将常遇到的几种压力单位及其换算列于表1-2。

常见压力单位及换算表　　　　　　　　　　　　　表1-2

帕斯卡 (N/m^2)	工程大气压 (kgf/cm^2)	标准大气压 (atm)	米水柱 (mH_2O)	毫米汞柱 (mmHg)
1	0.102×10^{-4}	0.0987×10^{-4}	1.02×10^{-4}	75.03×10^{-4}
9.8×10^4	1	0.968	10	735.6
10.13×10^4	1.033	1	10.33	760
10.00×10^4	1.02	0.987	10.2	750.2
133.225	0.00136	0.001316	0.0136	1

4.连通器

连通器是指液面以下互相连通的两个容器。连通器液体平衡可以分为以下三种情况:

第一种情况:在两个相连的容器中注入同一种液体,且液面上的压力也相等,所以其液面高度相等。利用此原理可以制成锅炉汽包和各种容器上的水位计。

第二种情况:在连通器中盛以相同的液体,但液面上的压力不等,其液面上的压力差,等于连通器液面差所产生的压力。利用此原理可以制成各种液体压力计,如锅炉 U 形管风压表等。

第三种情况:在连通器两容器中盛以两种不同的液体,但液面上的压力相同,由于两种液体互不相混,自分界面起,液面高度与液体重度成反比。利用此原理可以测定液体重度或进行液柱高度换算。

四、流体动力学知识

1.流量、流速

流量是指液体在单位时间内通过过流断面(液流中与流线垂直的截面)的体积。液体流量用 Q 表示,单位为 m^3/s。

平均流速是指过流断面上各点流速的算术平均值,即假定过流断面上各点都以相同的平均流速流动时所得到的流量与各点以实际流速流动时所得到的流量相等。实际流速是指液体某一质点在空间中的移动速度。

2. 流体连续性方程式

流体连续性方程式为 $c_1 F_1 = c_2 F_2 = 常数$，即

$$\frac{c_1}{c_2} = \frac{F_2}{F_1} \tag{1-5}$$

式中：c_1、c_2——平均流速；

　　　F_1、F_2——过流断面面积。

式(1-5)表明，流体的平均流速与相应的过流断面面积成反比，即在管道断面缩小处，流体流速就快；而在管道断面增大处，流体流速就慢。

此方程式表示管道中各个过流断面上，其面积与平均流速的乘积均相等，且等于常数。

3. 伯诺里方程式

实际流体的伯诺里方程式为

$$\frac{u_1^2}{2g} + \frac{p_1}{\gamma} + Z_1 = \frac{u_2^2}{2g} + \frac{p_2}{\gamma} + Z_2 + h'_s \tag{1-6}$$

式中：u_1、u_2——断面处流体流速，m/s；

　　　p_1、p_2——断面处的压力，Pa；

　　　Z_1、Z_2——断面的流体相对于某一基准面的位置高度，m；

　　　g——重力加速度，m/s²；

　　　γ——流体的重度，N/m³；

　　　h'_s——断面间单位重量流体的能量损失，J。

4. 伯诺里方程式的应用

1）流速测速仪——皮托管

可用一根测速管与一根测压管组成皮托管，有效地测量管道中液体（或气体）每一点的流速 u。

测定液体流速时的计算公式为

$$u = \varphi \sqrt{2gh} \tag{1-7}$$

测定气体流速时的计算公式为

$$u = \varphi \sqrt{2g\Delta h \frac{\gamma'}{\gamma}} \tag{1-8}$$

式中：φ——流速修正系数，可用试验方法得出，其值一般为 $0.9 \sim 1.03$；

　　　Δh——差压计 U 形管中液面高度差，m。

2）流量测量装置——文丘里管

文丘里管用于管道中的流量测量，它由收缩段和扩散段组成，两段接合处称为喉部。在文丘里管入口前的直管段断面和喉部断面两处测量静压值，根据静压差和两个已知截面面积可以计算通过管道的流量，即

$$Q = \mu \frac{\pi d_1^2}{4} \sqrt{\frac{2g(p_1 - p_2)}{\gamma\left[\left(\frac{d_1}{d_2}\right)^4 - 1\right]}} \tag{1-9}$$

d_1、d_2 为喉道直径,如果压力差$(p_1 - p_2)$用差压计中 U 形管液面高度差来表示,则

$$Q = \mu \frac{\pi d_1^2}{4} \sqrt{\frac{2g\Delta h(\gamma' - \gamma)}{\gamma\left[\left(\frac{d_1}{d_2}\right)^4 - 1\right]}} \tag{1-10}$$

文丘里管除应用于测定管道中的流量外,还应用于锅炉等其他场合。例如,喷水减温器就是利用其喉部工质流速增加,压力下降,以增大减温水的喷水压差。又如,喷射泵是利用其喉部工质流速增加,使压力下降到低于大气压力、形成真空,将泵内空气抽出,以便进行水泵启动前的灌水。再如,钢珠除尘器是利用文丘里管喉部形成的真空,将钢珠由尾部烟道下部抽到上部,再由上部落下,以达到清洁尾部受热面的目的。此外,文丘里管还用于停炉时排除过热器积水以及提高水膜除尘器的效率。

五、流动阻力与流动阻力损失计算

1. 流动阻力的类型

实际流体在管道中流动时的阻力可分为两种类型:一种是沿程阻力,它是由于流体在直管内运动,因流体层间以及流体与壁面之间的摩擦而造成的阻力,沿程阻力所引起的流体能量损失称为沿程阻力损失;另一种是局部阻力,因局部障碍(如阀门、弯头、扩散管等)引起流体显著变形以及流体质点间的相互碰撞而产生的阻力。局部阻力引起的流体能量损失称为局部阻力损失。

2. 层流与紊流

层流状态是指在流体运动过程中,各质点的流线互不混杂、互不干扰的流动状态。

紊流状态是指在流体运动过程中,各质点的流线互相混杂、互相干扰的流动状态。

流体的流动是层流还是紊流可用雷诺数 Re 进行判别。由层流转变到紊流的雷诺数称为临界雷诺数,以 Re_{ej} 表示。试验表明,流体在圆管内流动时的临界雷诺数为 $Re_{ej} = 2300$。因此,当 $Re \leqslant 2300$ 时,流动为层流;当 $Re > 2300$ 时,认为流动已经是紊流。

3. 沿程阻力损失、局部阻力损失和管道系统的总阻力损失

管道流动中单位质量流体的沿程阻力损失 h_y 可用式(1-11)计算:

$$h_y = \lambda \frac{L}{d_d} \cdot \frac{c^2}{2g} \tag{1-11}$$

式中:λ——沿程阻力系数,它与雷诺数 Re 以及管壁粗糙度有关;

　　L——管道长度,m;

　　d_d——管道的当量直径(对于圆管即为内径),m;

　　c——平均流速,m/s;

　　g——重力加速度。

管道流动中单位质量流体的局部阻力损失 h_j 可用式(1-12)计算:

$$h_j = \zeta \frac{c^2}{2g} \tag{1-12}$$

式中:ζ——局部阻力系数。

工程上的管道系统是由许多等直管段和管件组成。这时整个管道的流动阻力损失可用式(1-13)计算:

$$h_\omega = \sum h_y + \sum h_j \tag{1-13}$$

式中:$\sum$——表示总和。

4.压力管路中的水锤

在压力管路中,由于液体流速的急剧变化,从而造成管道中液体的压力显著地、反复地、迅速变化的现象,称为水锤(水击)。

水锤可以发生在压力管路上的阀门迅速关闭或水泵等设备突然停止运转时。在这种情况下,管中的流速迅速减小,使得压力显著升高,这种以压力升高为特征的水锤叫作正水锤。正水锤的压力升高可以超过管中正常压力的几十倍甚至几百倍,致使管壁材料产生很大的应力,而压力的反复变化将引起管道和设备的振动,将造成管道、管件和设备的损坏。

水锤也可以发生在压力管路上的阀门迅速开启或水泵等设备突然启动时。在这种情况下,管中的流速急剧增加,使得压力显著降低,这种以压力降低为特征的水锤叫作负水锤。这种负水锤也会引起管道和设备的振动,同时负水锤时的压力降低,可能致使管中产生不利的真空,由于外面大气压的作用,而将管道挤扁。

为了预防水锤的危害,可采取增加阀门启闭时间,尽可能缩短管道长度,或者采取在管道上装设安全阀或空气室等措施,以限制压力变化的数值。

单元 1.2 泵 与 风 机

学习目标

1.掌握离心泵与风机的理论基础相关知识;
2.掌握离心泵与风机的基本构造;
3.了解离心泵与风机的运行方式和调节方法;
4.了解其他几种典型的泵与风机及其特点。

学习重点

1.离心泵与风机速度三角形的求解以及损失与效率的计算;
2.离心泵与风机的基本构造以及各部分的作用。

离心泵与风机的
构造

课前预习

请扫描二维码,观看微课视频,完成预习。

理论知识

泵和风机是根据流体力学理论设计的输送流体或者提高流体压力的流体机械,在城市轨道交通车站暖通空调系统和给排水系统中有着重要的作用。泵的工作对象是液体;风机的工作对象是气体。它们的工作原理都是将原动机(电动机等)的机械能转变为被作用流体的能量,从而使流体产生速度和压力。从能量的观点来说,泵和风机都属于能量转换的流体机械。

一、离心泵与风机的理论基础

1.速度三角形

当流体在离心泵与风机的叶轮中运动时可以认为,流体相对外界环境系统的运动速度是相对速度 w,而流体相对于叶轮的运动速度是绝对速度 v,叶轮相对外界环境系统的速度是牵连速度 u,且有 $v=w+u$。流体在叶轮流道中流动示意图如图 1-2 所示。

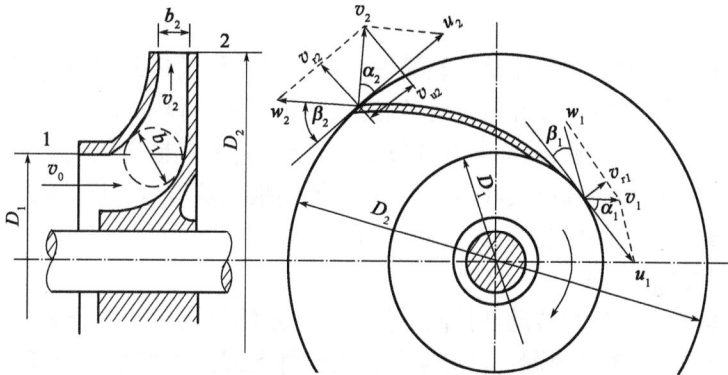

图 1-2　流体在叶轮流道中流动示意图

当叶轮旋转时,流体沿轴向以绝对速度 v_0,自叶轮进口处流入,以绝对速度 v_2 在叶轮出口处流出。在叶片进口 1 处,一方面流体质点随叶轮旋转做圆周牵连运动,其圆周速度为 u_1;另一方面流体质点又沿叶片方向做相对运动,相对速度为 w_1。根据速度合成定理,流体质点在进口处的绝对速度 v_1 应为牵连速度 u_1 与相对速度 w_1 两者的矢量和。同理,在叶片出口 2 处,流体质点的绝对速度 v_2 应为牵连速度 u_2 与相对速度 w_2 两者的矢量和。

图中相对速度 w 与牵连速度 u 反方向之间的夹角 β 称为叶片安装角,它表明了叶片的弯曲方向。绝对速度 v 与牵连速度 u 之间的夹角 α 称为叶片的工作角。其中, α_1 是叶片进口工作角, α_2 是叶片出口工作角。

流体在叶轮中的复合运动可用速度三角形表示,将绝对速度 v 分解为与流量有关的径向分速度 v_r 和与扬程有关的切向分速度 v_u,如图 1-3 所示。

根据速度三角形,则有

$$v_{u2} = v_2\cos\alpha_2 = u_2 - v_{r2}\cot\beta_2 \qquad (1\text{-}14)$$

$$v_{r2} = v_2\sin\alpha_2 \qquad (1\text{-}15)$$

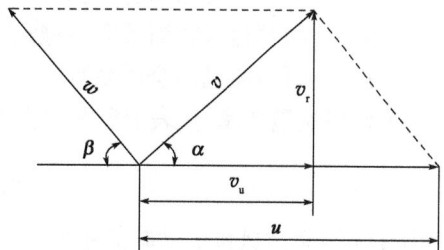

图 1-3　速度三角形

2.基本方程式

进一步利用动量矩定理来推导泵或风机的基本方程式——欧拉方程。鉴于流体在叶轮流道中的运动十分复杂,为了简便起见,可做一些假定,把它当作一元流动来讨论。基本假定如下:

(1)流动为恒定流(不随时间变化)。

(2)流体为不可压缩流体,因流体流经离心泵与风机所获升压较小,进、出口的流体密度可视为不变。

(3)叶轮的叶片数目为无限多,叶片厚度为无限薄,可认为沿圆周各点的速度相等。

(4)流体在整个叶轮中的流动过程为理想过程,即泵与风机工作时没有任何能量损失。

3.损失与效率

实际流动过程并非基本方程中所假设:流体在整个叶轮中的流动过程为理想过程。流体从进口轴向吸入,然后以约90°角折转进入叶道,通过旋转叶轮获得能量,由蜗壳集中,从出口排出。流体流通过程所通过的流道比较复杂,在流通过程中势必产生各种损失。

1)流动损失

流动损失的根本原因在于流体具有黏滞性。泵与风机从进口到出口,由许多不同形状的流道组成。当工作流量不等于设计流量时,则进入叶轮叶片流体的相对速度的方向就不再同叶片进口安装角的切线相一致,从而与叶片发生冲击作用,造成撞击损失。另外,在整个流动过程中,一方面存在着从叶轮进口、叶道、叶片扩压器到蜗壳及出口扩压器沿程摩擦损失,另一方面因边界层分离、二次涡、尾迹等,产生涡流损失。

2)泄漏损失与泄漏效率

离心泵与风机静止部件和转动部件间必然存在一定的间隙。流体会从泵与风机转轴与蜗壳之间的间隙处泄漏,称为外泄漏。离心泵与风机因外泄漏损失很小,一般可忽略不计。当叶轮工作时,机内存在着高压区和低压区,蜗壳靠近前盘的流体,经过叶轮进口之间的间隙,流回到叶轮进口的低压区而引起的损失,称为内泄漏损失。此外,对离心泵来说,为平衡轴向推力常设置平衡孔,同样引起内泄漏损失。

泄漏量$q(\mathrm{m^3/s})$可按以下公式进行计算:

$$q = \pi D_1 \delta \alpha 2 u_2 \sqrt{\frac{\rho}{3}} \tag{1-16}$$

式中:D_1——叶轮叶片进口直径,m;

δ——间隙大小,m;

u_2——叶轮外径圆周速度,m/s;

α——间隙边缘收缩系数,一般取0.7;

ρ——泵与风机的全压系数。

通常用泄漏效率η_e表示泄漏损失的大小:

$$\eta_e = \frac{Q_T - q}{Q_T} = \frac{Q}{Q_T} \tag{1-17}$$

式中:Q——泵或风机的实际流量;

Q_T——泵或风机的理论流量。

3) 机械损失与机械效率

机械损失是指泵或风机的轴承和轴封的摩擦损失以及叶轮盖板旋转时与流体之间发生的圆盘摩擦损失。已知理论扬程 H_T，扬程 H，机械损失的总功率以 ΔN_m 表示，包括轴封和轴承摩擦损失功率 ΔN_1 和圆盘摩擦损失功率 ΔN_2。

$$\Delta N_m = \Delta N_1 + \Delta N_2 \tag{1-18}$$

泵与风机的机械损失可用机械效率 η_m 表示：

$$\eta_m = \frac{N - \Delta N_m}{N} \tag{1-19}$$

式中：N——轴功率，即理论功率 N_T 与机械损失功率 ΔN_m 之和：

$$N = N_T + \Delta N_m = \gamma Q_T H_T + \Delta N_m \tag{1-20}$$

4) 全效率

离心泵与风机在运行时，若只考虑离心泵或者风机的机械效率，那么泵或风机的轴功率为

$$N = \frac{\gamma Q_T H_T}{\eta_m} \tag{1-21}$$

而泵或风机实际所得有效功率为

$$N_e = \gamma Q H \tag{1-22}$$

因此，离心泵或风机的全效率为

$$\eta = \frac{N_e}{N} = \frac{\gamma Q H}{\gamma Q_T H_T} \eta_m = \eta_h \eta_e \eta_m \tag{1-23}$$

式中：η_h——水力效率。

二、离心泵与风机的构造

1. 离心泵的基本构造

如图 1-4 所示，离心泵主要由转动、固定及交接三大部件组成。其中，转动部件有叶轮和泵轴；固定部件有泵壳和泵座；交接部件有轴承、轴封、联轴器、减漏环及轴向力平衡装置等。

1) 叶轮

叶轮是离心泵的主要零件之一，它由盖板、叶片和轮毂等部件组成。叶轮一般可分为单吸式叶轮和双吸式叶轮两种。单级单吸卧式离心泵剖面图如图 1-5 所示。单吸式叶轮的特点是单侧吸水，叶轮的前盖板与后盖板呈不对称状；双吸式叶轮的特点是两侧进水，叶轮盖板呈对称状。

2) 泵壳

泵壳的主要作用是以最小的损失汇集由叶轮流出的液体，使其部分动能转变为压能，并均匀地将液体导向水泵出口。有些泵壳内还设有固定导叶，泵壳过水部分要求具有良好的水力条件。泵壳顶部通常设有灌水漏斗和排气栓，以便启动前灌水和排气。泵壳底部设有放水方头螺栓，以便停用或检修时泄水。

3) 泵轴、轴承及轴套

轴承座构造图如图 1-6 所示。泵轴用来带动叶轮旋转，它将电动机的能量传递给叶轮。为了防止轴的磨损和腐蚀，在轴上装有轴套，轴套磨损锈蚀后可以更换。轴承则用于支承泵轴，以便于泵轴旋转，常用的轴承有滚动轴承和滑动轴承两类。

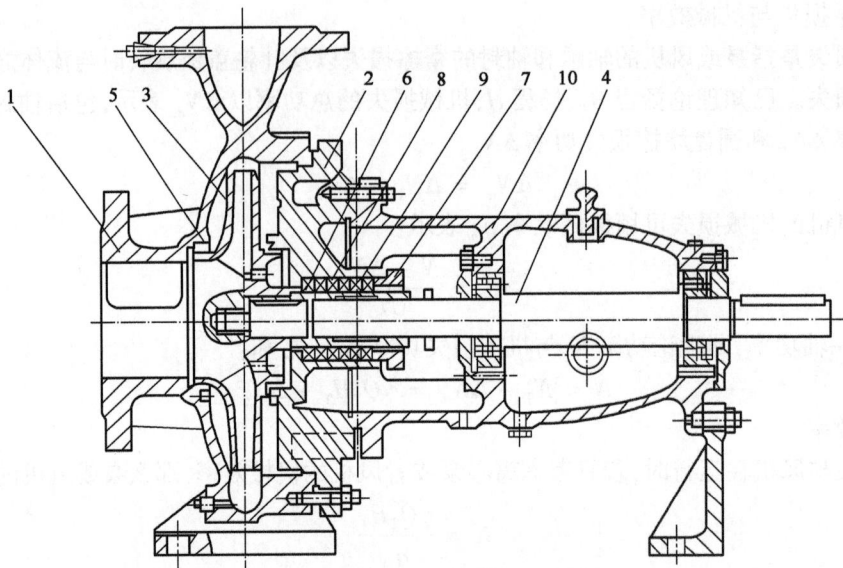

图 1-4 单级单吸卧式离心泵剖面图

1-泵体;2-泵盖;3-叶轮;4-轴;5-减漏环;6-轴套;7-填料压盖;8-填料环;9-填料;10-悬架轴承部件

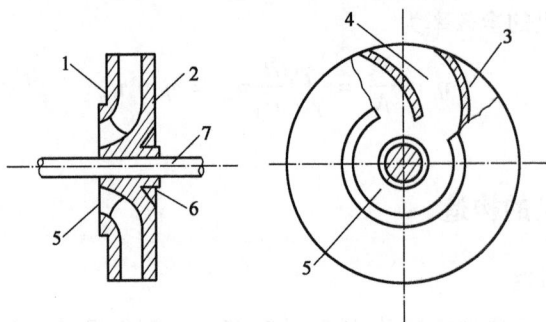

图 1-5 单级单吸卧式离心泵剖面图

1-前盖板;2-后盖板;3-叶片;4-流道;5-吸水口;6-轮毂;7-泵轴

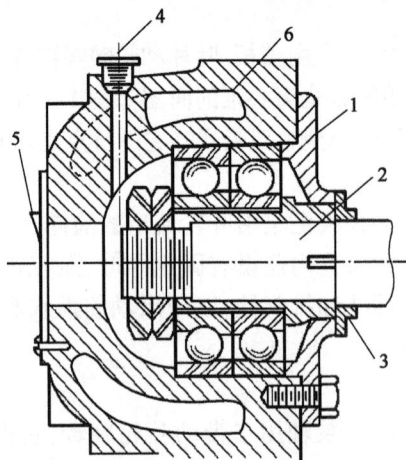

图 1-6 轴承座构造图

1-双列球轴承;2-泵轴;3-阻漏油橡皮;4-油杯孔;5-封板;6-冷却水套

4）轴封

轴封的作用是密闭泵轴与泵壳之间的空隙，以防止泵内高压水流出泵外和防止空气进入泵内。轴封的形式有多种，如机械式迷宫型、填料压盖型等。水泵行业常采用填料压盖型的填料盒。

5）泵座

泵座上设有收集轴封滴水的水槽，轴向的水槽槽底设有泄水螺孔，以便随时排出由填料盒内渗出的水。

6）联轴器

联轴器又称为靠背轮，是用来连接水泵轴和电机轴的部件，有刚性和挠性两种。

7）减漏环

通常在泵壳的间隙处内安装一道金属环，或在叶轮和泵壳内各安装一道金属环，这种环具有减少漏损和防止磨损的作用，称为减漏环或承磨环。

2. 离心风机的基本构造

离心风机的主要工作零件有叶轮、机壳、机轴和吸入口等。对于大型离心风机，一般还设有进气箱、前导器和扩散器等。离心风机主要结构分解示意图如图1-7所示。

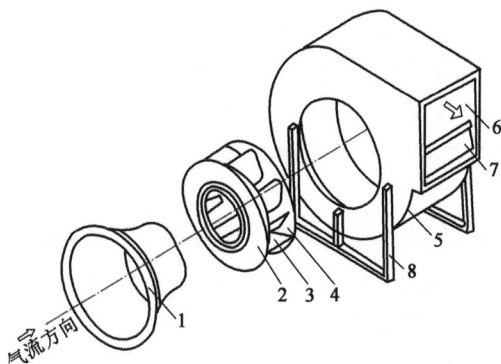

图 1-7　离心风机主要结构分解示意图
1-吸入口；2-叶轮前盘；3-叶片；4-后盘；5-机壳；6-出口；7-截流板（风舌）；8-支架

1）叶轮

叶轮是离心风机的主要零件，叶轮的结构参数和几何形状对风机的性能有着重要的影响。叶轮一般由前盘、后盘、叶片和轮毂组成，其结构有焊接和铆接两种形式。叶轮前盘的形式有平前盘、锥形前盘和弧形前盘等几种。

2）机壳

离心风机的机壳与泵壳相似，呈蜗壳形。其作用是汇集叶轮中甩出来的气体，并将部分动压转换为静压，最后将气体导向出口。

3）吸入口

离心风机的吸入口又称集流器，是连接风机与风管的部件。吸入口的作用是保证气流能均匀地充满叶轮进口截面，降低流动损失。

4）进气箱

进气箱一般只使用在大型的或双吸的离心风机上。其主要作用可使轴承装于风机的机壳外边,便于安装与检修,对改善锅炉引风机的轴承工作条件较为有利。

5）前导器

一般在大型离心风机或要求性能调节的风机的进风口或进风口的流道内装设前导器。合理改变前导器叶片的角度,能改善风机性能、扩大使用范围和提高调节的经济性。前导器有轴向式和径向式两种。

6）扩散器

扩散器装于离心风机机壳出口处,其作用是降低出口流体速度,使部分动压转变为静压。根据出口管路的需要,扩散器截面有圆形和方形两种。

三、离心泵与风机的运行与调节

1. 离心泵的串联与并联运行

1）离心泵的串联运行

离心泵的串联运行是指前一台泵向后一台泵的入口输送流体的运行方式,如图1-8所示。

一般来说,泵串联运行的主要目的是提高扬程,但在实际应用中还有安全、经济的效用。离心泵串联运行的特点是串联各泵所输送的流量均相等,而串联后的总扬程为串联各泵所产生的扬程之和。

离心泵串联运行时应注意以下问题:

（1）经济性。对经常串联运行的泵,应使各泵最佳工况点的流量相等或接近。

（2）启动程序(离心泵)。启动时,首先,必须把两台泵的出口阀门都关闭,启动第一台;然后,开启第一台泵的出口阀门,在第二台泵出口阀门关闭的情况下再启动第二台。

图1-8 离心泵串联运行工况

（3）泵的结构强度。由于后一台泵需要承受前一台泵的升压,选泵时,应考虑到两台泵结构强度的不同。

（4）串联台数。串联运行要比单机运行的效果差,由于运行调节复杂,一般泵限两台串联运行;由于风机串联运行的操作可靠性差,一般不采用串联运行方式。

2）离心泵的并联运行

离心泵的并联运行是指两台或两台以上的泵向同一压力管路输送流体时的运行方式,如图1-9所示。一般来说,并联运行的主要目的包括:增大流量;台数调节;当一台设备发生故障时,启动备用设备。离心泵并联运行的特点是并联各泵所产生的扬程均相等,而并联后的总流量为并联各泵所输送的流量之和。

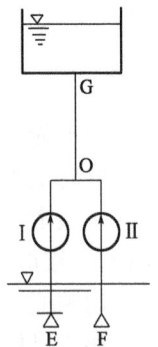

图1-9 离心泵并联运行工况

2. 离心泵与风机的运行工况调节

离心泵与风机在运行时,其运行工况点需要随着主机负荷的变化而改变,这种实现泵与风机运行工况点改变的过程被称为离心泵与风机的运行工况调节。

1)非变速调节

(1)节流调节

在离心泵与风机转速 n 不变的前提下,通过改变节流部件的开度实施运行工况的调节。

①出口端节流调节。这种调节方式的特点是简单、可靠、方便,调节装置初投资很低,但节流损失很大,调节量只能单向。该调节方式一般为离心式小容量泵与风机采用,并逐渐被其他方式代替。

②进口端节流调节。这种调节方式比出口端节流更为经济,但仅在离心风机上使用,在离心泵上则没有应用。

(2)汽蚀调节

采用汽蚀调节时泵出口调节阀全开,负荷产生变化,进而导致凝汽器热井中水位的变化,产生汽蚀,凝结水泵输出流量,使之与汽轮机排气量达到自动平衡。

汽蚀调节方式一般多在中小型火力发电厂的凝结水泵上采用,而大型机组则不宜采用汽蚀调节。

(3)分流调节

在离心泵与风机转速 n 不变的前提下,改变分流管路阀门开度。这种调节方式的优点是简单、可靠、方便、调节装置初投资较低,但缺点是调节损失大,调节量只能单向。

与节流调节比较,离心泵与风机的分流调节经济性较差,而轴流泵与风机的分流调节要经济些。

(4)前导叶调节(风机)

①离心风机的入口导叶调节。这种调节方式的特点是构造简单、装置尺寸小、运行可靠和维护管理简便、初投资低。目前,离心风机普遍采用这种调节方式。

②轴流和混流风机的入口静叶调节。这种方式负荷调节性能比离心风机好,比动叶可调轴流风机差,介于两者之间;调节系统采用电动或气动执行机构,可靠性高,系统简单,维护方便;效率相对较低。

(5)动叶调节

这种调节方式只在轴流式和混流式泵与风机上使用。

2)变速调节

变速调节是指在管路性能曲线不变的情况下,通过改变转速来改变泵与风机的性能曲线,从而改变其运行工况点的调节方式。

变速调节与非变速调节比较,附加节流损失降低,在很大的变工况范围内,使之保持较高的运行效率,但变速传动装置或可变速原动机投资昂贵。

变速调节适用于现代高参数、大容量电站机组的泵与风机,一般在小型机组中很少采用。

离心泵与风机的变速调节主要分为以下三种类型:

(1)定速电动机经传动装置的变速调节

定速电动机经传动装置的变速调节主要有液力偶合器的变速调节、油膜转差离合器的变速调节以及电磁转差离合器的变速调节等,这几种调节方式均为低效的变速调节。

（2）交流电动机的变速调节

交流电动机的变速调节主要分为绕线式异步电动机转子串电阻的调速、绕线式异步电动机转子串级调速以及鼠笼式异步电动机的变频调速等，这几种调节方式为高效变速调节。

（3）小汽轮机直接驱动的变速调节

这种调节方式仅针对小汽轮机直接驱动方式下的变速调节。

四、其他常用泵与风机简介

1. 往复泵

往复泵是最早被发明的提升液体的机械。目前由于离心泵具有显著的优点，往复泵的应用范围已逐渐缩小。往复泵特别适用于小流量、高扬程的情况下输送黏性较大的液体。

往复泵属于容积式泵，其主要结构包括泵缸、活塞或柱塞、连杆、吸水阀和压水阀等。

图1-10为双作用活塞式往复泵的工作原理图。当活塞与连杆受原动机驱动做往复运动时，左右两工作室的容积交替发生变化。左工作室容积受压缩时，其中液体推开压力阀被排向排水管；与此同时，右工作室膨胀而形成真空，于是打开右吸水阀从进水管吸水。然后活塞向右运动，两工作室交替进行上述相似的工作，完成吸水、排水的输水过程。

往复泵的性能特点：

（1）往复泵是高扬程、小流量的容积式水泵。

（2）往复泵必须开闸启动。

（3）往复泵不能用闸阀来调节流量。

（4）往复泵在给水排水泵站中，如果采用往复泵时，则必须有调节流量的设施。

（5）往复泵具有自吸能力。

（6）往复泵出水不均匀。

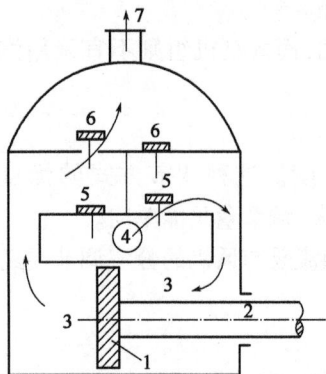

图1-10 双作用活塞式往复泵的工作原理
1-活塞；2-连杆；3-左、右工作室；4-进水管；5-吸水阀；6-压力阀；7-排水管

2. 管道泵

管道泵一般直接装在管道上，小型管道泵常用于水压不足的水管上增加水压，也可用于其他水循环系统。管道泵可分为SG型管道泵和ISG型单级管道泵。

1）SG型管道泵

SG型管道泵是为管道增压输送，解决管道压力过低问题而研制的新型泵。由于采用先进机械密封，电机主轴直接安装叶轮，具有效率高、耗电省、结构紧凑、体积小、重量轻、安装方便等特点，并可根据扬程与流量需要并联或串联使用。

2）ISG型单级管道泵

ISG型单级管道泵适用于工业和城市给排水、高楼建筑水塔增压供水、消防增压、管道增压、远距离送水、采暖制冷循环等场合。该系列泵具有运行平稳、可靠、噪声低、使用范围广等优点，是一种理想的单级单吸离心式管道循环增压泵。

3. 水环式真空泵

对于水环式真空泵(图1-11),在圆形泵壳内偏心地安装一个有12个叶片的转子,泵体内注有一定量的水。当转子旋转时,由于离心力的作用使圆形泵壳的水甩向四周而形成一个旋转水环,水环的上表面基本上与泵壳形成月牙形空间,当叶轮沿箭头方向旋转时,右半泵体与水环间的进气腔逐渐扩大,压强下降而形成真空,气体就经进气口被吸入进气腔,随后气体进入左边半泵体。由于泵壳与水环之间的空间逐渐减小,压强升高,而使气体压缩后由排气腔排出。这样,叶轮不断地旋转,真空泵就源源不断地进行吸气、排气。

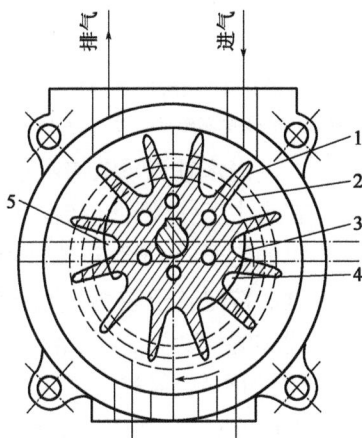

图1-11　水环式真空泵
1-叶轮;2-泵壳;3-水环;4-进气腔;5-排气腔

4. 旋涡泵

旋涡泵的性能特点是小流量、高扬程和低效率,但具有只需在第一次运行前充液的自吸式优点。目前,旋涡泵大多用于小型锅炉给水和输送无腐蚀性、无固体杂质的液体。

图1-12为旋涡泵结构图。其中,图1-12a)为旋涡泵的叶轮。叶轮圆盘外周被加工成许多凹槽,凹槽之间铣成叶片。从图1-12b)中可以看出泵壳的吸入口与排出口之间,设有隔离壁,隔离壁与叶轮间的缝隙很小,这就使泵内分隔为吸水腔与压水腔。吸水腔与压水腔外侧,绕叶轮周边有混合室,具体如图1-12c)所示。

叶轮旋转时带动来自吸入口的液体前进,同时液体在叶片间的流道内借离心力加压后到达混合室,液体在混合室内部分地转换为压力能,然后又被叶轮带动向前重新进入叶片流道内加压。流体被多次增压,直到压水腔的末端被引向排出口。

5. 潜水泵

潜水泵是一种水泵与电机一体、可浸没在水中运行的泵。由于结构的改进、性能的完善(如中低扬程、大流量、高效率泵的出现),城市给水排水工程中的潜水泵应用越来越广泛。根据叶轮的构造,潜水泵可分为潜水离心泵、潜水轴流泵和潜水混流泵;按用途,潜水泵可分为潜水给水泵、潜水排水泵和潜水深井泵。

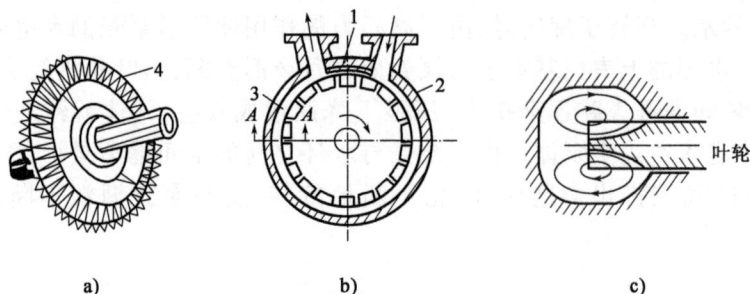

a) b) c)

图1-12 旋涡泵结构图
1-隔离壁;2-吸水腔;3-压水腔;4-叶片

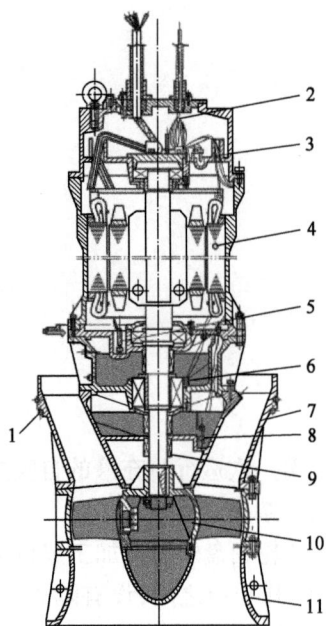

图1-13 潜水轴流泵结构图示意图
1-O形密封圈;2-接线腔,电缆进线装有密封套;3-检漏探头;4-电机定子,装有定子温度检测元件;5-电机腔下端检漏探头;6-轴温检测元件;7-导叶体;8-油隔离室油水检测探头;9-机械密封环;10-叶轮;11-喇叭口

潜水轴流泵结构示意图如图1-13所示。由于潜水泵在水中工作,因此,结构上必须有很好的密封装置,防止电机的定子、转子腔进入非绝缘介质,以保证电机的绝缘强度。按定转子腔充入绝缘介质的不同,潜水电动机分为干式和湿式两类。干式潜水电动机定转子腔内充入纯净气体,如空气、氮气。湿式潜水电动机定转子腔内充入高纯度的水或油,如去离子水、蒸馏水、变压器油。

潜水泵的特点如下:

(1)设置了足够的检漏、测温元件,利于水泵监控和保证安全运行。

(2)机电一体,简化了安装工序。

(3)潜入水下运行,降低了环境噪声。

(4)潜入水下运行,泵站的地下及地面的土建工程大为简化,使土建工程造价大幅度降低。

(5)潜入水下运行,使水位涨落较大的沿江、湖泊兴建泵站的防洪问题变得非常简单。

6. 贯流风机

贯流风机又叫横流风机,叶轮为多叶式、长圆筒形,具有前向多叶形叶片。其结构如图1-14所示。叶轮旋转时,气流从叶轮敞开处进入叶栅,穿过叶轮内部,从另一面叶栅处排入蜗壳,形成工作气流。气流在叶轮内的流动情况很复杂,气流速度场是非稳定的,在叶轮内还存在一个旋涡,中心位于蜗舌附近。旋涡的存在,使叶轮输出端产生循环流,在旋涡外,叶轮内的气流流线呈圆弧形。因此,在叶轮外圆周上各点的流速是不一致的,越靠近涡心,速度越大;越靠近蜗壳,则速度越小。在风机出风口处气流速度和压力不是均匀的,因而风机的流量系数及压力系数是平均值。旋涡的位置对横流风机的性能影响较大,旋涡中心接近叶轮内圆周且靠近蜗舌,风机性能较好;旋涡中心离涡舌较远,则循环流的区域增大,风机效率降低,流量不稳定程度增加。贯流风机的特点如下:

(1)叶轮一般是多叶式前向叶型,但两个端面是封闭的。

(2)叶轮的宽度没有限制,当宽度加大时,流量增加。

(3)贯流风机不像离心风机是在机壳侧板上开口使气流轴向进入风机,而是将机壳部分敞开使气流直接径向进入风机。

(4)在性能上,贯流风机的全压系数较大,$Q\text{-}H$ 曲线呈驼峰状,效率较低,一般为 $30\% \sim 50\%$。

(5)进风口与出风口都是矩形的,易与建筑物相配合。

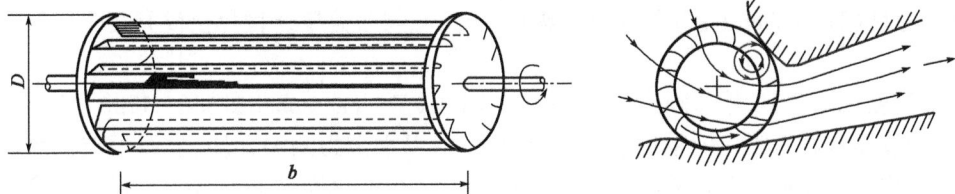

图1-14　贯流风机示意图

单元 1.3　温 度 概 述

学习目标

1.掌握温度的基本概念及其应用;

2.掌握热的几种基本概念;

3.掌握几种基本的传热方式。

学习重点

1.摄氏温度和华氏温度的换算;

2.热量、温度以及热程度概念的区别;

3.热对流的简单换热计算。

理论知识

一、温度概述

1.温度的概念

温度可以视为热程度的一种表述,也称为热强度。热也可以视为分子运动的一种能量形式,因此,温度的起点就是分子运动的起点,温度越高,分子运动越剧烈。

人们熟知水的冰点为0℃,沸点为100℃,这些温度点能通过用于温度测量的仪器——温度计进行显示。早期的温度计为玻璃管式温度计,其工作原理是,当球中物质受热时,体积会发生膨胀并在管道中上升,将受热物质上升的高度用刻度进行量化,就形成了最原始的温度计。

2.摄氏温度和华氏温度

摄氏温度是绝大多数国家广泛使用的一种温度,它规定把在标准大气压下冰水混合物的温度定为0℃,沸水的温度定为100℃,0℃和100℃中间分为100等份,每等份代表1℃。

华氏温度(Fahrenheit)也是用来计量温度的单位,符号是℉。世界上仅有几个国家使用华氏度。

华氏温度以其发明者德国人华伦海特(Gabriel D. Fahrenheit,1686—1736)命名。1714年,他发现液体金属水银比酒精更适宜制造温度计,以水银为测温介质,发明了玻璃水银温度计,选取氯化铵和冰水混合物的冰点温度为温度计的零度,人体温度为温度计的100度。在标准大气压下,冰的熔点为32℉,水的沸点为212℉,中间有180等份,每等份为华氏1度,记作"1℉"。

华氏绝对温标为兰金温标,摄氏绝对温标为开尔文温标。绝对温标的起点为分子运动的开始,并用0表示起点。

摄氏温标(℃)和华氏温标(℉)之间的换算关系为

$$F = C \times 1.8 + 32 \tag{1-24}$$

或

$$C = \frac{F - 32}{1.8} \tag{1-25}$$

3.温度概念的应用

在日常生活中我们常用到温度一词,空调、供热与制冷行业的工程师会用各种方式对温度进行描述,因此,温度的概念非常重要。设备的性能参数均采用热力学温度作为标准。通过给出设备的最佳工作温度范围,我们可以通过空调技术将温度调控在设备最佳运行温度左右,从而保证设备处于一个最佳工作状态,同时能延长设备的使用寿命。

对于不同的地域、不同的季节,设备的工作环境均不一样,耐受的温度也不一样,我们可以选择合适的设备,在满足工业生产和生活需求的同时,也能让设备运行在最佳的状态。

二、热基础概念

1.热的概念

热力学定律告诉我们,热既不能被创造,也不能被消灭,但能够以一种形式转变为另一种形式。温度值说明了相对于无热时热的程度。用于说明热量或热含量的专业术语是英制热单位(Btu)。热单位(Btu)用于说明某物质含热的多少,其含义:将一磅❶水的温度升高1℉所需的热量。

由于温差的存在而导致的能量转化过程称为热交换或热传递。热量的公制单位为焦耳。热量与热能之间的关系就好比是功与机械能之间的关系一样。若两区域之间尚未达至热平衡,那么热便从它们中间温度高的一方向温度低的另一方传递。任何物质都有一定量的内能,这和组成物质的原子、分子的无序运动有关。当两个不同温度的物质处于热接触时,它们便交换内能,直至双方温度一致,即达到热平衡。这里,所传递的能量数便等同于所交换的热量数。

2.热量与热程度

若将一罐质量为 10 磅的水加热至 200℉,再将另一罐质量为 100000 磅的水加热至175℉,很明显,10 磅的水罐将比 100000 磅的水罐更为迅速降至室温。由于小水罐所含热量较少,即使其温度(热强度)较高,也必将先冷却至室温。

因此,热量与温度这两个概念虽然相互关联,但是也有区别。热量是绝对的能量,其单位是焦耳,物质吸收 1 焦耳的能量,必然伴随着 1 焦耳的能量传递或转换。但温度是相对的概念,不同质量的物质温度相同,但质量大的物质所含热量要远远大于质量小的。而且,温度与物质形态也有关联,对于 0℃的冰,若转化成为 0℃的水则需要吸收一定的热量,但其温度不会发生变化。

冷是表示相对较低温度的词语。由于所有热量都是相对于"绝对零度"而言,均为正值,因此,冷并无真实定义,冷没有量的概念,而是热的相对表述。

3.传热方式

热量传递是一种复杂的现象,通常把它分为三种基本方式,即导热、热对流及热辐射。在生产和生活中所遇到的热量传递现象往往是这三种基本方式不同主次的组合。物体内部或物体之间,只要有温差的存在,就有热量自发地由高温处向低温处传递。自然界日常生活和工业生产领域中到处存在着温差,因此,热量传递就成为一种极普遍的物理现象。研究热量传递的规律就是根据不同的热量传递过程得出单位时间内所传递的热量与相应的温度差之间的关系。不同的热量传递方式具有不同的传递规律,相应的研究分析方法也各不相同。

1)热传导

热传导(简称"导热")是指在物体内部或相互接触的物体表面之间,由于分子、原子及自由电子等微观粒子的热运动而产生的热量传递现象。导热现象可发生在固体内部,也可发生在静止的液体和气体之中。

最简单的导热现象,具有以下特点:

(1)平壁两表面维持均匀恒定不变温度。

(2)平壁温度只沿垂直于壁面的方向发生变化。

(3)平壁温度不随时间改变。

(4)热量只沿着垂直于壁面的方向传递。

---

❶　1 磅 = 0.45kg

　　绝大多数材料的导热系数值都可以通过试验测得。物质的导热系数在数值上具有下述特点：

　　(1)对于同一种物质,固态的导热系数值最大,气态的导热系数值最小。

　　(2)金属的导热系数一般大于非金属的导热系数。

　　(3)导电性能好的金属,其导热性能也好。

　　(4)纯金属的导热系数大于其合金。

　　导热系数数值的影响因素较多,主要取决于物质的种类、物质结构与物理状态,此外温度、密度、湿度等因素对导热系数也有较大的影响。其中,温度对导热系数的影响尤为重要。

　　不同物质的导热系数随温度的变化规律不同。纯金属的导热系数随温度的升高而减小。一般合金和非金属的导热系数随温度的升高而增大。图1-15为不同材料的导热系数。

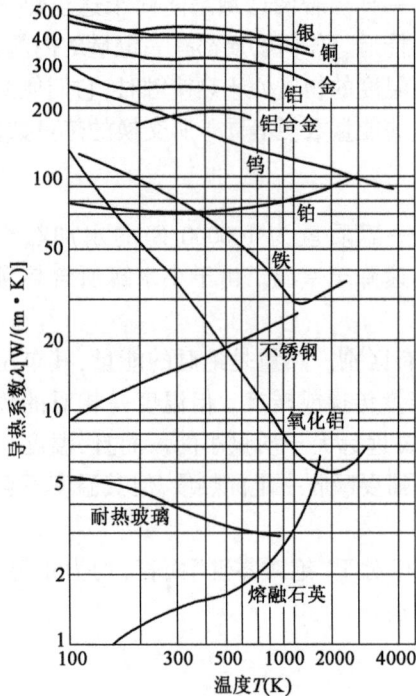

图1-15　不同材料的导热系数

　　2)热对流

　　热对流是由于流体的宏观运动使不同温度的流体相对位移而产生的热量传递现象。热对流只发生在流体之中,并伴随有微观粒子热运动而产生的导热。

　　对流换热是指流体与相互接触的固体表面之间的热量传递现象。对流换热是导热和热对流两种基本传热方式共同作用的结果,对流换热的热量用 Φ 表示,单位面积的热量用 q 表示,则有:

$$\Phi = Ah(t_w - t_f) \tag{1-26}$$

$$q = h(t_w - t_f) \tag{1-27}$$

式中: h ——对流换热的表面传热系数(习惯称为对流换热系数),W/($m^2 \cdot$ K)。

$$\Phi = Ah(t_w - t_f) = \frac{t_w - t_f}{\frac{1}{Ah}} = \frac{t_w - t_f}{R_h} \tag{1-28}$$

式中: R_h ——对流换热热阻,K/W;

　　　t_w ——平壁温度,℃;

　　　t_f ——流体温度,℃。

　　对流换热的表面传热系数 h 的大小反映对流换热的强弱,一般与以下因素有关:

　　(1)流体的物性(如导热系数、黏度、密度、比热容等)。

　　(2)流体流动的形态(层流、紊流)。

　　(3)流动的成因(自然对流或强迫对流)。

　　(4)物体表面的形状、尺寸。

　　(5)换热时流体有无相变(沸腾或凝结)。

　　几种传热方式的表面传热系数的数值范围见表1-3。

几种传热方式的表面传热系数的数值范围　　　　　　　　　　表 1-3

对流换热类型	表面传热系数 $h[\mathrm{W}/(\mathrm{m}^2 \cdot \mathrm{K})]$
气自然对流换热	1～10
水自然对流换热	100～1000
空气强迫对流换热	10～100
水强迫对流换热	100～15000
水沸腾	2500～35000
水蒸气凝结	5000～25000

三、热辐射

热辐射是指由于物体内部微观粒子的热运动而使物体向外发射辐射能的现象。理论上热辐射的波长范围从零到无穷大,但在日常生活和工业中常见的温度范围内,热辐射的波长主要在 $0.1～100\mu\mathrm{m}$ 范围内,包括部分紫外线、可见光和部分红外线三个波段。

热辐射具有如下特点:

(1)所有温度大于 0K 的物体都具有发射热辐射的能力,温度越高,发射热辐射的能力越强。

(2)所有实际物体都具有吸收热辐射的能力。

(3)热辐射不依靠中间媒介,可以在真空中传播。

(4)物体间以热辐射的方式进行的热量传递是双向的。

我们将以热辐射的方式进行的热量交换称为辐射换热。辐射换热是各种工业炉、锅炉等高温热力设备中重要的换热方式。其常见的问题有两类:固体表面间的辐射换热,取决于辐射角系数 F 和黑度 ε 值;固体表面间夹有气体的辐射换热,除 F 和 ε 值外,还与气体夹层厚度及其黑度有关。

辐射换热的主要影响因素主要有物体本身的温度、表面辐射特性以及物体的大小、几何形状及相对位置。

思考题

1. 根据研究对象不同,本课程所涉及的力学一般可分为哪几种类型?

2. 流体的密度和重度分别指的是什么? 其单位是什么?

3. 绝对压力、表压力以及真空度分别是什么概念? 如何区分?

4. 什么是伯诺里方程式? 它有哪些应用?

5. 液体的紊流和层流如何判断? 雷诺数又是什么?

6. 离心泵与风机的工作原理是什么?

7. 离心泵有哪几种运行方式? 离心泵与风机的变速调节有哪几种类型?

8. 将 32℃ 转化为华氏温度是多少？

9. 热量和温度的概念有什么区别和联系？热程度又指什么？

10. 基本传热方式有哪几种？有何区别？

模块2 空气调节技术相关理论

模块背景

空气调节技术(Air Conditioning Technology)(简称空调技术)是为了使环境空气参数(空气的温度、湿度、洁净度和流动速度)保持在一定范围内的一门环境控制工程。其目的是改善环境条件,以满足人们的舒适生活或生产工艺的要求,提高建筑物的使用功能。采暖、通风与空调同属环境控制技术范畴、但它们的控制对象与功能有所不同。采暖又称供暖,是指向建筑物室内供热,保持室内一定的空气参数;通风是指采用自然或机械的方法向建筑物室内送入室外空气,或者从室内排出空气,以改善室内空气品质;空调是指通过一定的方法,实现室内一定的空气温度、湿度、清洁度和气流速度等,并进行空气参数的调节与控制,且引入必要的新鲜空气量。通常把采暖、通风与空调称作暖通空调。采暖、通风与空调的任务就是向室内提供冷量或热量,并稀释室内污浊空气,以保证室内具有适宜的舒适条件和良好的空气品质。

模块学习清单

空气调节技术相关理论的模块学习清单见表2-1。

空气调节技术模块学习清单　　　　　　　　　　　　　　　　表2-1

名　称		空气调节技术相关理论
学习目标	知识目标	1.掌握空气调节的基本概念、分类方式及其作用; 2.掌握采暖的相关概念、采暖方式及特点; 3.掌握通风的基本概念、工作原理及通风方式
	技能目标	1.掌握人体热平衡的计算及舒适度的评价; 2.掌握空气质量标准的评价以及通风量的计算
	素质目标	1.具有良好的社会公德、职业道德和专业基本素质; 2.具有强烈的法律意识、安全环境保护意识、安全与自我保护意识; 3.具有沟通协调能力、语言表达能力、班组管理能力; 4.培养团结协作、热情有礼、认真细心、沉着冷静、遇乱不惊的职业素养

27

续上表

名　　称	空气调节技术相关理论
学习内容	单元 2.1　空气调节基础 阐述空气调节的基本概念及其作用、空气调节的几种分类方式以及湿空气的性质及基本热力学参数。 单元 2.2　采暖系统 阐述掌握室内冷(热)、湿负荷的相关概念,介绍了几种不同的采暖方式及其特点以及空调制冷的概念及其工作原理。 单元 2.3　通风系统 阐述室内环境污染的分类及室内空气质量的标准,介绍了几种不同类型的通风方式及其工作原理,以及防火排烟的相关概念及火灾烟气控制原则
学习要求	1.将授课班级学生分组,每小组 5~8 人为一个学习团队; 2.每个学习团队组织学习,进行模块分析、组员分配、制订团队工作分配表; 3.资料学习、相关知识准备,完成模块的资讯环节; 4.利用现场教学、资源完成模块的实施演练环节; 5.学习团队讨论,编制模块—单元—知识点学习计划书; 6.学习团队现场实践,制订现场实践的实施方案; 7.学习团队制作模块的汇报演讲稿,团队派代表上台演讲; 8.制定该模块的评价表、考核要素,进行小组互评
学习要点	1.教学资源的收集与整理; 2.确认模块下每个单元学习的重点与难点; 3.单元学习计划制订,小组分工,汇报 PPT 制作,小组交流演讲; 4.学习团队进行讨论,教师参与讨论,通过团队合作解决问题
学习拓展	1.收集具有国内外领先水平的具有代表性的空调技术相关理论知识的相关资料; 2.按"准员工"的要求来学习,结合本城市的情况,组织团队成员去现场学习; 3.制作内容丰富的多媒体课件(PPT)
清单下发人	日期:　　年　　月　　日
清单执行人	日期:　　年　　月　　日

单元 2.1　空气调节基础

学习目标

1. 掌握空气调节的基本概念及其作用；
2. 掌握空气调节的几种分类方式。

学习重点

不同空调的特点及用途。

理论知识

一、空气调节概述

在我们的日常生活中,天气和季节的变化常常给人们的生活和工作带来很多的阻碍,有时甚至会危及人们的身体健康。夏季的酷热使人汗流浃背,甚至使人中暑;冬季的严寒常常使人难以持续工作。在长期的生活实践中,人们抵御自然环境的能力越来越强,手段也越来越多,而且逐渐认识到,舒适而有益于健康的环境是人们的一种需要。另外,许多工农业生产过程和科学试验等,若没有合适的环境条件也将无法进行。

15 世纪末,意大利人制造出了第一台通风机,为通风和空调准备了基本条件;1851 年,法国人制成了第一台氨吸收式制冷机,给夏季空调的制冷奠定了重要的基础。创造和发明总是人类"需要"的产物。19 世纪后期,随着先进国家纺织工业的发展,空调受到了巨大的挑战,其中对纺织车间环境的加湿处理又成为空调的主要任务。从那时起,空调系统就被公认为至少应有以下功能:①加热或降温,能够调节空气温度;②加湿或减湿,能够调节空气湿度;③能够使空气具有一定的流动速度;④能够使空气具有一定的洁净度。以上四个功能称为空调功能的"四度"。

二、空调的作用

空调是空气调节器(Air Conditioner)的简称。

空调原理是将一定参数的空气送入室内(送风),同时从室内排除相应的空气(排风),在送风和排风的同时作用下,使室内空气保持所要求的状态。送风的空气由空气处理设备事先进行处理,如加热、冷却、加湿、减湿、过滤净化等,空气处理设备设置在中央空调机房内,也可直接在空调房间内放置空气冷却器或加热器,就地对空气进行处理。

空调的作用是在任何自然环境下,使某一环境空气维持在某一温度、湿度、流动速度并保持一定的洁净程度。在当今科学技术、生产工艺、人民生活不断进步和发展的时代,空调的主要作用包括:创造合适的室内环境,以利于工业生产和科学研究,保证某些需要特定环境的工业生产和试验的进行;创造舒适的环境,以利于人们的生活、学习和休息;改善火车、汽车、飞机和船舶的内部环境,为人们提供合适的旅途环境,保证健康旅行;提供适用于特殊医疗的环境,以利于病员的有效医治及手术、医疗过程的安全。良好的空调系统为珍贵物品、图书、字画等的收藏创造条件,以期长久保存。一些公共建筑设置空调系统后,为文娱活动、艺术表演、体育比赛等提供了良好的室内条件。当今空调技术的应用极大地提高了人们的生活质量。

三、空调的分类

空调按其作用对象、空气处理设备的集中程度,冷/热源提供的工作介质、空调系统的风量调节方式及空调送风主风管内的风速等有多种分类。

1. 按空调作用对象划分

1)舒适性空调

舒适性空调的作用是维持良好的室内空气条件,为人们提供适宜的生活环境和工作条件。对舒适性空调一般规定夏季空气温度为 26～27℃ ,相对湿度为 50%～60% ;冬季空气温度为 18～22℃ ,相对湿度为 40%～60% 。室内空气流速为 0.2～0.5m/s,冬季为 0.15～0.3m/s。

2)工艺性空调

工艺性空调的作用是为生产工艺过程提供一定的室内空气条件,以保证生产过程的进行和产品的质量。

工艺性空调的室内空气参数决定于产品的具体工艺要求,各工业生产部门要求差别很大,故有降温型和恒温型之分。前者一般只有空气温、湿度的基本要求,后者则有更严格的精度要求。例如,一般电子工业的组装车间夏季室内空气温度要求为 26～28℃ ,湿度为 40%～60% ;棉纺车间夏季温度为 27～31℃ ,湿度为 50%～75% ;而机械工业精加工车间,属恒温、恒湿车间,夏季室温为(20±1)℃ ,湿度为 40%～65% ;计量室冬夏季室温为[20±(1～2)]℃ ,湿度 <70% ;光学仪器车间,夏季室温为(22～24)℃±2℃ ,湿度 <65% 等。这里温度、湿度的基本数值 26～28℃ 、27～31℃ 、20℃ 等称作空调基数,而 ±1℃ 、±2℃ 等称作空调精度。

2. 按空气处理设备的集中程度划分

1)集中式空调

集中式空调是指空气处理设备和风机等集中在空调机房内,通过送风管道集中向各空调室内送风。其特点是空气进行集中处理、集中分配,甚至集中回风。集中式空调的应用形式有单风管、双风管和变风量空调。

2)局部式空调

局部式空调又称单元式或整体式空调,其空调机组设置在各个房间内就地处理空气并送入室内。空调机组中的空气处理设备、风机及冷/热源设备等组装在一起形成一个整体的机组。每一台机组则形成一个局部空调系统,如窗式机组、柜式机组、分体式机组,统称房间空调器。

3）半集中式空调

半集中式空调有集中的空气处理设备及风机、制冷机等，完成空气的一次处理，又在各空调房间内设有空气二次处理设备——再热设备，完成空气的最终处理。这类空调如带新风的风机盘管机组、诱导式机组和末端再热式机组等。

注：集中式空调和半集中式空调俗称中央空调。

3. 按冷、热能源提供的工作介质划分

1）全空气式空调

经过处理的空气和承担了空调室内全部冷热负荷，如单风管空调、双风管空调、全空气诱导式空调及变风量空调均属全空气式空调。

2）空气水式空调

该空调中空气冷、热处理的负荷由空气和水共同承担，如空调中的全新风加风机盘管系统、再热系统加诱导器系统等空调。

3）全水式空调

全水式空调，即空调中空气的冷热处理的负荷全部由水承担，如无新风的风机盘管系统和冷辐射板等系统。

4）直接式空调

直接式空调由制冷系统的制冷剂直接承担室内空气的冷热负荷，制冷剂成为空调负荷的传热介质。通常使用的各种房间空调器均属直接式空调。

4. 按空调系统的风量调节方式划分

1）定风量空调

在集中的全空气式空调中，风机的风量保持一定，通过改变水量以改变送风温度，以调节室内空气条件，称定风量空调。

2）变风量空调

变风量空调是指通过改变送风量以维持室内空气条件，并适应室内负荷的变化。

5. 按空调送风主风管内的风速划分

1）低速空调

其主送风管的风速对民用建筑低于 $10m/s$，对工业建筑低于 $15m/s$。

2）高速空调

其主送风管内的风速，对民用建筑高于 $12m/s$，对工业建筑高于 $15m/s$。在实际应用中，其主送风管内的风速通常采用 $20\sim35m/s$，甚至更高。这样可减小风管截面积，少占空间。但其风机起能大，系统噪声会升高。例如，诱导式空调系统就属于高速空调。

另外，根据空调系统送回风方式，可分为封闭式空调、直流式空调和混合式空调等。封闭式空调系统，即空调室内为回风循环，不补充新风；直流式空调系统则全部为新风，又称全新风系统；而混合式空调系统则是以一定比例的新风和回风循环，可较好地实现空调节能和新风换气，为最常用的空调系统。

单元 2.2　采 暖 系 统

学习目标

1. 掌握室内冷（热）、湿负荷的相关概念；
2. 掌握几种不同的采暖方式及其特点；
3. 掌握空调制冷的概念及其工作原理。

学习重点

1. 人体热平衡的计算及舒适度的评价；
2. 热水采暖和蒸汽采暖的工作原理；
3. 蒸汽压缩式制冷系统的构成及原理。

理论知识

一、室内冷（热）、湿负荷

为了使空调房间的温度和相对湿度条件维持在生产工艺和人体热舒适所要求的范围内，必须向空调房间送入具有一定温度和相对湿度的空气，用于消除房间里多余的热、湿负荷。空调房间的热、湿负荷源于外部和内部两个方面，主要包括：①温差传热；太阳辐射热；②设备散热散湿；③人体散热散湿；④照明灯具的散热等。

1. 空调基数和空调精度

与负荷计算有关的室内空气计算参数通常用空调基数和空调精度两组指标来规定。空调基数是指室内空气所要求的基准温度和基准相对湿度；空调精度是指在空调区内温度和相对湿度允许的波动范围。

工艺性空调的室内空气计算参数主要是根据生产工艺对温度、湿度的特殊要求来确定，同时兼顾人体的卫生要求。而用于民用建筑的舒适性空调，则主要是从满足人体热舒适度要求的方面来确定室内空气的计算参数，对精度无严格的要求。

2. 人体热平衡和舒适感

1）热平衡和舒适感

我们知道，人体是靠食物的化学能来补偿肌体活动所消耗的能量。人体新陈代谢过程所消耗的能量是以热量的形式释放给环境，使体温维持在约 36.5℃。人体的热平衡可用式（2-1）表示：

$$q_M - q_w = q_d + q_z + q_F + q_{ch} \tag{2-1}$$

式中：q_M——人体新陈代谢过程所产生的热量；

q_w——人体用于做功所消耗的热量；

q_d——人体的对流散热量，当空气温度低于人体表面平均温度时，q_d 为正；反之，q_d 为负；

q_z——人体由汗液蒸发和呼出的水蒸气带走的热量；

q_F——人体与周围物体表面之间的辐射换热量；

q_{ch}——蓄存在人体内的热量。

在正常的情况下，当 $q_{ch}=0$ 时，人体因为保持了热平衡而感到舒适。如果 $q_{ch}\neq0$，且周围环境的温度很高，则人体为了保持热平衡，会运用自身的自动调节机能来加强汗液分泌，以散发出多余的热量。这时人体虽然也维持了热平衡，但并不一定感到舒适。

影响人体热舒适的主要因素有室内空气温度、室内空气相对湿度、人体附近的空气流速、围护结构内表面及其他物体表面的温度。此外，舒适感还与人的生活习惯、人体的活动量、衣着、年龄等因素有关。比如，南方人和北方人的耐寒能力就不一样。

2）热舒适环境评价指标

国际标准化组织在1984年提出了评价和测量室内热湿环境的新标准化方法（ISO 7730 标准《适中的热环境——PMV 与 PPP 指标的确定及热舒适条件的确定》），即采用 PMV-PPD 指标，综合考虑人体的活动程度、着衣情况、空气温度、平均辐射温度、空气流动速度和空气湿度等因素，来评价人体对环境的舒适感。用 PMV-PPD 指标评价环境的热舒适状况，要比用等效温度法所考虑的因素全面。

热舒适指标 PMV 代表了同一环境下绝大多数人的舒适感，其判断标准如下：

PMV = +3　　热

PMV = +2　　暖和

PMV = +1　　稍暖和

PMV = 0　　适中、舒适

PMV = −1　　稍凉快

PMV = −2　　凉快

PMV = −3　　冷

由于人们在生理上的差异，会有一些人对用 PMV 预测的热舒适环境不满意，其不满意程度的百分比可用 PPD 来反映。PPD 与 PMV 的关系可用式（2-2）和图 2-1 来反映：

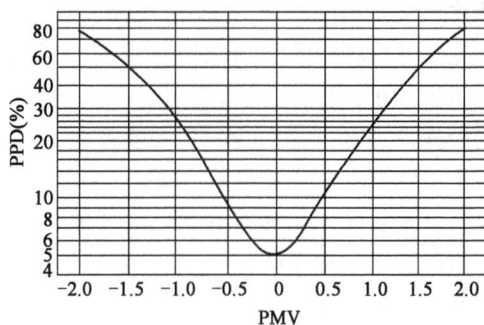

图 2-1　PPD 与 PMV 的关系

$$PPD = 100 - 95\exp\left[-\left(0.03353PMV^4 + 2179PMV^2\right)\right] \tag{2-2}$$

ISO 7730 标准对 PMV-PPD 指标的推荐值为 PPD < 10%。因此，对 PMV 的要求范围是 −0.5 < PMV < +0.5。

二、采暖系统

1.热水采暖系统

采暖系统中传递热能的介质称为热媒或热介质。常用的热介质主要是热水。供热的全水系统由热源、输送管路和供热设备组成。热介质从热源得到热量,由管路输送到空调末端装置,在末路装置内向室内供热后再回到热源。

常用的采暖系统除热水采暖系统之外,还有蒸汽采暖系统。但前者比后者更节能,并有运行管理简单,维修费用低,可采用多种控制,室内温度均匀稳定及无噪声等优点。其缺点是输送热介质水泵耗电能较大,热水换热器的传热系数较小,热水采暖仅靠水降温的显热,水系统流量大、管径大,造价也较高。而蒸汽采暖是充分利用其汽化潜热,供热效率要高。目前在民用和公用建筑中,热水采暖是主要的采暖形式。

全水采暖系统与全水供冷系统类似,即室内冷热负荷全靠冷热水承担。目前全水采暖系统的末端装置为风机盘管。全热水采暖的风机盘管系统对现有建筑系统布管方便,而且水的质量热容(比热容)大;全水采暖系统可兼备供冷系统之用;各室单独供热末端装置更方便操作,且可防止各室交叉污染,可保证室内空气品质。不过全水采暖系统无空气加湿功能,一般不能解决通风换气,且采用风机盘式末端装置运行时有噪声。对有静音要求的房间或空气品质要求高的场所则不宜采用。

1)按循环动力分类的热水采暖系统

热水采暖系统按循环按动力可分为重力循环系统和机械循环系统,相应的称为重力循环式热水采暖系统和机械循环式热水采暖。重力循环系统又称自然循环系统,是靠水的密度差进行循环的系统;而机械循环系统是指借机械力(水泵力)进行循环的系统。

图2-2为按循环动力分类的热水采暖系统原理图。其中,图2-2a)为重力循环热水采暖系统,系统中的水借其密度差循环,水经锅炉加热升温,密度下降,在回水管冷水驱动下,则沿供水管上升经供水支管流入散热器中。在散热器中热水向房间散热后密度变大,并沿回水管回到锅炉被重新加热,再不断循环实现对房间的供热。膨胀水箱的作用是容纳系统水温开高时热膨胀而多出的水量,且补充系统水温降低或泄漏时短缺的水量,以稳定系统的压力,同排除水在加热过程中释放出来的空气,水平供水干管高程应沿水流方向下降。因重力循环系统的水流速较小,也采用气水逆向流动,让空气从管路高点所建膨胀水箱排除。重力循环系统不需要外来动力,运行时无噪声,调节方便,管理简单。但由于压头小,所需管径较大,只适用于一般无特殊要求的小型建筑。图2-2b)为机械循环热水采暖系统。系统中水的动力来自循环水泵。开式膨胀水箱多接到循环水泵前,以保证水泵的正常工作,避免产生"气蚀"。机械循环系统同膨胀水箱不能排气,应在系统供水干管末端设一集气罐。机械循环热水采暖系统多用于集中式采暖中。

2)按回水方式分类的热水采暖系统

热水采暖系统按回水方式不同可分为单管系统和双管系统,甚至会有三管系统或四管系统。

热水采暖系统按供回水方式有上供下回式、上供上回式、下供下回式、下供上回式等,如图2-3所示。

图2-3a)为上供下回式采暖系统,供回水干管分别置于系统最上面和最下面,很适合重力循环热水采暖系统,管道布置方便,排气和水流顺畅,是热水采暖系统常用的方式。图2-3b)为上供上回式采暖系统,供回水管均置于系统最上面,可简化地面管路布置,但立管耗材增加,系统下端应设排污管。图2-3c)为下供下回式采暖系统,供回水管均匀置于系统最下面。用

于机械循环热水采暖系统可保证水流通畅,但系统上面应设放空气阀。图 2-3d) 为下供上回式采暖系统,供水管在下,回水管在上,也称侧流式系统,与上供下回式采暖系统相比,底层房间会有更好的采暖效果,散热器面积也可减少,对系统空气排放有利。另外,对于多层或高层建筑,通常采用中供式采暖系统,即供水干管位于某中间楼层,供水管垂直地分为两组,对上部楼层采用下供下回式采暖系统,如图 2-3c) 所示,而对下面的楼层采用上供上回式采暖系统,如图 2-3b) 所示。

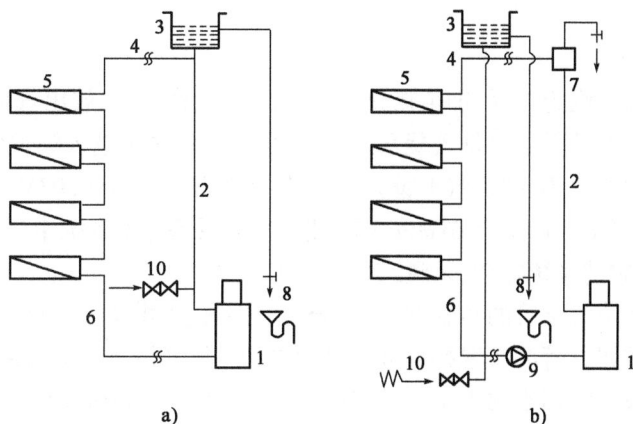

图 2-2 按循环动力分类的热水采暖系统原理图
a) 重力循环热水采暖系统;b) 机械循环热水采暖系统
1-炉;2-供水管;3-膨胀水箱;4-供水支管;5-散热器;6-回水干管;7-集气罐;8-排水管;9-循环泵;10-补水管

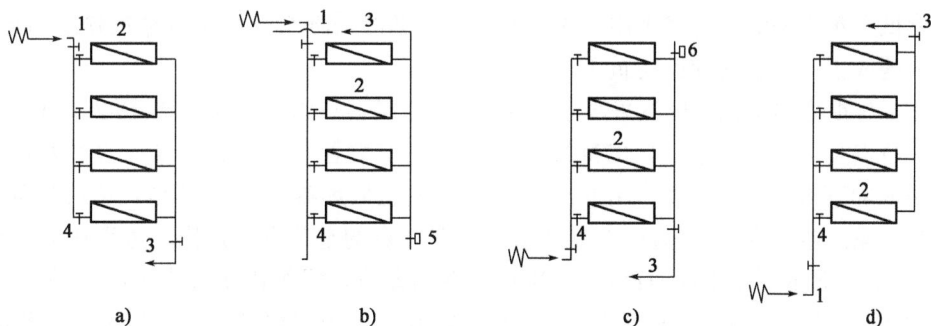

图 2-3 典型供回水方式的热水采暖系统
a) 上供下回式;b) 上供上回式;c) 下供下回式;d) 下供上回式
1-供水干管;2-散热器;3-回水干管;4-调节阀;5-泄放阀;6-放空气阀

3) 按热水管敷设方式分类的热水采暖系统

热水采暖系统按热水管敷设方式不同可分为垂直式系统和水平式系统等。

对于楼层较多的高层建筑,其下层散热器和管路承受的压力较大,更易产生竖向失调,为此,要避免采暖系统最高点不倒空,又因底层散热器不超压,或影响热力网其他建筑的采暖,为此往往采用分区式热水采暖系统。分区式系统在热水采暖中可以有效地防止水力失调。

4)按热水温度不同分类的热水采暖系统

热水采暖系统按热水温度不同,可分为低温水采暖系统和高温水采暖系统。

在以水温分类的热水采暖系统中,高温水采暖系统通常水温高于100℃,而低温水采暖系统的水温一般为60~70℃。高温水采暖系统的由于散热器表面温度高,易烫伤皮肤,卫生条件及舒适度较差,但其供回水温差大,管路系统直径较小,运行费用低。在民用及公用建筑中更多的选用低温热水采暖系统。

2. 蒸汽采暖系统

蒸汽采暖系统以蒸汽为热媒,即传热介质。蒸汽进入散热器,放出汽化潜热对室内加热,而蒸汽凝结后成同温度的凝结水排入凝水系统,由凝水循环泵再送入锅炉房。

通常按供汽压力的大小,把蒸汽采暖分为三类:供汽压力高于0.07MPa(表压)时,称为高压蒸汽采暖;供压力等于或低于0.07MPa称为低压蒸汽采暖;而系统中压力低于大气压力时称为真空蒸汽采暖,它的系统复杂,采暖工程中应用甚少。

蒸汽采暖系统按蒸汽干管的布置方式,可分为上供式、中供式和下供式三种。

蒸汽采暖系统按照立管的布置特点可分单管式和双管式两种。通常采用双管系统为多。

蒸汽采暖系统按系统回水动力不同,可分为重力回水系统和机械回水系统。在高压蒸汽采暖系统中均采用机械回水方式。

蒸汽采暖系统按凝水系统是否通大气,则有开式回水系统和闭式回水系统;

蒸汽采暖系统根据系统凝结水充满管路断面的程度,可分为干式回水系统和湿式回水系统。

1)低压蒸汽采暖系统

通常低压蒸汽采暖系统多采用开式系统。低压蒸汽采暖系统用于有蒸汽热源的场所,如工厂办公楼或工矿企业的辅助建筑等。

图2-4为重力回水低压蒸汽采吸系统原理图。图2-4a)为上供式系统,图2-4b)为下供式系统。其特点是供汽压力小于0.07MPa,以凝结水在有坡管路中依靠其自身的重力回流到热源。锅炉内的蒸汽在自身压力作用下,沿蒸汽管输送至散热器,同时把积聚在蒸汽管路和散热器内的空气驱入凝结水管,经直接在凝结水管末端B点的空气管5排出。蒸汽在散热器内凝结放热,凝结水靠重力作用返回锅炉,再次加热变为蒸汽。锅炉内水位为Ⅰ-Ⅰ。在蒸汽压力作用下,凝结水总管内的水位Ⅱ-Ⅱ比Ⅰ-Ⅰ水位高出h(h为锅炉筒内蒸汽压力p折算的水柱高度),水平干式凝结水管的最低点比Ⅱ-Ⅱ水位还要高出200~250mm,以保证水平凝结水干管内不会被水充满。系统工作时该管路断面上部充满空气,下部流动凝结水;在系统停止工作时,该管内充满空气,这种回水方式称为干式回水。管路的整个断面始终充满凝结水的称为湿式凝结水管,这种回水方式又称湿式回水。在图2-4b)中水封可排除蒸汽管沿程的凝结水,并防止立管中的汽水冲击,以阻止蒸汽窜入凝结水管。水平蒸汽干管应坡向水封,坡度为0.2~0.025,在水封底部应设堵丝。

重力回水低压蒸汽采暖系统简单,供汽压力低,一般可不装疏水器。该系统通常在小型采暖系统中采用。

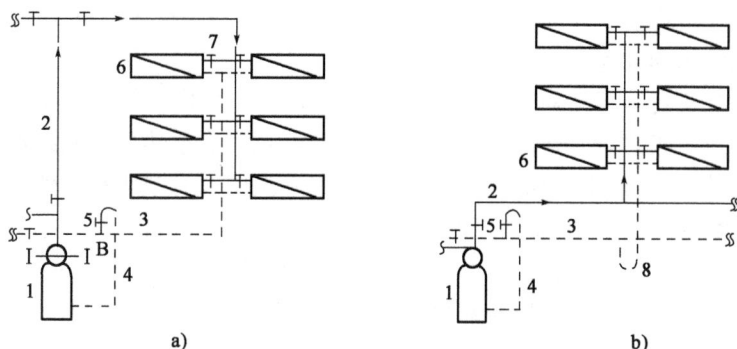

图2-4 重力回水低压蒸汽采吸系统原理图

a)上供式;b)下供式

1-锅炉;2-蒸汽管;3-干式自流凝结水管;4-湿式凝结水管;5-空气管;6-散热器;7-截止阀;8-水封

2)机械回水低压蒸汽采暖系统

机械回水低压蒸汽采暖系统的供汽压力小于 0.07MPa,系统的凝结水是依靠水泵的动力送回热源重新加热。图2-5 为中供式机械回水低压蒸汽采暖系统,可简称中供式系统。工作时低压蒸汽通过蒸汽管送入各散热器,散热后凝结水经回水管流入凝结水箱,再经凝水泵和止回阀返回热源重新加热。凝结水泵低于凝结水箱,而凝结水箱又应低于凝结水干管,管应插入水箱水面以下。空气管在系统工作时排除系统内的空气,而在系统停止工作时进入空气。通气管用于排除水箱水面上方的空气。水泵进口低于凝结水箱出口,并保持 h 的高度,以防止凝结水泵汽蚀,止回阀用于防止凝结水倒流。疏水器用于排除蒸汽管中沿程凝结水,以避免系统产生水击。该回水方式依靠水泵排除凝水,有电能消耗,但对热源位置无特殊要求,适用于大、中型采暖系统。

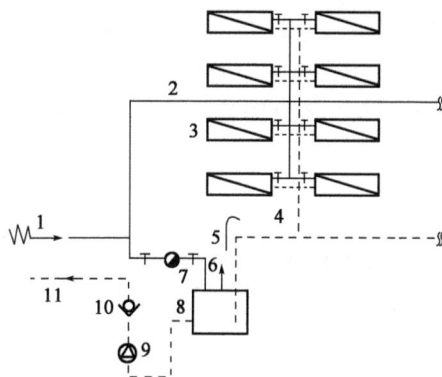

图2-5 中供式机械回水低压蒸汽采暖系统原理图

1-低压蒸汽进入;2-蒸汽管;3-散热器;4-回水管;5-放空气管;6-通气管;7-疏水器;8-凝结水箱;9-凝水泵;10-止回阀;11-回热源的凝水管

在低压蒸汽采暖系统中,因空气比低压蒸汽重,散热器中部会聚集空气影响散热,所以在散热器底部高1/3处设自动排气阀或手动排气阀。另外,还有一种利用高压蒸汽为热源和动力源的,以蒸汽喷射器加热并驱动热水循环的采暖系统,称蒸汽喷射热水采暖系统。

3)高压蒸汽采暖系统

高压蒸汽采暖系统的供汽表压力为 0.07MPa 以上,通常不超过 0.39MPa。一般与工业生产用汽共用汽源。但通常对高压蒸汽应减压后使用。通常为简化系统多采用上供式,使立管中蒸汽与沿程凝结水同向流动。

图2-6为上供式高压蒸汽采暖系统原理图。高压蒸汽被引入高压蒸汽汇集总管,经减压间减压后进入供汽汇集总管,再经过供汽管向各散热器供汽。放热后的凝结水又经回水管、疏水器流入凝结水箱,再通过水泵和止回阀返回热源。系统中设有减压阀的旁通阀,供减压阀检修之用,而安全阀限制了进入系统蒸汽的最高供汽压力。供汽总管设有多组供汽阀,可为采暖系统空气加湿和蒸汽暖风机等供汽。系统中的疏水器将沿程及系统产生的凝结水排到凝结水箱中,凝结水箱有空气管通大气,以排除箱内的空气和二次蒸汽。

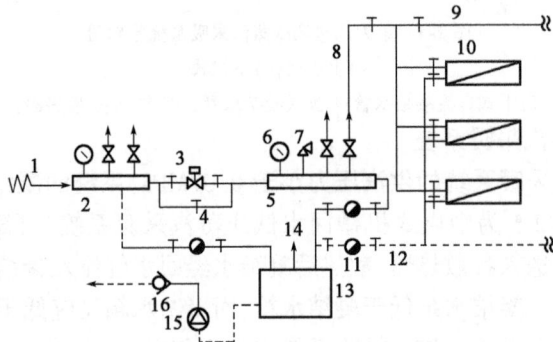

图2-6　开式上供高压蒸汽采暖系统原理图

1-高压蒸汽引入管;2-高压蒸汽汇集总管(高压分汽缸);3-减压阀;4-旁通阀;5-低压蒸汽汇集总管(低压分汽缸);6-压力表;7-安全阀;8-供汽管;9-截止阀;10-散热器;11-疏水器;12-凝水管;13-凝结水箱;14-通空气管;15-凝水泵;16-止回阀

鉴于使用的安全,高压蒸汽采暖系统每一组散热器均装有阀门,用以调节供汽量或关闭散热器,并防止高压蒸汽或凝结水气压产生的二次蒸汽泄漏。又由于高压过热蒸汽供汽干管和凝结水干管会产生热胀冷缩,则应在管路中设置伸缩弯管,以补偿管路热胀冷缩时产生的变形,避免管路破坏。高压蒸汽采暖系统的管路连接应尽量用焊接,不用螺栓连接,以减少因管路热胀冷缩引起的泄漏而影响系统工作。

3. 热风采暖与辐射采暖

利用热空气作载热介质的对流采暖称为热风采暖,而以辐射传热为主的采暖称为辐射采暖,多用于局部采暖系统,或间歇采暖系统,或值班采暖场合。其特点是使用方便,设备简单,经济实用。

1)热风采暖

热风采暖设备简称热风机或暖风机,它是由通风机、电动机和空气加热器组合而成的采暖机组。暖风机常用的风机有离心式通风机和轴流式通风机两种,分别用于大、中型暖风机。只是在家用暖风机组中才采用小型贯流式通风机。

暖风机的工作原理是以空气为载热体,将室内或室外空气,或者把部分室内与室外空气混合经暖风机加热后直接送入室内,再与室内空气混合,以满足室内采暖要求。热风采暖具有室内温度均匀,温升快、设备简单且投资少的优点,不但适用家庭和办公室,更适合大空间公共建筑、高大厂房或间歇采暖的房间,以及某些有防爆和卫生要求必须采用全新风的车间等场合,实现集中采暖和全面采暖。

热风采暖按热风机送风方式不同,有集中送风、风道送风和暖风机送风等形式。暖风机按被加热空气的来源不同,可分直流式、再循环式和混合式等系统。空气的加热多采用间接加热法,即由高压蒸汽或高温热水通过汽水换热器或水-水换热器对冷水加热变成35~50℃的热水。热水又通过表面式换热器对空气加热,并通过风机送入房间。对一般民用或公用建筑,可采用风道式机械循环或自然循环热风供暖。风道式采暖,对于工厂可与机械通风系统合并使用。

暖风机采暖是借空气强迫对流来加热周围空气,与一般散热器采暖比较,其特点是作用范围大、散热量大。但电加热的暖风机耗电量较大,费用成本高。暖风机已在集中式热风采暖系统中得到广泛应用。

2)辐射采暖

辐射采暖是利用供热部件与建筑围护结构内表面之间的辐射换热向房间内供热的一种采暖方式。辐射采暖的供热部件是采暖辐射板,它在集中采暖中广泛应用。辐射采暖可以是局部采暖或集中采暖。

在辐射采暖时房间各围护结构内表面的平均温度高于室内空气温度。而在辐射供冷时,房间各围护结构内表面的平均温度则低于室内空气温度。

辐射采暖是通过辐射散热设备散出热量,以满足房间或局部工作地点的采暖要求。辐射采暖的辐射主要以辐射方式传播,它的热效应不同于对流采暖和集中送风采暖,在辐射采暖空间的人是接收了辐射照度和环境温度综合作用下产生效应,而这种效应是以实感温度作为衡量标准的。实感温度又称黑球温度,它可以通过黑球温度计测量或通过经验公式计算得到。实测表明,在人体舒适感范围内,全面辐射采暖的实感温度可比室内环境温度高2~3℃,即在具有相同舒适感的前提下,辐射采暖的室内空气温度可比对流采暖时低2~3℃。

实践证明,人体的舒适感与人体的各种热湿交换有着密切的关系。在保持人体散失总热量一定时,适当地减少人体的辐射散热,而相应地增加一些对流散热,就会感到更舒适。根据传热学理论可知,人体的辐射散热取决于人与外界的有效辐射,人体的对流散热则取决于空气环境的温度和流速。采用辐射采暖时,由于人体直接受到辐射热作用,人会感到更舒适。辐射采暖时室内空气上下对流较弱,空气中含尘量少,可为人们提供更舒适、卫生的空气环境。另外,由于辐射采暖是以辐射形式在一定空间内造成一定的辐射强度来实现采暖的,室内空气温度梯度比对流采暖小,因而可减少房屋上部的热损失。又因辐射采暖时室内空气计算温度要比对流采暖时低2~3℃(有时甚至达到5~8℃),所以可降低采暖建筑的耗热量,在一般情况下总耗热量可减少5%~20%。

另外,辐射采暖在使用上对高大空间和一些特殊场合的局部采暖更易满足要求。有辐射采暖的建筑物,由于围护结构内表面温度均高于室内空气露点温度可避免其内表面结露。采暖辐射板一般不占用房间有效面积和空间,辐射板暗装在建筑结构内,可做到冬季供热,夏季供冷(板内通冷冻水),可保持四季适宜温度,且看不到供热(或供冷)设备,舒适美观。因此,辐射采暖除用于住宅和公共建筑之外,还广泛用于大空间的厂(场)房、场馆和对洁净度有特殊要求的场所。

三、空调制冷

空调的一个重要的功能是制冷,即人为地制造凉爽、舒适的室内环境。

1. 空调冷源

制冷的本质是把热量从某物体中提取出来，使该物体的温度降低到或维持在环境温度以下。所谓的"冷"，是指比环境温度更低。空调系统的冷源根据其获得途径可以分为天然冷源和人工冷源。

1）天然冷源

天然冷源主要包括自然界中存在的深井水、山洞水、温度较低的河水、天然冰等。这些温度较低的水可直接利用水泵抽取供给空调系统中的喷水室、表冷器等空气处理设备，吸收空气中的热量，使空气降温降浊，实现空调制冷的目的。但天然冷源存在与否完全取决于自然环境条件，有很强的局限性，不可能随时随地都满足空调工程的需要，因此，目前绝大多数空调工程所使用的冷源均为人工冷源。

2）人工冷源

人工冷源（人工制冷）是指借助机械设备及相关介质获得冷量。19世纪中叶，第一台制冷装置诞生，标志着人工冷源时代的开始。随着科学技术的发展和人类对室内环境要求的提高，空调耗冷占人工制冷总量的份额越来越大。截至20世纪70年代，空调所消耗的制冷量已达总人工制冷量的60%。

2. 空调制冷原理

由热力学第一定律（能量守恒定律）可知，从被冷却物中提取的热量不会消失，因此，制冷过程实际上是一个能量从被冷却物向周围环境转移的过程。根据热力学第二定律（熵增定律），不可能不花费代价地把热量从低温物体转移至高温物体，因而制冷过程的热量转移必须要消耗高品位的能量。根据所消耗的高品位能量的形式不同，将空调用制冷系统划分为蒸汽压缩式制冷和溴化锂吸收式制冷两种常见形式。两种形式均是利用液体汽化过程需要吸收汽化潜热的原理实现制冷的，但液体汽化后重新液化实现循环使用的方式不同，所消耗的高品位能量的形式也不同，系统的设备构成及循环方式也存在相应差异。

1）蒸汽压缩式制冷系统的构成及原理

蒸汽压缩式制冷系统由制冷压缩机、蒸发器、冷凝器和膨胀阀（或其他节流装置）四大主要部件组成，并由管道连接，构成一个封闭的循环系统，如图2-7所示。

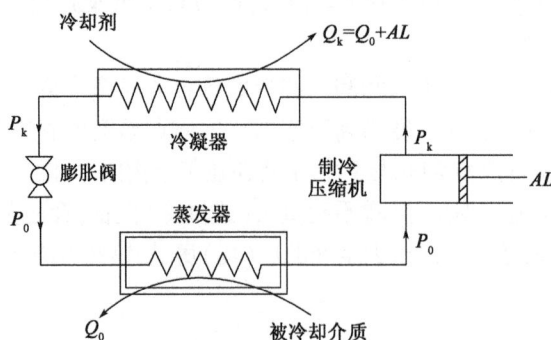

图2-7　蒸汽压缩制冷工作原理图

制冷剂在制冷系统中经过蒸发、压缩、自冷凝和节流四个主要热力过程。低温低压的液态制冷剂在蒸发器中吸收被冷却介质(如水)的热量,产生相变,汽化为低温低压的制冷剂蒸汽。单位时间内制冷剂在蒸发器中的吸热量称为冷机的制冷量,记为 Q_0。来自蒸发器的低温低压制冷剂蒸汽被压缩机吸入,经压缩过程后,温度和压力上升,形成高温高压的过热蒸汽,经压缩机排气管送入冷凝器。制冷剂蒸汽在压缩机中的压缩过程需消耗机械功,单位时间的耗功量记为 AL。过热的制冷剂蒸汽进入冷凝器后,在冷却剂(常见的如水、空气等)的作用下冷却、冷凝形成高压的制冷剂液体,同时释放热量,单位时间的放热量称为冷凝热,记为 Q_k。液化后的高压制冷剂液体经膨胀阀节流后温度、压力降低,重新生成低温低压的制冷剂液体,进入蒸发器重复气化吸热制冷过程。一个蒸汽压缩式制冷系统的工作过程,正是依靠制冷剂在四大部件中周而复始地重复这四个热力过程来实现的。由热力学第一定律可知,制冷量、冷凝热和耗功量三者间存在 $Q_k = Q_0 + AL$ 的关系。从热力学第二定律的角度可以理解为以制冷系统为工具,将 Q_0 的热量从低位热源转移至高位热源,需消耗 AL 的机械功为代价,即来自低位热源的热量 Q_0 和压缩机消耗的机械功 AL 最终转化为数值为 Q_k 的冷凝热汇入高位热源。

2)溴化锂吸收式制冷系统的构成及原理

溴化锂吸收式制冷和蒸汽压缩式制冷同属于液体气化法制冷的范畴,但二者的能量补偿方式不同,吸收式制冷不是靠消耗机械功来实现热量从低温物体向高温物体的转移,而是靠消耗热能来完成这种非自发的过程。相应的,两种系统的主要设备也存在差异,溴化锂吸收式制冷系统的主要设备及工作原理如图 2-8 所示。

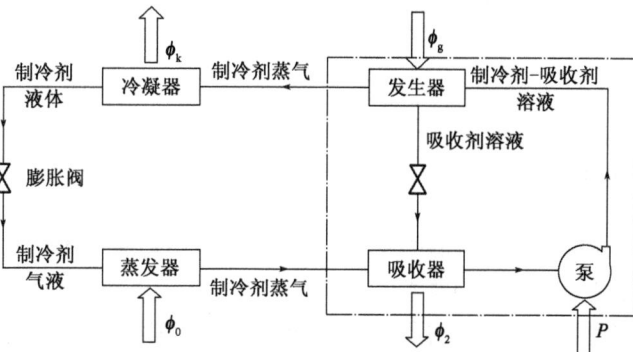

图 2-8　吸收式制冷系统原理图

与蒸汽压缩式制冷系统相比,吸收式制冷在系统构成上,由发生器、吸收器和溶液泵三个装置共同取代了压缩式制冷系统的压缩机。吸收器相当于压缩机的吸入侧,发生器相当于压缩机的压出侧。低温低压液态制冷剂在蒸发器中汽化吸收气化潜热实现制冷,汽化后的低温低压制冷剂蒸汽被吸收器中的液态吸收剂吸收,形成制冷剂-吸收剂溶液,经溶液泵升压后进入发生器。在发生器中,该溶液被加热、沸腾,其中沸点较低的制冷剂形成高压制冷剂蒸汽,与吸收剂分离,进入冷凝器液化,而后经节流进入蒸发器重复气化吸热过程。通常吸收剂并不是单一的物质,而是以二元溶液的形式参与循环。吸收剂溶液与制冷剂-吸收剂溶液的差别仅在于前者所含沸点较低的制冷剂数量较后者少,或前者所含制冷剂浓度较后者低。吸收式制冷目前常用的工质对有两种:一种是溴化锂-水溶液,其中水是制冷剂,溴化锂为吸收剂,蒸发温度在 0℃以上;另一种是氨-水溶液,其中氨是制冷剂,水是吸收剂,制冷温度可低于 0℃。

吸收式制冷可将低位热能(如0.05MPa的蒸汽或80℃以上的热水)用于空调制冷,因此具有可利用余热或废热的优点。由于吸收式制冷机的系统耗电量仅为离心式制冷机的约1/5,可视为是一种相对节电的制冷产品(不一定节能),在供电紧张的地区可视情况选择使用。

单元2.3　通风系统

学习目标

1. 掌握室内环境污染的分类及室内空气质量的标准;
2. 掌握几种不同类型通风方式及其工作原理;
3. 了解防火排烟的相关概念及火灾烟气控制原则。

学习重点

1. 室内空气质量标准的评价;
2. 自然通风、机械通风以及全面通风通风量的计算。

课前预习

请扫描二维码,观看微课视频,完成预习。

通风系统的调试

理论知识

一、通风系统功能

通风是借助换气稀释或通风排除等手段,控制空气污染物的传播与危害,实现室内外空气环境质量保障的一种建筑环境控制技术。通风系统就是实现通风这一功能,包括进风口、排风口、送风管道、风机、降温及采暖、滤清器、控制系统以及其他附属设备在内的一整套装置。

室内环境污染包括以下三方面:

(1)建筑室内环境污染的来源及危害。在日常生活工作中,人们绝大部分时间都是在室内度过的,因而室内环境对人们的健康和工作效率有着直接而深层的影响。而室内环境污染物的种类与浓度和建筑结构、建筑功能、建筑材料、建筑所处气候、建筑外部污染源分布等因素密切相关。

(2)在民用建筑中,通常室内某一种污染物的浓度不高,但由于多种污染物共同存在,多因素同时作用于人体,对人们的健康产生的危害往往比单一因素要复杂得多。而且不同年龄阶段对环境污染的敏感性是不一样的,处于生长发育中的儿童和身体机能较弱的中老年更容易受到室内污染物的危害。

(3)对于工业生产场所,室内空气环境污染的危害则更多地表现为从业人员职业性疾病的发生。影响较大的群发性职业健康损害事件主要有以下三种类型:

①群发性、速发型硅肺病,主要发生在矿山开采、隧道施工、石英砂(粉)加工等行业或领域。

②群发性、急慢性职业中毒,多为有机溶剂污染导致,多发生在使用有机溶剂的行业,如箱包、制鞋和电子行业。

③部分重金属导致的急慢性职业健康损害,主要发生在原辅材料使用到重金属的电池制造等行业。

职业病的发生通常有一定的潜伏期,如尘肺、慢性职业中毒、噪声聋、职业性肿瘤等,从劳动者接触危害因素到发病通常有10~30年的潜伏期。2013年,《职业病分类和目录》发布,职业病由原来的10大类115种扩大到10大类132种。

因此,无论是民用建筑还是工业生产场所,控制室内环境污染对保护国民身体健康都至关重要。对室内不可避免地放散有害或污染环境的物质,必须采取适当有效的预防、治理和控制措施,使其达到相关环境质量标准和排放标准,满足人们对室内外环境的要求。

根据室内污染物的性质,通常可以将室内污染物大致分为化学性污染、物理性污染、生物性污染等类型。

为保障国民的身体健康,我国制定了一系列标准规范,针对环境空气质量功能区的不同,对污染物含量有不同要求。《室内空气质量标准》(GB/T 18883—2002)从保护人体健康的最低要求出发,考虑室内污染浓度的长期存在性,为了控制人们在正常活动情况下的室内环境质量,要求室内空气应无毒、无害、无异常臭味,对室内空气中的物理性、化学性、生物性和放射性4类共19个指标进行全面控制,见表2-2。通过检测这些指标,可以评价住宅、办公楼等建筑室内空气质量的优劣及对人体健康影响的程度,其他室内环境均可参照此标准。

室内空气质量标准   表2-2

序号	参数类别	参 数	单 位	标 准 值	备 注
1	物理性	温度	℃	22~28	夏季空调
				16~24	冬季采暖
2		相对湿度	%	40~80	夏季空调
				30~60	冬季采暖
3		空气流速	m/s	0.3	夏季空调
				0.2	冬季采暖
4		新风量	$m^3/(h \cdot 人)$	30[a]	
5	化学性	二氧化硫 SO_2	mg/m^3	0.50	1h均值
6		二氧化氮 NO_2	mg/m^3	0.24	1h均值
7		一氧化碳 CO	mg/m^3	10	1h均值
8		二氧化碳 CO_2	%	0.10	日平均值
9		氨 NH_3	mg/m^3	0.20	1h均值
10		臭氧 O_3	mg/m^3	0.16	1h均值
11		甲醛 HCHO	mg/m^3	0.10	1h均值
12		苯 C_6H_6	mg/m^3	0.11	1h均值
13		甲苯 C_7H_8	mg/m^3	0.20	1h均值
14		二甲苯 C_8H_{10}	mg/m^3	0.20	1h均值

序号	参数类别	参 数	单 位	标 准 值	备 注
15	化学性	苯并芘 B(a)P	ng/m³	1.0	日平均值
16		可吸入颗粒 PM₁₀	mg/m³	0.15	日平均值
17		总挥发性有机物 TVOC	mg/m³	0.60	8h 均值
18	生物性	菌落总数	cfu/m³	2500	依据仪器定ᵇ
19	放射性	氡²²²Rn	Bq/m³	400	年平均值(行动水平ᶜ)

注:a 新风量要求≥标准值,除温度、相对湿度的其他参数要求≤标准值;
　　b 见 GB/T 18883—2002 附录 D;
　　c 达到此水平建议采取干预行动的降低室内氡浓度。

二、通风方式

通风是指采用自然或机械方法使风可以无阻碍地到达房间或密封的环境内,被污染的空气可以直接或经净化后排出室外,使室内达到符合卫生标准及满足生产工艺的要求,以营造卫生、安全等适宜空气环境的技术。通风是一种经济有效的环境控制手段,当建筑物存在大量余热、余湿和有害物质时,应优先使用通风措施加以消除。

建筑通风应从总体规划、建筑设计和工艺等方面采取有效的综合预防和治理措施。对通风过程中不可避免地放散的有害或污染环境的物质,在排放前必须采取通风净化措施,并达到国家有关大气环境质量标准和各种污染物排放标准的要求。通风系统可以按照通风系统的作用范围和作用动力进行分类。

1. 自然通风

自然通风对改善人员活动区的卫生条件是最经济有效的方法,应优先利用自然通风控制室内污染物浓度和消除建筑物余热、余湿。对采用自然通风的建筑,应同时考虑热压以及风压的作用,对建筑进行自然通风潜力分析,并依据气候条件设计自然通风策略。

当建筑物外墙上的窗孔两侧存在压力差时,压力较高一侧的空气将通过窗孔流到压力较低的一侧。设空气流过窗孔的阻力为零,由伯诺里方程可得

$$\Delta p = \xi \frac{\rho v^2}{2} \tag{2-3}$$

式中:Δp——窗孔两侧的压力差,Pa;
　　　ρ——空气的密度,kg/m³;
　　　v——空气通过窗孔时的流速,m/s;
　　　ξ——窗口的局部阻力系数。
通过窗口的空气量可表示为

$$L = vF = F\sqrt{\frac{2\Delta p}{\xi \rho}} \tag{2-4}$$

式中:L——窗口的空气流量,m³/s;
　　　F——窗口的面积,m²。

1）热压作用下的自然通风

设有一建筑物（图2-9），在建筑物外墙上开有窗孔 a、b，两窗孔之间的高度差为 h。假设开始时两窗孔外面的静压分别为 p_a、p_b，两窗孔里面的静压分别为 p'_a、p'_b，室内外的空气温度和密度分别是 t_n、t_w 和 ρ_n、ρ_w；当 $t_n > t_w$ 时，$\rho_n < \rho_w$。

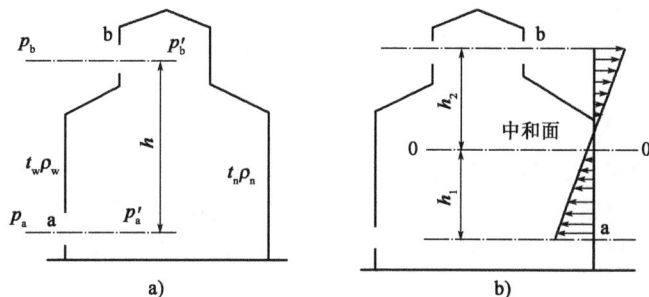

图2-9　热压作用下的自然通风
a）热压作用原理；b）余压沿外墙高度的变化规律

如果首先关闭窗孔 b，仅打开窗孔 a，由于窗孔 a 内外的压差使得空气流动，室内外的压力会逐渐趋于一致。当窗子 a 内外的压差 $\Delta p_a = p'_a - p_a = 0$ 时，空气停止流动。由流体静力学原理，窗子 b 内外两侧的压差则可表示为

$$\begin{aligned}
\Delta p_b &= p'_b - p_b = (p'_a - gh\rho_n) - (p_a - gh\rho_w) \\
&= (p'_a - p_a) + gh(\rho_w - \rho_n) \\
&= \Delta p_a + gh(\rho_w - \rho_n)
\end{aligned} \tag{2-5}$$

式中：Δp_a——窗孔 a 内外两侧的压差，Pa；

　　　Δp_b——窗孔 b 内外两侧的压差，Pa；

　　　g——重力加速度，m/s²。

由式（2-5）可知，当 $\Delta p_a = 0$ 时，由于 $t_n > t_w$，所以 $\rho_n < \rho_w$，因此，窗孔 b 内外两侧的压差 $\Delta p_b > 0$，这时打开窗孔 b，室内空气就会在压差作用下向室外流动。

从上述分析可知，在同时开启窗孔 a、b 的情况下，随着室内空气从窗孔 b 向室外流动，室内静压会逐渐减小，窗孔 a 内外两侧的压差 Δp_a 将从最初等于零变为小于零。这时，室外空气就会在窗孔 a 内外两侧压差的作用下，从窗孔 a 流入室内，直到从窗孔 a 流入室内的空气量等于从窗孔 b 排到室外的空气量时，室内静压才保持为某个稳定值。

把式（2-5）移项整理，窗子 a、b 内外两侧压差的绝对值之和可表示为

$$\Delta p_b + (-\Delta p_a) = \Delta p_b + |\Delta p_a| = gh(\rho_w - \rho_n)$$

式（2-5）表明，窗孔 a、b 两侧的压力差是由 $gh(\rho_w - \rho_n)$ 所造成，其大小与室内外空气的密度差 $(\rho_w - \rho_n)$ 和进、排风窗孔的高度差 h 有关，通常把 $gh(\rho_w - \rho_n)$ 称为热压。

在自然通风的计算中，把围护结构内外两侧的压差称为余压。余压为正，窗孔排风；余压为负，窗孔进风。如果室内外空气温度一定，在热压作用下，窗孔两侧的余压与两窗孔间的高差呈线性关系，且从进风窗孔 a 的负值沿外墙逐渐变为排风窗孔 b 的正值。即是在某个高度 0—0 平面的地方，外墙内外两侧的压差为零，这个平面称为中和面。位于中和面以下窗孔是进风窗，中和面以上的窗孔是排风窗。

对于室内发热量较均匀、空间形式较简单的单层大空间民用建筑,可采用简化计算方法确定热压作用的通风量,其室内设计温度宜控制在 $12 \sim 30℃$。简化计算方法如下式:

$$G = 3600 \frac{Q}{c(t_{\mathrm{p}} - t_{\mathrm{wf}})} \tag{2-6}$$

式中:G——热压作用的通风量,kg/h;

$\quad Q$——室内的全部余热,kW;

$\quad c$——空气比热容,可取 $1.01kJ/(kg \cdot K)$;

$\quad t_{\mathrm{p}}$——排风温度,K;

$\quad t_{\mathrm{wf}}$——夏季通风室外计算温度,K。

对于住宅和办公建筑中,考虑多个房间之间或多个楼层之间的通风,则可采用网络法进行计算。而对于建筑体型复杂或室内发热量明显不均的建筑,可按 CFD(计算流体动力学)数值模拟方法确定。

2)风压作用下的自然通风

由于建筑物的阻挡,建筑物周围的空气压力将发生变化。在迎风面,空气流动受阻,速度减小,静压升高,室外压力大于室内压力。在背风面和侧面,由于空气绕流作用的影响,静压降低,室外压力小于室内压力。与远处未受干扰的气流相比,这种静压的升高或降低称为风压。静压升高,风压为正,称为正压;静压降低,风压为负,称为负压。图 2-10 为利用风压进行通风的示意图。具有一定速度的风由建筑物迎风面的门窗吹入房间内,同时又把房间中的原有空气从背风面的门、窗压出去(背风面通常为负压)。

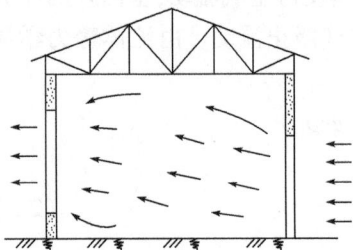

图 2-10　风压作用下的自然通风

建筑物周围的风压分布与该建筑的几何形状和室外风向有关。当风向一定时,建筑物外围结构上某一点的风压值 P_{f} 可根据式(2-7)计算:

$$P_{\mathrm{f}} = k \frac{v_{\mathrm{w}}^2}{2} \rho_{\mathrm{w}} \tag{2-7}$$

式中:P_{f}——风压,Pa;

$\quad k$——空气动力系数;

$\quad v_{\mathrm{w}}$——室外空气流速,m/s;

$\quad \rho_{\mathrm{w}}$——室外空气密度,kg/m³。

民用建筑风压作用的通风量应按过渡季和夏季的自然通风量中的最小值确定,而室外风向应按计算季节中的当地室外最多风向确定,室外风速按基准高度室外最多风向的平均风速确定。当采用 CFD 数值模拟时,应考虑当地地形条件下的梯度风影响。值得注意的是,仅当建筑迎风面与计算季节的最多风向成45°～90°角时,该面上的外窗或开口才可作为进风口进行计算。

3)热压和风压同时作用下的自然通风

在大多数工程实际中,建筑物中热压和风压的作用是很难分隔开来的。在风压和热压共同作用的自然通风中,通常热压作用的变化较小,风压的作用随室外气候变化较大,图 2-11 为热压和风压同时作用下形成的自然通风。当建筑物受到风压和热压的共同作用时,在建筑物

外围护结构各窗孔上作用的内外压差等于其所受到的风
压和热压之和。

　　建筑的自然通风量受室内外温差、室外风速、风向、门
窗的面积、形式和位置等诸多因素的制约，拟采用自然通
风为主的建筑物，应依据气候条件优化建筑设计。

　　民用建筑在利用自然通风设计时，应符合下列规定：

　　(1)利用穿堂风进行自然通风的建筑，其迎风面与夏
季最多风向宜成60°~90°角，且不应小于45°。建筑群宜
采用错列式、斜列式平面布置形式以替代行列式、周边式
平面布置形式。

图2-11　风压和热压作用下的自然通风

　　(2)自然通风应采用阻力系数小、易于操作和维修的进排风口或窗扇。

　　(3)夏季自然通风用的进风口，其下缘距室内地面的高度不应大于1.2m；冬季自然通风
用的进风口，当其下缘距室内地面的高度小于4m时，应采取防止冷风吹向人员活动区的
措施。

　　(4)采用自然通风的生活、工作的房间其通风开口的有效面积不应小于该房间地板面积
的5%；厨房的通风开口的有效面积不应小于该房间地板面积的10%，并不得小于$0.60m^2$。

　　工业建筑在利用自然通风的设计时，应符合下列规定：

　　(1)厂房建筑方位应能使室内有良好的自然通风和自然采光，相邻两建筑物的间距一般
不宜小于二者中较高建筑物的高度。高温车间的纵轴宜与当地夏季主导风向相垂直，当受条
件限制时，其夹角不得小于45°，使厂房能形成穿堂风或能增加自然通风的风压。高温作业厂
房平面布置呈L形、Π形或Ⅲ形的，其开口部分宜位于夏季主导风向的迎风面。

　　(2)以自然通风为主的高温作业厂房应有足够的进风、排风面积。而产生大量热气、湿
气、有害气体的单层厂房的附属建筑物占用该厂房外墙的长度不得超过外墙全长的30%，且
不宜设在厂房的迎风面。

　　(3)夏季自然通风用的进气窗的下端距地面不宜大于1.2m，以便空气直接吹向工作地
点。冬季需要自然通风时，应对通风设计方案进行技术经济比较，并根据热平衡的原则合理确
定热风补偿系统容量，进气窗下端一般不宜小于4m。若进气窗下端小于4m时，宜采取防止
冷风吹向工作地点的有效措施。

　　(4)以自然边风为主的厂房，车间天窗设计应满足卫生要求；阻力系数小，通风量大，便于
开启，适应不同季节要求，天窗排气口的面积应略大于进风窗口及进风门的面积之和。

　　(5)高温作业厂房宜设有避风的天窗，天窗和侧窗宜便于开关和清扫。热加工厂房应设
置天窗挡风板，厂房侧窗下缘距地面不宜高于1.2m。

　　此外，结合优化建筑设计，还可通过合理利用各种被动式通风技术强化自然通风。当常规
自然通风系统不能提供足够风量时，可采用捕风装置加强自然通风。当采用常规自然通风难
以排除建筑内的余热、余湿或污染物时，可采用屋顶无动力风帽装置，而无动力风帽的接口直
径宜与其连接的风管管径相同。当建筑物不能很好地利用风压或者浮升力且不足以提供所需
风量时，可采用太阳能诱导等通风方式。由于自然通风量很难控制和保证，存在通风效果不稳
定的问题，在应用时应充分考虑并采取相应的调节措施。

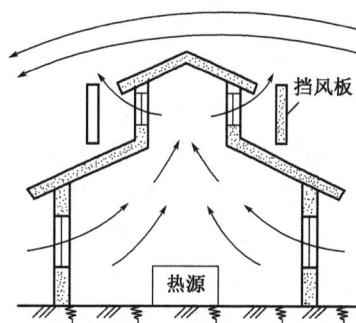

2.机械通风

依靠通风机的动力使室内外空气流动的方式称为机械通风。当自然通风不能满足要求时,应采用机械通风或采用自然通风和机械通风相结合的复合通风方式。相对自然通风来说,机械通风需要消耗电能,风机和风道等设备会占用一部分面积和空间,初投资和运行费用较大,安装管理较为复杂。而机械通风的优点也是非常明显,机械通风作用压力的大小可根据需要由所选不同风机来保证,可以通过管道把空气按要求的送风速度送到指定的任意地点,可以从任意地点按要求的排风速度排除被污染的空气,可以组织室内气流的方向,可以根据需要调节通风量和获得稳定通风效果,并根据需要对进风或排风进行各种处理。图 2-12 为某车间的机械送风系统。按照通风系统应用范围不同,机械通风可分为全面通风和局部通风。

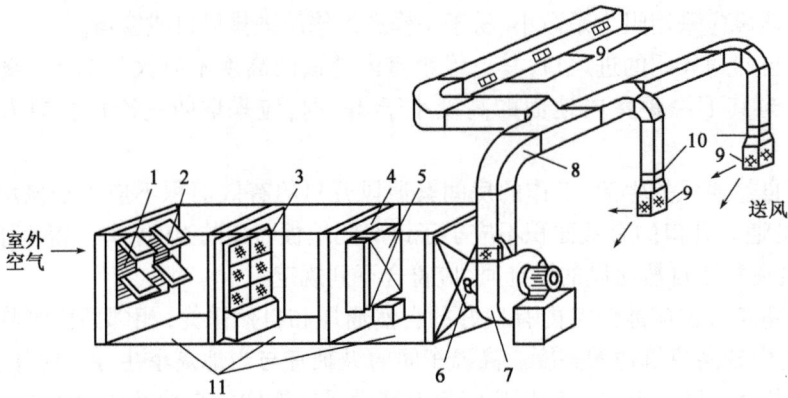

图 2-12 全面机械送风系统示意图

1-百叶窗;2-保温阀;3-空气滤清器;4-旁通阀;5-空气加热器;6-启动阀;7-风机;8-通风管;9-送风口;10-调节阀;11-送风小室

1)局部通风

通风的范围限制在有害物形成比较集中的地方或工作人员经常活动的局部地区的通风方式,称为局部通风。局部通风系统可分为局部送风和局部排风两大类,它们都是利用局部气流,使工作地点不受有害物污染,以改善工作地点空气条件。

(1)局部送风

向局部工作地点送风,保证工作区有良好空气环境的方式,称为局部送风。对于空间较大、工作地点比较固定、操作人员较少的生产车间,当用全面通风的方式改善整个车间的空气环境技术困难或不经济时,可采用局部送风。局部送风系统又可细分为系统式和分散式两种。图 2-13 为铸造车间系统式局部送风系统图。而这种将冷空气直接送入人作业点的上方,使作业人员沐浴在新鲜冷空气中的局部送风系统也称作空气淋浴。分散式局部送风一般使用轴流风机,适用于对空气处理要求不高、可采用室内再循环控气的地方。

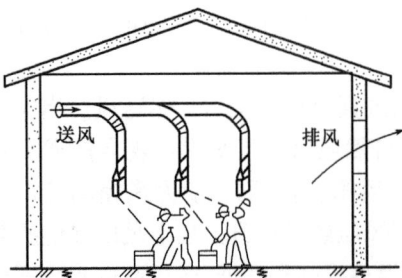

图 2-13 局部送风系统(空气淋浴)

（2）局部排风

在局部工作地点排出被污染气体的系统称局部排风,如图2-14所示。为了减少工艺设备产生的有害物对室内空气环境的直接影响,将局部排风罩直接设置在产生有害物的设备附近,及时将有害物排入局部排风罩,然后通过风管、风机排至室外,这是污染扩散较小、通风量较小的一种通风方式,应优先采用局部排风,当不能满足卫生要求时,应采用全面排风。局部排风也可以是利用热压及风压作为动力的自然排风。

（3）局部送、排风

局部通风系统也可以采用既有送风又有排风的通风装置,如图2-15所示。在局部地点形成一道风幕,利用这种风幕来防止有害气体进入室内,这是一种既不影响工艺操作又比单纯排风更为有效的通风方式。

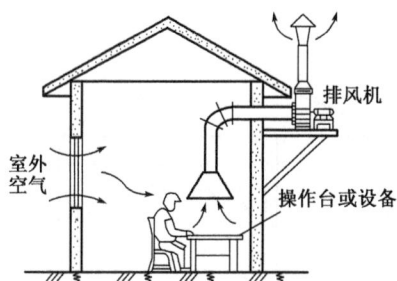

图2-14 局部排风系统

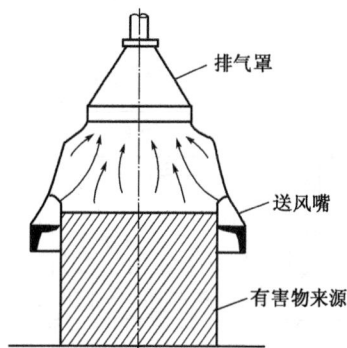

图2-15 局部送、排风系统

供给工作场所的空气一般直接送至工作地点。对建筑物内放散热、蒸汽或有害物质的设备宜采用局部排风。放散气体的排出应根据工作场所的具体条件及气体密度合理设置排出区域及排风量。对于含有剧毒、高毒物质或难闻气味物质的局部排风系统,或含有较高浓度的爆炸危险性物质的局部排风系统所排出的气体,应排至建筑物外空气动力阴影区和正压区之外。为减少对厂区及周边地区人员的危害及环境污染,散发有毒、有害气体的设备所排出的尾气以及由局部排气装置排出的浓度较高的有害气体应通过净化处理后排出;直接排入大气的,应根据排放气体的落地浓度确定引出高度。当局部排风达不到卫生要求时,应辅以全面排风或采用全面排风。

对于逸散粉尘的生产过程,应对产尘设备采取密闭措施,并设置适宜的局部排风除尘设施对尘源进行控制。需要注意的是,防尘的通风措施与消除余热、余湿和有害气体的情况不同,一般情况下,单纯地增加通风量并不一定能够有效地降低室内空气中的含尘浓度,有时反而会扬起已经沉降落地或附在各种表面上的粉尘,造成个别地点浓度过高的现象。因此,除特殊场合外很少采用全面通风的方式,而是采取局部控制,防止进一步扩散。

2）全面通风

全面通风是指在房间内全面地进行通风换气的一种通风方式。全面通风可分为全面送风,全面排风,全面送、排风和事故通风。当车间有害物源分散、工人操作点多、安装局部通风装置困难或采用局部通风达不到室内卫生标准的要求时,应采用全面通风。

（1）全面送风

向整个车间全面均匀地进行送风的方式称为全面送风，如图 2-16 所示。全面送风可以利用自然通风或机械通风来实现。全面机械送风系统利用风把室外大量新鲜空气经过风道、风口不断地送入室内，将室内空气中的有害物浓度稀释到国家卫生标准的允许浓度范围内，以满足卫生要求。

（2）全面排风

在整个车间全面均匀地进行排气的方式称为全面排风，如图 2-17 所示。全面排风系统既可利用自然排风，也可利用机械排风。全面机械排风系统利用全面排风将室内的有害气体排出，而进风来自不产生有害物的邻室和本房间的自然进风，这样形成一定的负压，可防止有害物向卫生条件较好的邻室扩散。

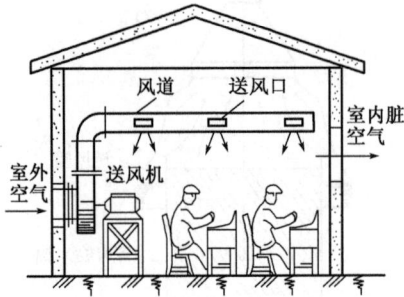

图 2-16　全面机械送风系统

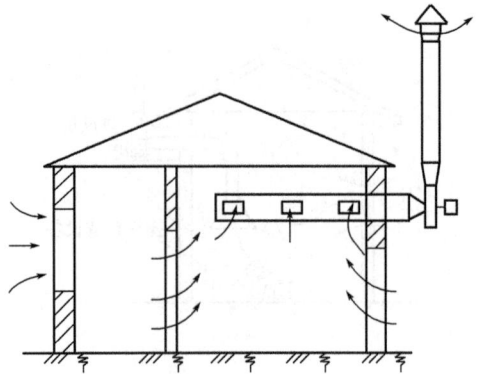

图 2-17　全面机械排风系统

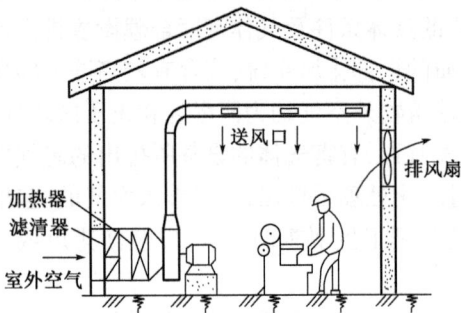

图 2-18　全面送、排风系统

（3）全面送、排风

一个车间常常可同时采用全面送风系统和全面排风系统相结合的系统，如图 2-18 所示。对门窗密闭、自行排风或进风比较困难的场所，通过调整送风量和排风量的大小，使房间保持一定的正压或负压。

对于全面排风系统，当吸风口设置于房间上部区域，用于排除余热、余湿和有害气体时（含氢气时除外），吸风口上缘至顶棚平面或屋顶的距离不大于 0.4m；用于排除氢气与空气混合物时，吸风口上缘至顶棚平面或屋顶的距离不大于 0.1m；而位于房间下部区域的吸风口，其下缘至地板间距不大于 0.3m。对于因建筑结构造成有爆炸危险气体排出的死角处，还应设置导流设施。

对于机械送风系统，其进风口的位置应设在室外空气较清洁的地点并低于排风口，且相邻排风口应合理布置，避免进风、排风短路。对有防火防爆要求的通风系统，其进风口应设在不可能有火花溅落的安全地点，排风口应设在室外安全处。

（4）事故通风

事故通风是指为防止在生产生活中突发事故或故障时，可能突然放散的大量有害、可燃或可爆气体、粉尘或气溶胶等物质,可能造成严重的人员或财产损失而设置的排气系统。它是保证安全生产和保障工人生命安全的一项必要措施。需要注意的是,事故通风不包括火灾通风。

事故通风的进风口应设置在有害气体或有爆炸危险的物质放散量可能最大或聚集最多的地点,且应对事故排风的死角处采取导流措施。事故排风装置的排风口应设在安全处,远离门、窗及进风口和人员经常停留或经常通行的地点,尽可能避免对人员的影响,不得朝向室外空气动力阴影区和正压区。事故排风系统(包括兼作事故排风用的基本排风系统)应根据建筑物可能释放的放散物种类设置相应的监测报警及控制系统,系统手动控制装置应装在室内外便于操作的地点。若放散物包含有爆炸危险的气体时,还应选取防爆的通风设备。

事故通风量宜根据放散物的种类、安全及卫生浓度要求,按全面排风计算确定,要保证事故发生时,控制不同种类的放散物浓度低于国家安全卫生标准所规定的最高允许浓度,且对于生活场所和燃气锅炉房的事故排风量应按换气次数不应少于 12 次/h 确定,而燃油锅炉房的事故排风量应按换气次数不少于 6 次/h 确定。生产区域的事故通风风量宜根据生产工艺设计要求通过计算确定,但换气次数不宜少于 12 次/h。事故排风宜由经常使用的通风系统和事故通风系统共同保证,而当事故通风量大于经常使用的通风系统所要求的风量时,宜设置双风机或变频调速风机。

3. 全面通风

1)全面通风量的确定

所谓全面通风量,是指为了改变室内的温度、湿度或把放散于室内的有害物稀释到国家安全卫生标准规定的最高允许浓度以下所需要的换气量。室内全面通风量是满足人员卫生要求、保持室内正压和补充排风、降低各种有害物浓度所必需的。计算通风量主要采用最小新风量法、风量平衡法和换气次数法,计算时应以风量平衡法和质量平衡法为基本方法。

(1)稀释有害物所需的通风量

$$L = \frac{M}{y_p - y_s} \qquad (2\text{-}8)$$

式中:L——稀释有害物质所需的全面通风量,m^3/h;

M——有害物散发强度,mg/h;

y_p——室内空气中有害物的最高允许浓度,mg/m^3;

y_s——送风中含有该种有害物质浓度,mg/m^3。

(2)消除余热所需的通风量

$$L = \frac{3600Q}{c\rho(t_p - t_s)} \qquad (2\text{-}9)$$

式中:L——消除余热所需的全面通风量,m^3/h;

Q——室内余热量,kJ/s;

c——空气的质量比热容,可取 $1.01kJ/(kg \cdot \text{℃})$;

t_p——排风温度,℃;

t_s——送风温度,℃;

ρ——空气密度,kg/m^3,可按式(2-10)近似确定:

$$\rho = \frac{1.293}{1 + \frac{1}{273}t} \approx \frac{353}{T} \qquad (2\text{-}10)$$

式中:1.293——0℃时干空气的密度,kg/m³;

　　　　t——空气摄氏温度,℃;

　　　　T——空气的热力学温度,K。

(3)消除余湿所需的通风量

$$L = \frac{W}{\rho(d_{\mathrm{p}} - d_{\mathrm{s}})} \qquad (2\text{-}11)$$

式中:L——消除余湿所需的全面通风量,m³/h;

　　　W——余湿量,g/h;

　　　d_{p}——排风含湿量,g/kg干空气;

　　　d_{s}——送风含湿量,g/kg干空气。

国家相关标准《工业企业设计卫生标准》(GBZ 1—2010)对多种有害物质同时放散于建筑物内时的全面通风量确定已有规定,可参照执行。当有数种溶剂(苯及其同系物或醇类或醋酸类)的蒸气或数种刺激性气体(三氧化二硫及三氧化硫或氟化氢及其盐类等)同时在室内放散时,全面通风量应按各种气体分别稀释至最高允许浓度所需的空气量的总和计算。除上述有害气体及蒸气外,其他有害物质同时放散于空气中时,通风量仅按需要空气量最大的有害物质计算。

2)全面通风的气流组织

全面通风的效果不仅与全面通风量有关,还与通风房间的气流组织有关。气流组织设计时,宜根据污染物的特性及污染源的变化,进行优化。组织室内送风、排风气流时,应防止房间之间的无组织空气流动,不应使含有大量热、蒸气或有害物质的空气流入没有或仅有少量热、蒸气或有害物质的人员活动区,且不应破坏局部排风系统的正常工作。重要房间或重要场所的通风系统应具备防止以空气传播为途径的疾病通过通风系统交叉传染的功能。全面通风的进、排风应使室内气流从有害物浓度较低地区流向较高的地区,特别是应使气流将有害物从人员停留区带走,如图2-19所示。相关资源见二维码。

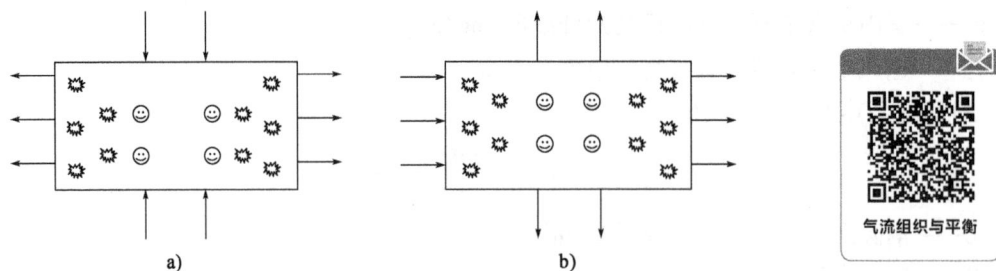

图2-19　气流组织方案

☺-人员所在位置;✹-污染源所在位置

图2-19中箭头为空气流动方向,其中图2-19a)所示方案是将室外空气首先送到人员工作区,再经有害物源排到室外,使得工作区始终有新鲜空气;图2-19b)所示方案是将室外空气首先送至有害物源,再流到工作区,使得工作区空气受到污染。因此,合理的气流组织是保证通

风效果的重要技术手段。

从立面上看,一般通风房间气流组织的方式有上送上排、下送下排、中间送上下排、上送下排等多种形式。在设计时具体采用哪种形式,要根据有害物源的位置、操作地点、有害物的性质及浓度分布等具体情况,按下列原则确定:

(1)送风口应尽量接近并首先经过人员工作地点,再经污染区排至室外。

(2)排风口尽量靠近有害物源或有害物浓度高的区域,以利于把有害物迅速从室内排出。

(3)在整个通风房间内,尽量使进风气流均匀分布,减少涡流,避免有害物在局部地区积聚。

在工程设计中,通常采用以下的气流组织方式:

(1)如果散发的有害气体温度比周围气体温度高,或受车间发热设备影响产生上升气流时,不论有害气体密度大小,均应采用下送上排的气流组织方式。

(2)如果没有热气流的影响,散发的有害气体密度比周围气体密度小时,应采用下送上排的形式;如果散发的有害气体密度比周围空气密度大时,应从上下两个部位排出,从中间部位将清洁空气直接送至工作地带。

(3)在复杂情况下,要预先进行模型试验,以确定气流组织方式。因为通风房间内有害气体浓度分布除了受对流气流影响外,还受局部气流、通风气流的影响。

根据上述原则,对同时散发有害气体、余热、余湿的车间,一般采用下送上排的送排风方式。清洁空气从车间下部进入,在工作区散开,然后带着有害气体或吸收的余热、余湿流至车间上部,由设在上部的排风口排出。这种气流组织可将新鲜空气沿最短的路线迅速到达作业地带,途中受污染的可能较小,工人在车间下部作业地带操作,可以首先接触清洁空气。同时这也符合热车间内有害气体和热量的分布规律,一般上部的空气温度或有害物浓度较高。

3)全面通风的热平衡与空气平衡

热平衡是指室内的总得热量和总失热量相等,以保持车间内温度稳定不变,即

$$\Sigma Q_{\mathrm{d}} = \Sigma Q_{\mathrm{s}} \tag{2-12}$$

式中:ΣQ_{d}——总得热量,kW;

　　　ΣQ_{s}——总失热量,kW。

车间的总得热量包括很多方面,有生产设备散热、产品散热、照明设备散热、采暖设备散热、人体散热、自然通风得热、太阳辐射得热及送风得热等。车间的总得热量为各得热量之和。车间的总失热量同样包括很多方面,有围护结构失热、冷材料吸热、水分蒸发吸热、冷风渗入耗热及排风失热等。对于某一具体的车间得热及失热并不是如上所述的几项都有,应根据具体情况进行计算。

空气平衡是指在无论采用哪种通风方式的车间内,单位时间进入室内的空气质量等于同一时间内排出的空气质量,即通风房间的空气质量要保持平衡。

通风方式按工作动力分为机械通风和自然通风两类。因此,空气平衡的数学表达式为

$$G_{\mathrm{zj}} + G_{\mathrm{jj}} = G_{\mathrm{zp}} + G_{\mathrm{jp}} \tag{2-13}$$

式中:G_{zj}——自然进风量,kg/s;

　　　G_{jj}——机械进风量,kg/s;

　　　G_{zp}——自然排风量,kg/s;

　　　G_{jp}——机械排风量,kg/s。

如果在车间内不组织自然通风,当机械进风量、排风量相等($G_{jj} = G_{jp}$)时,室内外压力相等,压差为零;当机械进风量大于机械排风量($G_{jj} > G_{jp}$)时,室内压力升高,处于正压状态。反之,室内压力降低,处于负压状态。由于通风房间并不是非常严密,当室内处于正压状态时,室内的部分空气会通过房间不严密的缝隙或窗户、门洞等渗到室外,空气渗到室外称为无组织排风;当室内处于负压状态时,会有室外空气通过缝隙、门洞等渗入室内,空气渗入室内称为无组织进风。

为保持通风的卫生效果,对于产生有害气体和粉尘的车间,为防止其向邻室扩散,要在室内形成一定的负压,使机械进风量略小于机械排风量(一般相差 10% ~20%),不足的进风盘由来自邻室和本房间的自然渗透补偿。对于清洁度要求较高的房间,应保持正压状态,使机械进风量略大于机械排风量(一般为 10% ~20%),阻止外界的空气进入室内。而处于负压状态的房间,负压不应过大,否则,会导致不良后果。

在冬季为保证排风系统能正常工作,避免大量冷空气直接渗入室内,机械排风量大的房间,必须设机械送风系统,生产车间的无组织进风量以不超过一次换气为宜。

在保证室内卫生条件的前提下,为了节省能量,提高通风系统的经济效益,进行车间通风系统设计时,可采取下列措施:

(1)设计局部排风系统时,在保证效果的前提下,尽量减少局部排风量,以减小车间的进风量和排风热损失。

(2)机械进风系统在冬季应采用较高的送风温度。直接吹向工作地点的空气温度,不应低于人体表面温度(约33℃),最好在 37~50℃ 范围内,可避免工人有冷风感,同时可减少进风量。

通风系统的平衡是一个动平衡问题,室内温度、送风温度、送风量等各种因素都会影响平衡。要保持室内的温度和有害物浓度满足要求,必须保持热平衡和空气平衡,前面介绍的全面通风量公式就是建立在空气平衡和热、湿、有害气体平衡的基础上,它们只用于较简单的情况。实际的通风问题比较复杂,有时进风和排风同时有几种形式和状态,有时要根据排风量确定进风盘,有时要根据热平衡的条件确定送风参数等。对这些问题都必须根据空气平衡、热平衡条件进行计算。

三、防火排烟

1. 火灾烟气的成分和特性

火灾是一种多发性灾难,一旦发生,会导致巨大的经济损失和人员伤亡。建筑物一旦发生火灾,就会有大量的烟气产生,这是造成人员伤亡的主要原因。

火灾烟气是指发生火灾时物质在燃烧和热分解作用下生成的产物与剩余空气的混合物。火灾发生时,在一定温度下,可燃材料受热分解成游离碳和挥发性气体。然后游离碳和可燃成分与氧气发生剧烈化学反应,并放出大量的热量,即出现燃烧现象。不完全燃烧产生的烟气是由悬浮固体碳粒、液体碳粒和气体组成的混合物,其中的悬浮团体碳粒和液体碳粒称为烟粒子。在温度较低的初燃阶段主要是液态粒子,呈白色和灰白色;温度升高后,产生游离碳微粒,呈黑色。烟粒子的粒径一般为 $0.01 \sim 10\mu m$,是可吸入粒子。

烟气的化学成分及发生量与建筑材料性质、燃烧条件等有关,其主要成分有 CO_2、CO、水蒸气及氧化氢(HCN)、氨(NH_3)、氯(Cl)、氯化氢(HCl)、光气($COCl_2$)等气体。烟气中 CO、

HCN、NH$_3$等都是有毒性的气体,少量即可致死。而光气在空气中浓度不小于50×10^{-6}时,在短时间内就能致人死亡。

燃烧产生大量热量,火灾初期5～20min烟气温度可达250℃,燃烧加剧烟气温度迅速可达到500℃。火灾生成大量烟气及受热膨胀导致着火区域的空气压力增高,一般平均高出其他区域10～15Pa,短时间内可达到35～40Pa。着火区域的正压使烟气快速蔓延,燃烧的高温使金属材料和结构强度降低,导致结构坍塌。燃烧消耗了空气中的氧气,致使人呼吸缺氧。空气中含氧量(质量分数)不大于6%、CO_2浓度不小于20%、CO浓度不小于1.3%时,都会在短时间内致人死亡。

此外,由于烟气遮挡,致使光线强度减弱,能见距离缩短,不利于人员疏散,并使人感到恐怖,造成局面混乱,降低人们的自救能力,同时也影响消防人员的救援工作。因此,及时排除烟气,对保证居民安全疏散、控制烟气蔓延和便于扑救火灾都具有重要作用。

火灾烟气的流动规律:

建筑物发生火灾后,烟气在建筑物内不断流动传播,不仅导致火灾蔓延,还会引起人员恐慌,影响疏散与扑救。引起烟气流动的因素有扩散、浮力、烟囱效应、热膨胀、风力、通风空调系统等。

(1)浮力引起的烟气流动

着火房间温度升高,空气和烟气的混合物密度减小,与相邻的走廊、房间或室外的空气形成密度差,也会引起烟气流动。这是烟气在室内水平方向流动的原因之一。

烟气在走廊内流动过程中受顶棚和墙壁的冷却作用,靠墙的烟气将逐渐下降,形成走廊的周边都是烟气的现象。浮力作用还将通过楼板上的缝隙向上层渗透。

(2)烟囱效应引起的烟气流动

当内外空气有温差时,空气在密度差的作用下沿着垂直通道内(楼梯间、电梯间)向上或向下流动而形成的加强对流现象,称为烟囱效应。烟囱效应的强度与烟囱的高度、内外温度差距以及内外空气流通的程度有关。由于烟囱效应的作用,建筑中的共享中庭、竖向通风风道、楼梯间等竖向结构(从底部到顶部具有通畅流通空间的建筑结构)中,空气(包括烟气)依靠密度差的作用,沿着通道快速地进行扩散或排出建筑物。建筑物发生火灾后,当出现烟囱效应时,由于烟气温度较高,烟火沿着竖直通道的上升速度非常快,并在建筑物内横向流动蔓延传播。图2-20显示了火灾烟气在烟囱效应作用下引起的流动。

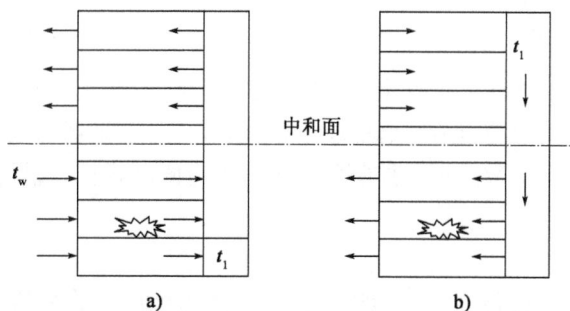

图2-20　烟囱效应引起烟气流动
a)$t_w < t_1$;b)$t_w > t_1$

55

图 2-21a)表示了室外温度 t_w 小于楼梯间内的温度 t_1 的情况。当着火层在中和面以下时，火灾烟气将传播到中和面以上各层中去，而且随着温度较高的烟气进入垂直通道，烟囱效应和烟气的传播将增强。如果层与层之间没有缝隙渗漏烟气，中和面以下除了着火层以外的各层是无烟的。当着火层向外的窗户开启或爆裂，烟气逸出，通过窗户进入上层房间。当着火层在中和面以上时，如无楼层间的渗透，除了火灾层外基本上是无烟的。

图 2-21b)为 $t_w > t_1$ 的情况，建筑物内产生逆向烟囱效应。当着火层在中和面以下时，如果不考虑层与层之间通过缝隙的传播。除了着火层外，其他各层都无烟。当着火层在中和面以上时，火灾开始阶段的烟气温度较低，则烟气在逆向烟囱效应的作用下传播到中和面以下的各层中去。一旦烟气温度升高后，密度减小，浮力的作用超过了逆向烟囱效应，烟气转而向上传播。建筑的层与层之间楼板上总是有缝隙(如在管道通过处)，则在上下层房间压力差作用下烟气也将渗透到其他各层中去。

(3)热膨胀引起的烟气流动

当火灾发生时，燃烧产生大量烟气及受热膨胀的空气量，导致着火区域的压力增高。一般平均高出其他区域 10~15Pa，短时间内可达到 35~40Pa。对于门窗开启的房间，烟气通过门窗上部等处向外流出，温度较低的外部空气流入，体积膨胀而产生的压力可以忽略不计。但对于门窗关闭的房间，将会产生很大的压力，而高温烟气会通过门窗缝隙等向外喷射甚至爆炸，从而使烟气向非着火区传播。

(4)风力作用下的烟气流动

建筑物在风力作用下，迎风侧产生正压，而在建筑侧或背风侧，将产生负压。当着火房间在正压侧时，将引导烟气向负压侧的房间流动；反之，当着火房间在负压侧时，风压将引导烟气向室外流动。

(5)通风空调风道系统引起的烟气流动

通风空调系统的风道是烟气传播可能的通道。当通风空调系统运行时，烟气可能从回风口、新风口等处进入风道系统，烟气随着管道气流流动传播。

建筑物内火灾的烟气是在上述多因素共同作用下流动、传播的。各种作用有时相互叠加，有时相互抵消，而且随着火灾的发展，各种因素都在不断变化。另外，火灾的燃烧过程也各有差异，因此，要确切地用数学模型来描述烟气在建筑物内动态的流动状态是相当困难的。但是了解这些因素作用的规律，有助于正确地采取防烟、防火措施。

2. 火灾烟气控制原则

建筑防火排烟的目的是在火灾发生时，使烟气合理流动，防止或延缓烟气侵入作为疏散通道的走廊、楼梯间前室、楼梯间，创造无烟或烟气含量极低的疏散通道或安全区，保护建筑室内人员从有害的烟气中安全疏散。烟气控制的主要方法有隔断阻挡、疏导排烟和加压防烟。

1)隔断或阻挡

(1)防火分隔

在确定建筑设计的防火要求时，贯彻"预防为主，防消结合"的消防工作方针，根据建筑物的使用功能、空间与平面特征和使用人员的特点，针对不同建筑及其使用功能的特点和防火、灭火需要，综合考虑，合理确定建筑物的防火间距、平面布局、耐火等级和构件的耐火极限，对建筑内不同使用功能场所之间进行防火分隔,设置合理的安全疏散设施与有效的灭火、报警与防排烟等设施,以控制和扑灭火灾,保护人身安全,减少火灾危害。

根据民用建筑的建筑高度和层数分为单层、多层民用建筑和高层民用建筑。高层民用建筑根据其建筑高度、使用功能和楼层的建筑面积分为一类和二类。而根据其建筑高度、使用功能、重要性和火灾扑救难度等确定,民用建筑的耐火等级可分为一级、二级、三级、四级。民用建筑的分类应符合表2-3的规定。

民用建筑的分类 表2-3

名称	高层民用建筑		单层、多层民用建筑
	一类	二类	
住宅建筑	建筑高度大于54m的住宅建筑(包括设置商业服务网点的住宅建筑)	建筑高度大于27m,但不大于54m的住宅建筑(包括设置商业服务网点的住宅建筑)	建筑高度不大于27m的住宅建筑(包括设置商业服务网点的住宅建筑)
公共建筑	(1)建筑高度大于50m的公共建筑; (2)建筑高度24m以上部分任一楼层建筑面积大于1000m² 的商店、展览、电信、邮政、财贸金融建筑和其他多种功能组合的建筑; (3)医疗建筑、重要公共建筑; (4)省级及以上的广播电视和防灾指挥调度建筑、网局级和省级电力调度建筑; (5)藏书超过100万册的图书馆、书库	除一类高层公共建筑外的其他高层公共建筑	(1)建筑高度大于24m的单层公共建筑; (2)建筑高度不大于24m的其他公共建筑

防火分区是指为了在建筑内部专门采用防火墙、楼板及其他防火分隔设施分隔而成,能在一定时间内防止火灾向同一建筑的其余部分蔓延分割而出的局部空间。民用建筑的防火分区之间应采用防火墙分隔,确有困难时,可采用防火卷帘等防火分隔设施分隔。

不同耐火等级民用建筑的允许建筑高度或层数、防火分区最大允许建筑面积见表2-4。其中,当建筑内设置自动灭火系统时,防火分区最大允许建筑面积可增大1.0倍。若局部设置自动灭火系统时,防火分区的增加面积可按该局部面积的1.0倍计算。裙房与高层建筑主体之间设置防火墙时,裙房的防火分区可按单层、多层建筑的要求确定。当建筑内设置中庭、自动扶梯、敞开楼梯等上下层相连通的开口时,其防火分区的建筑面积应按上下层相连通的建筑面积叠加计算。当叠加计算后的建筑面积大于规定时,与周围连通空间应进行防火分隔并采取更严格措施。

不同耐火等级民用建筑的允许建筑高度或层数、防火分区最大允许建筑面积 表2-4

名称	耐火等级	允许建筑高层或多层	防火分区的最大允许建筑面积(m²)	备 注
高层民用建筑	一级、二级	按表确定	1500	对于体育馆、剧场的观众厅,防火分区的最大允许建筑面积可适当增加
单层、多层民用建筑	一级、二级		2500	
	三级	5层	1200	—
	四级	2层	600	—
地下或半地下建筑(室)	一级	—	500	设备用房的防火分区最大允许建筑面积不应大于1000m²

一级、二级耐火等级建筑内的商店营业厅和展览厅设置在高层建筑内时,其每个防火分区的最大允许建筑面积不应大于4000m²;设置在单层建筑或仅设置在多层建筑的首层内时,不应大于10000m²;设置在地下或半地下时,不应大于2000m²。总建筑面积大于20000m²的地下或半地下商店,应采用无门、窗、洞口的防火墙,耐火极限不低于2.00h的楼板分隔为多个建筑面积不大于20000m²的区域。相邻区域确需局部连通时,应采用下沉式广场等室外开敞空间、防火隔间、避难走道、防烟楼梯间等方式进行连通,而下沉式广场等室外开敞空间应能防止相邻区域的火灾蔓延和便于安全疏散,防火隔间的墙应为耐火极限不低于3.00h的防火隔墙,防烟楼梯间的门应采用甲级防火门。

建筑内的电缆井、管道井、排烟道、排气道、垃圾道等竖向井道,应分别独立设置,且应在每层楼板处采用不燃材料或防火封堵材料封堵;需在与房间、走道等相连通的孔隙处,采用防火封堵材料封堵。而建筑内受高温或火焰作用易变形的管道,在贯穿楼板部位和穿越防火隔墙的两侧也宜采取阻火措施;建筑屋顶上的开口与邻近建筑或设施之间,也应采取防止火灾蔓延的措施。

对于厂房仓库等类型的建筑物,根据生产的火灾危险性类别、厂房的耐火等级、厂房的层数位置不同、厂房的允许层数和每个防火分区的最大允许建筑面积不同,对于防火分区分隔的方法与民用建筑也有所区别。除为满足民用建筑使用功能所设置的附属库房外,民用建筑内也不应设置生产车间和其他库房。经营、存放和使用甲类、乙类火灾危险性物品的商店、作坊和储藏间,严禁附设在民用建筑内。

(2)防烟分区

所谓防烟分区,是指在设置排烟措施的过道、房间中,用隔墙或其他措施(可以阻挡和限制烟气的流动)分隔形成的具有一定蓄烟能力的空间。同一个防烟分区应采用同一种排烟方式。防烟分区不应跨越防火分区,一般不应跨越楼层,确需跨越时应尽可能按功能划分。需设置机械排烟设施且室内净高不超过6m的场所应划分防烟分区。每个防烟分区的建筑面积不宜超过500m²,车库不宜超过2000m²。防烟分区可采用挡烟垂壁、隔墙、顶棚下突出不小于500mm的结构梁进行划分,其中梁或挡烟垂壁距室内地面的高度不宜小于2.0m。挡烟垂壁可以是固定的,也可以是活动的。当顶棚采用非燃烧材料时,当顶棚内空间可不隔断,否则顶棚内空间也应隔断。图2-21为用梁或挡烟垂壁阻挡烟气流动。挡烟措施在有排烟时才有效,否则随着烟气量增加,积聚在上部的烟气将会跨越障碍而逸出防烟分区。

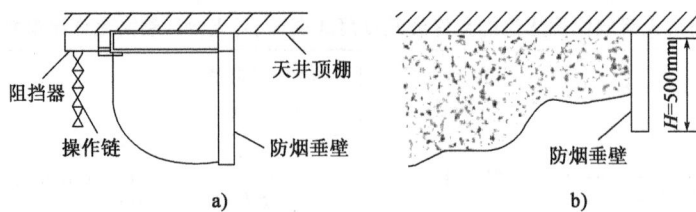

图2-21 挡烟垂壁
a)活动垂壁;b)固定垂壁

防烟分区的排烟口距最远点的水平距离不应超过30m。防烟分区的排烟口或排烟阀应与排烟风机联锁,当任一排烟口(阀)开启时,排烟风机应能联锁自动启动。

吹吸式空气幕是一种柔性隔断,它既能有效地阻挡烟气的流动,又允许人员自由通过。吹吸式空气幕的隔断效果是各种形式中最好的,但费用相对较高。

2)疏导排烟

当发生火灾时,着火区和疏散通道需要排烟。着火区排烟的目的是将火灾发生的烟气(包括空气受热膨胀的体积)排到室外,不使烟气流向非着火区,以利于着火区的人员疏散及救火人员的扑救。对于疏散通道的排烟是为了排除可能侵入的烟气,以保证疏散通道无烟或少烟,以利于人员安全疏散及救火人员通行。民用建筑下列部位应设置排烟设施:

(1)高层建筑面积超过 $100m^2$ 非高层公共建筑中建筑面积大于 $300m^2$ 且经常有人停留或可燃物较多的地上房间。

(2)总建筑面积大于 $200m^2$ 或一个房间建筑面积大于 $50m^2$ 且经常有人停留或可燃物较多的地下、半地下建筑或地下室、半地下室。

(3)多层建筑设置在一、二、三层且房间建筑面积大于 $200m^2$ 或设置在四层及四层以上或地下、半地下的歌舞娱乐放映游艺场所;高层建筑内设置在首层或二、三层以及设置在地下一层的歌舞娱乐放映游艺场所。

(4)长度超过 20m 的疏散走道;多层建筑中的公寓、通廊式居住建筑长度大于 40m 的地上疏散走道。

(5)中庭。

(6)非高层民用建筑及高度大于 24m 的单层公共建筑中,建筑占地面积大于 $100m^2$ 的地上丙类仓库。

(7)汽车库。

建筑中排烟可采用自然排烟方式或机械排烟方式。利用自然作用力的排烟称为自然排烟;利用机械(风机)作用力的排烟称为机械排烟。下面简要介绍自然排烟、机械排烟和加压排烟。

(1)自然排烟

自然排烟是利用热烟气产生的浮力、热压或其他自然作用力使烟气排出室外,如图 2-23 所示。自然排烟的优点是设施简单,投资少,日常维护工作少,操作容易,在符合条件时宜优先采用。自然排烟有两种方式:一种是利用外窗或专设的排烟口排烟。它利用可开启的外窗进行排烟,如果外窗不能开启或无外窗,可以专设排烟口进行自然排烟,专设的排烟口也可以就是外窗的一部分,但它在火灾时可以人工开启或自动开启,如图 2-22a)所示。开启的方式也有多种,如可以绕一侧轴转动或绕中轴转动等。另一种是利用竖井排烟。图 2-22b)是利用专设的竖井,即相当于专设一个烟囱:各层房间设排烟风口与之相连接,当某层起火有烟时,排烟风口自动或人工打开,热烟气即可通过竖井排到室外。这种排烟方式实质上是利用烟囱效应的作用。在竖井的排出口设避风风帽,可以利用风压的作用,但是由于烟囱效应产生的热压很小,而排烟量又大,因此,需要竖井的截面和排烟风口的面积都很大。

因此,除建筑高度超过 50m 的一类公共建筑和超过 100m 的居住建筑外,靠外墙的防烟楼梯间及其前室、消防电梯间前室和合用前室等需设置防烟设施的部位且可开启外窗面积满足自然通风要求时,宜优先采用自然通风方式。对于需设置排烟设施的场所,如需设置排烟设施且具备自然排烟条件的地下和地上房间等,以及多层建筑中的中庭及高层建筑中净空高度小于 12m 的中庭、建筑面积小于 $2000m^2$ 的地下汽车库等,若满足自然排烟条件时,尽量优先采用自然排烟方式。

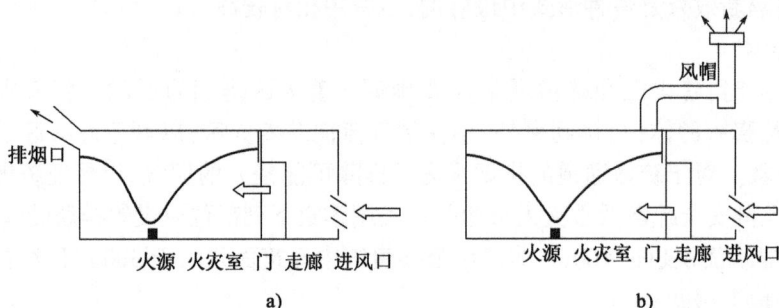

图 2-22　自燃排烟
a)窗口排烟;b)利用竖井排烟

　　燃烧产生的烟气量和烟气温度与可燃物质的性质、数量、燃烧条件、燃烧过程等有关。而对外洞口的内外压差又与整个建筑的烟囱效应大小、着火房间所处楼层、风向、风力、烟气温度、建筑内隔断的情况等因素有关。因此,自然排烟对外的开门有效面积,应根据需要的排烟量及可能有的自然压力来确定。采用自然通风方式时,防烟楼梯间前室、消防电梯间前室的自然通风口净面积不应小于 $2.0m^2$,合用前室不应小于 $3.0m^2$。靠外墙的防烟楼梯间,每五层内可开启外窗的总面积之和不应小于 $2.0m^2$,且顶层可开启面积不宜小于 $0.8m^2$。避难层(间)应设有两个不同朝向的可开启外窗或百叶窗且每个朝向的自然通风面积不应小于 $2.0m^2$。需要排烟的房间、疏散走道可开启外窗总面积不应小于其地面面积的 2% ,中庭、剧场舞台的不应小于其地面面积的 5% ,其他场所的宜取该场所建筑面积的 2% ～5% ,建筑面积大于 $500m^2$ 且净空高度大于 6m 的大空间场所,则不应小于该场所地面面积的 5% 。

　　自然排烟口应设置在排烟区域的屋顶上或外墙上方。当设置在外墙上时,排烟口底高程不宜低于室内净高度的 1/2,并应有方便开启的装置。自然通风口的开启方向应沿火灾气流方向开启。自然排烟口距该防烟分区最远点的水平距离不应超过 30m。

　　(2)机械排烟

　　机械排烟是使用排烟风机将火灾产生的烟气排到室外的排烟方式。机械排烟的特点是不受如内外温差、风力、风向、建筑特点、着火区位置等外界条件的影响,能有效地保证疏散通道,使烟气不向其他区域扩散,且能保证稳定的排烟量。但机械排烟的设施费用高,需要定期维修。

　　布置机械排烟系统时,横向宜按防火分区设置,车库宜按每个防烟分区设置,而超过 32 层或建筑高度超过 100m 的高层建筑的排烟系统应分段设计。排烟管道不应穿越前室或楼梯间,垂直管道宜设置在管井中。排烟口或排烟阀应按防烟分区设置,而防烟分区的排烟口距最远点的水平距离不应超过 30m,且宜使气流方向与人员疏散方向相反,其安装位置应设置在顶棚或靠近顶棚的墙面上,且与附近安全出口的最小距离不应小于 1.5m。设在顶棚上的排烟口距可燃构件或可燃物的距离不应小于 1.0m。在多层建筑中,设置机械排烟系统的地下、半地下场所,除歌舞娱乐放映游艺场所和建筑面积大于 $50m^2$ 的房间外,排烟口还可设置在疏散走道,具体参数见表 2-5。

排烟风机的排烟量　　　　　　　　　　表 2-5

条件和设置场所		单位排烟量 $[m^3 \cdot (h \cdot m^2)^{-1}]$	换气次数 （次·h^{-1}）	备　注
担负 1 个防烟分区		≥60	—	风机排烟量不应小于7200m^3/h
室内净高大于 6m 且不划分防烟分区的房间		≥60	—	应按最大防烟分区面积确定
担负 2 个及 2 个以上防烟分区		≥120	—	—
中庭	体积≤17000m^3	—	6	其最小排烟量不应小于102000m^3/h
	体积>17000m^3	—	4	
电影院、剧场观众厅		90	13	取两者中的大值
汽车库		—	6	

　　机械排烟系统必须有比烟气生成量大的排风量,才有可能使着火区产生一定负压。民用建筑中,设置机械排烟设施的部位,其排烟风机的排烟量应符合表的规定。排烟风机可采用离心风机或排烟专用的轴流风机,应保证在 280℃时能连续工作 30min。排烟风机的排烟量应考虑 10% ~20% 的漏风量,其全压应满足排烟系统最不利环路的要求。排烟风机宜设置在排烟系统的上部。

　　在地下建筑和地上密闭场所中设置机械排烟系统时,应同时设置补风系统,其补风量不宜小于排烟量的 50% 。补风可采用自然补风或机械补风方式,空气宜直接从室外引入。根据补风形式不同,机械排烟又可分为两种方式:机械排烟自然进风和机械排烟机械进风(图 2-23)。补风送风口设置位置宜远离排烟口,二者的水平距离不应小于 5m。

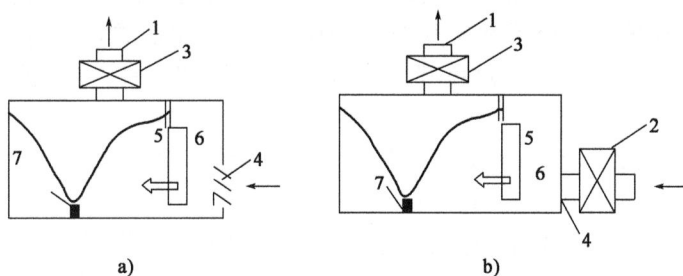

图 2-23　机械排烟方式
a)机械排烟自然进风;b)机械排烟机械进风
1-排烟口;2-送风风机;3-排烟风机;4-送风口;5-房门;6-走廊;7-火源

　　在排烟过程中,当烟气温度达到或超过 280℃时,烟气中已带火,如不停止排烟,烟火就可能扩大到其他地方从而造成新的危害。排烟管道水平穿越其他防火分区处,和竖向穿越防火分区时与垂直风管连接的水平管道,应设 280℃能自动关闭的防火阀。排烟支管上和排烟风机入口处的总管上,应设置当烟气温度超过 280℃时能自行关闭的排烟防火阀。当火灾确认后,同一排烟系统中着火的防烟分区中的排烟口(阀)应呈开启状态,排烟风机应联锁自动启动,其他防烟分区的排烟口应呈关闭状态。排烟区域所需补风系统应与排烟系统联动开停。排烟系统示意图如图 2-24 所示。

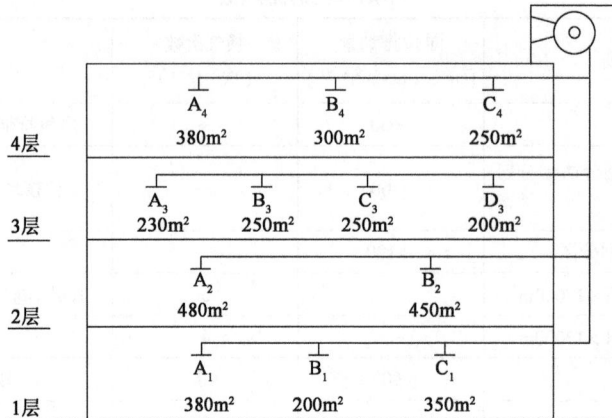

图 2-24　排烟系统示意图

机械排烟系统与通风、空调系统宜分开设置。当合用时，必须采取可靠的防火安全措施，系统管道、风口、间件和风机等均应满足排烟系统的要求，管道保温应采用不燃材料。

(3)加压防烟

加压防烟是指利用风机将一定量的室外空气送入房间或通道内，使室内保持一定正压力，使门洞处有一定流速，以避免烟气侵入。建筑高度超过 50m 的一类公共建筑和建筑高度超过 100m 的居住建筑的不宜自然通风防烟楼梯间及其前室、消防电梯前室或合用前室等，以及人民防空工程避难走道的前室，不具备自然排烟条件的防烟楼梯间和消防电梯的前室或合用前室、高层建筑的封闭避难层(间)等场所，应设置独立的机械加压送风的防烟设施。另外，高层建筑防烟楼梯间及其前室、消防电梯间前室或合用前室，当裙房以上部分可开启外窗进行自然排烟，若裙房部分不具备自然排烟条件时，其前室或合用前室应设置局部正压送风系统。

在进行机械加压送风系统设计时，防烟楼梯间和合用前室的机械加压送风系统宜分别独立设置，塔式住宅设置一个前室的剪刀梯应分别设置加压送风系统。地上和地下部分在同一位置的防烟楼梯间需设置机械加压送风时，加压送风系统宜分别设置。人民防空工程避难走道的前室、防烟楼梯间及其前室或合用前室的机械加压送风系统宜分别独立设置，当需要共用系统时，应在支管上设置压差自动调节装置。当建筑层数超过 32 层或建筑高度大于 100m 时，其送风系统及送风量应分段设计。

机械加压送风系统的全压，除计算的最不利环管道压头损失外，还应有余压。封闭楼梯间、防烟楼梯间的余压值应为 40 ~ 50Pa；防烟楼梯间前室或合用前室、消防电梯前室、封闭避难层(间)的余压值应为 25 ~ 30Pa；人民防空工程避难走道的前室与走道之间的压差应为 25 ~ 30Pa。当加压送风系统的余压值超过上述规定较多时，宜根据实际情况设置泄压阀或是旁通阀等装置调节。避难走道的前室的机械加压送风量应按前室人口门洞风速不小于 1.2m/s 计算确定，而封闭避难层(间)的机械加压送风量应按避难层净面积每平方米不小于 $30m^3/h$ 计算。

思考题

1. 简述空调的基本原理及其作用。
2. 根据不同的分类方式,空调分别有哪些类型?
3. 空气的压力由哪几部分组成? 分别反映了什么?
4. 采暖、通风以及空调各指什么? 三者有何关联?
5. 如何对热舒适环境进行评价?
6. 采暖系统有哪几种类型? 其工作原理是什么?
7. 简述蒸汽压缩式制冷系统的构成及原理。
8. 常用通风方式有哪几种? 各有何特点?
9. 简述火灾烟气控制原则。

模块3 通风空调与给排水常用设备及设施

模块背景

城市轨道交通通风空调系统是指在车站站厅、站台、隧道、设备及管理用房等处所的环境下进行空气处理的系统,其主要作用是调节指定区域内的空气温度、湿度,并控制CO_2、粉尘等有害物质的浓度,为了向乘客及工作人员提供一个良好的空气环境,并保证重要设备的正常运行。

城市轨道交通给排水系统由给水系统和排水系统组成。

模块学习清单

通风空调与给排水常用设备及设施的项目任务书见表3-1。

通风空调与给排水常用设备及设施模块学习清单 表3-1

名　称		通风空调与给排水常用设备及设施
学习目标	知识目标	1.掌握通风空调系统相关概念及不同分类形式; 2.掌握通风空调系统常用设备及设施的组成及工作原理; 3.掌握城市轨道交通给排水系统的组成及其功能; 4.掌握城市轨道交通车站给排水设备系统与的分类、组成以及管理
	技能目标	1.掌握通风空调系统以及给排水系统的识别和分类; 2.掌握车站给排水主要设备的控制方式及其操作; 3.了解给排水处理的方法及其工艺流程
	素质目标	1.具有良好的社会公德、职业道德和专业基本素质; 2.具有强烈的法律意识、安全环境保护意识、安全与自我保护意识; 3.具有沟通协调能力、语言表达能力、班组管理能力; 4.培养团结协作、热情有礼、认真细心、沉着冷静、遇乱不惊的职业素养
学习内容	单元3.1　通风空调系统 　　本单元主要阐述通风空调系统相关概念及不同分类形式,通风空调系统的设备接口关系、工况条件、节能途径、控制及运行管理。	

名　　称	通风空调与给排水常用设备及设施
学习内容	单元3.2　通风空调系统常用设备及设施 　　本单元主要介绍冷热源设备与空调系统设备,空气处理设备与通风设备以及风系统及水系统调节控制设备。 单元3.3　给排水系统 　　本单元主要阐述掌握城市轨道交通给排水系统的组成及其功能,介绍几种形式的车站给水和排水系统的构成及其作用。 单元3.4　给排水设备系统与管理工作 　　本单元主要阐述给排水设备系统的分类和组成,热水供应设备系统的组成和供水方式,消防设备及车站消防泵和消火栓的相关概念,车站给排水主要设备的控制方式和操作,以及给排水系统的管理。 单元3.5　给排水处理方法及工艺 　　本单元主要阐述给水净化处理标准和给水的软化处理,介绍了排水处理方法,给水工艺流程以及污水的处理工艺
学习要求	1.将授课班级学生分组,每小组5~8人为一个学习团队; 2.每个学习团队组织学习,进行模块分析、组员分配、制订团队工作分配表; 3.资料学习、相关知识准备,完成模块的资讯环节; 4.利用现场教学、资源完成模块的实施演练环节; 5.学习团队讨论,编制模块—单元—知识点学习计划书; 6.学习团队现场实践,制订现场实践的实施方案; 7.学习团队制作模块的汇报演讲稿,团队派代表上台演讲; 8.制定该模块的评价表、考核要素,进行小组互评
学习要点	1.教学资源的收集与整理; 2.确认模块下每个单元学习的重点与难点; 3.单元学习计划制订,小组分工,汇报PPT制作,小组交流演讲; 4.学习团队进行讨论,教师参与讨论,通过团队合作解决问题
学习拓展	1.会收集具有国内外领先水平的具有代表性的通风空调与给排水常用设备及设施的相关资料; 2.按"准员工"的要求来学习,结合本城市的情况,组织团队成员去现场学习; 3.会制作内容丰富的多媒体课件(PPT)
清单下发人	日期:　　年　　月　　日
清单执行人	日期:　　年　　月　　日

单元 3.1 通风空调系统

学习目标

1. 掌握通风空调系统相关概念及不同分类形式；
2. 了解通风空调系统的设备接口关系及工况条件；
3. 了解通风空调系统的节能途径、控制及运行管理；
4. 掌握城市轨道交通通风空调系统的相关概念。

学习重点

1. 通风空调系统的功能及其分类；
2. 城市轨道交通通风空调系统的相关概念。

理论知识

一、通风空调系统概述

近年来，各大城市为了缓解交通运输压力，正在大量建设城市轨道交通项目。城市轨道交通凭借快速、高效、大载客量等特点，已然成为缓解交通压力的重要手段。通风空调系统作为城市轨道交通运行过程中的重要设备，主要负担各个车站、区间相关的温湿度、风速、噪声、空气质量调节的重要工作。

城市轨道交通通风空调系统主要包括隧道通风和车站通风空调两个系统，其各具特点和形式。

隧道通风系统分为站台排热系统和活塞/机械通风系统。站台排热系统的主要构成部分为排热风机、消声器、组合风阀和风道。站台排热系统的功能：当列车进站时，消除列车制动和空调设备产生的热量；当站台发生火灾时，协助车站排除烟雾。活塞/机械通风系统的主要构成部分为隧道风机、消声器、组合风阀和风道。活塞/机械通风系统的功能：在列车运行正常情况下，早晚机械通风和列车活塞通风，消除隧道里多余的湿热；在列车运行阻塞情况下，进行通风换气，确保列车空调等设备正常运行；在火灾情况下，进行通风排烟，为疏散乘客创造好的条件。

车站通风空调系统分为公共区通风空调系统（简称"大系统"）、设备管理用房通风空调系统（简称"小系统"）和空调循环水系统（简称"水系统"）。

大系统的主要构成部分为组合空调机组、小新风机、回排风机、排烟风机、风阀和风管路。大系统的功能：在正常情况下，为乘客创造一个舒适的乘车环境；在火灾情况下，进行通风排烟，为疏散乘客创造好的条件。小系统的主要构成部分为柜式空调机组、回排风机、排烟风机、风阀和风管路。小系统的功能：在正常情况下，为工作人员和设备创造一个舒适的工作环境；在火灾情况下，进行通风排烟，并防止火势蔓延。水系统的主要构成部分为冷水机组、冷却/冷冻水泵、冷却塔和水阀门。水系统的功能是为空调机组提供冷冻水，提供冷源。

空调系统功能:调节指定区域内的空气温度、湿度,并控制 CO_2、粉尘等有坏物质的浓度,为了向乘客及工作人员提供一个良好的周围空气环境,并保证重要设备的正常运行。在特殊情况下,还具有排烟作用。

放置方式:主要采取分散或在特定区域内集中设置的方式。

分类:通风空调系统按控制区域划分可分为车站系统和区间系统;按功能划分可分为制冷原系统、循环水系统和通风排烟系统。

各类设备可独立存在,但又密不可分。

二、城市轨道交通通风空调系统示意图

城市轨道交通通风空调系统示意图如图 3-1 所示。

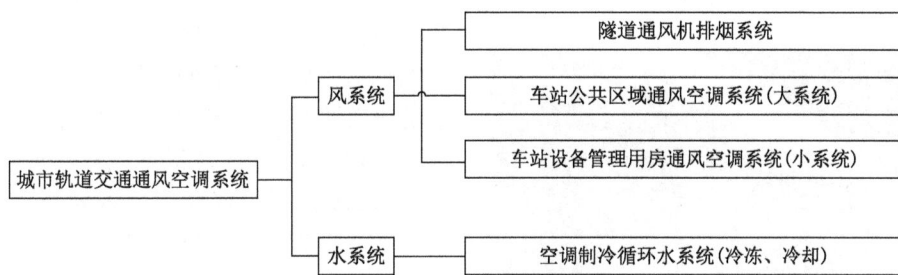

图 3-1　轨道交通通风空调系统示意图

三、通风空调系统的分类

1. 按形式划分

1)开式系统

隧道内部与外界大气相通,仅考虑活塞通风或机械通风,它是利用活塞风井、车站出入口及两端洞口与室外空气相通,进行通风换气的方式,如图 3-2 所示。这种系统主要用于北方,我国采用该系统的有北京地铁 1 号线和环线。

2)闭式系统

闭式系统是一种地下车站内空气与室外空气基本不相连通的方式,即城市轨道交通车站内所有与室外连通的通风井及风门均关闭,夏季车站内采用空调,仅通过风机从室外向车站提供所需空调最小新风量或空调全新风。

图 3-2　开式系统

区间隧道则借助于列车行驶时的活塞效应将车站空调风携带入区间,由此冷却区间隧道内温度,并在车站两端部设置迂回风通道,以满足闭式运行活塞风泄压要求,线路露出地面的洞口则采用空气幕隔离,防止洞口空气热湿交换。闭式系统通过风翼控制,可进行开、闭式运行。我国采用该系统的有广州地铁 1 号线、上海地铁 2 号线、南京地铁 1 号线和哈尔滨地铁 1 号线等。

此外,还有另一种闭式系统,即大表冷器闭式系统,在其空气处理模式方面同上述闭式系统基本一致,只是将隧道事故风机多功能化以取代组合空调机组的离心风机和回、排风机,采用结构式空调设备,空气过滤装置和翅片式换热装置设置于土建结构的风道内。我国采用该系统的有南京地铁2号线和北京地铁4号线、5号线、10号线、复八线。

在闭式系统的城市轨道交通线中,为了增加旅客的安全性,许多车站在站台边缘设置了安全门,但其并没有将隧道和车站的空气隔离开来。

3)屏蔽门系统

屏蔽门安装在站台边缘,是一道修建在站台边沿的带门的透明屏障,将站台公共区与隧道轨行区完全屏蔽,屏蔽门上各扇门上活动门之间的间隔距离与列车上的车门距相对应,看上去就像是一排电梯的门,如图3-3所示。列车到站时,列车车门正好对着屏蔽门上的活动门,乘客可自由上下列车,关上屏蔽门后,所形成的一道隔墙可有效地阻止隧道内热流、气压波动和灰尘等进入车站,有效地减少了空调负荷,为车站创造了较为舒适的环境。另外,屏蔽门系统的设置可以有效地防止乘客有意或无意中跌入轨道,减小噪声及活塞风对站台候车乘客的影响,改善了乘客候车环境的舒适度,为轨道交通实现无人驾驶奠定了技术基础,但屏蔽门的初投资费用较高,对列车停靠位置的可靠性要求很高,若客流密度较大,车门口可能出现拥挤,且对长期运行隧道内温度超标难以解决。

图3-3 屏蔽门系统

屏蔽门把站台和轨行区分开,形成了独立的车站空调通风系统和隧道通风系统

2. 按控制对象划分

1)水系统

水系统主要为城市轨道交通车站空调系统提供冷却水源的系统。

按空调系统冷源设置的集中程度分为分散式供冷和集中式供冷。分散式供冷是指每个车站内独立设置冷水机组,通过冷冻水泵将二次冷源供给整个车站空调系统,空调末端采用大组合空调柜、小空调柜及风机盘管等设备。冷水机组、水泵和冷却塔均分站设置,独立运行。集中式供冷是指集中设置制冷机组、联动设备及其他辅助设备,通过室外管廊、地沟架空、区间隧道敷设冷冻水管,用二次水泵将冷冻水长距离输送到车站空调大系统末端,以满足多个车站所需的冷量。

分为3部分:①制冷系统环路;②冷冻水二次环路;③末端设备,主要由组合空调器、风机盘及前后的控制阀门组成。

2)大系统

大系统主要设置于区间隧道和车站各工作地点供给足量的新鲜空气,稀释和排除有害物质,调节车站内部的气象条件,创造舒适的乘降环境。通风系统包括区间隧道通风系统和车站通风系统。

区间隧道通风系统主要有正常运行、阻塞运行和事故运行三种模式。正常运行模式由列车高速运动产生活塞效应把新风从车站一端的风井引入,下一站的风井排风,列车发出的热量由站台排热通风系统排出。阻塞运行模式,列车滞留隧道,由后方事故风机送新风,前方的事故风机排风,气流的流动方向与列车前进方向一致。事故运行模式指火灾运行模式,列车在区间隧道发生火灾时,根据当时情况,执行预先的方案进行紧急通风。

车站通风系统由空气处理设备、通风机、水泵等组成,多采用集中式空调系统及半集中式空调系统。

集中式空调系统,又称为中央空调系统,它是将所有空气处理设备都设在一个集中的空调机房内,经处理过的空气送至各个房间或空间。

半集中式空调系统,它除了设有集中空调机房内的空气处理设备外,还有分散在其他房间内的空气处理设备,用于对部分房间的空气进行处理或对来自集中处理的空气进行补充处理,以满足不同的房间多空气的要求。

3)小系统

小系统,由于设备用房对空气要求不同,因此采用通风机、抽风机和分散式空调系统组成。其中,分散式空调系统是把空气处理设备全部分散在被调的房间,空调机组把各设备集中在一个箱体内。

四、通风空调系统设备接口关系

通风空调系统有关的接口有动力照明系统、给排水系统、环境与设备监控系统(Building Automation System,BAS)、火灾自动报警系统(Fire Alarm System,FAS)、屏蔽门系统。

1. 动力照明系统接口关系

一类负荷设备:与火灾事故有关的相关设备。
二类负荷设备:除一类负荷设备外的其他风机、柜式空调机、电动风发等。
三类负荷设备:除前两类的设备外的环控设备。

2. 与 BAS 接口关系

基于通风空调的自动控制和设备管理的需求,将城市轨道交通的采暖、空调、通风与制冷设备的自动化控制,通过 BAS 进行远程控制监视与控制,分为以下三类:

(1)中央监控(控制中心),对全线隧道通风系统进行监视,对隧道的温度湿度进行监视,对车站的设备进行监视

(2)车站监控,对本站范围内的隧道通风系统的设备进行监视,对本站内的温湿度进行监视,对车站内大系统、小系统、水系统进行监视。

(3)就地监控,对本站内的温湿度进行监视,对本站大系统、小系统、水系统进行监控。

五、通风空调系统的工况调节

空调系统的工况调节是指空调系统在工作过程中既能满足人们对环境大气物理条件调节要求,又能使空调系统在相对经济的运行状态中,根据室内外大气物理条件的变化情况调整其

运行工况。

室外空气变化会造成送风的状态变化,由于室外温度变化,传进室内,引起室内负荷变化。室内由室外温度传入热量,室内设备、人体的散热量及散湿量变化致使室内空气状态变化。调节方法有定露点定风量调节在热量、调节回风混合比、调节旁通风与处理风混合比等。

空调工况调节的原则:

(1)系统在全年的运行中都能保证空调房间所要求的温湿度参数。

(2)系统在各个工况分区内的运行最经济、合理,能最大限度地利用自然能源,以减少冷量、热量和电能的消耗,降低运行成本。

(3)调节机构最好,调节方法最简单。

(4)工况间便于转换。

(5)工况间的转换一般根据位置条件和参数条件。

六、通风空调系统的节能运行

地下车站的空调系统是耗电大户,目前空调系统的节能途径主要包括:

(1)合理选择室内设定值。

(2)控制室外新风。

(3)运行管理体的自动控制。

(4)空调系统改造节能,在空调系统接入变频节能系统,可以有效节能并延长使用寿命。

七、通风空调系统的控制及运行管理

中央级控制:对全线的环控设备进行监视,必要时直接向车站控制室发出控制指令。

车站级控制:监视车站及管辖区域的通风和空调设备的运行状态,按环控要求及负荷参数使设备按既定模式运转,必要时人为干预。

现场级控制:直接操作设备的运行,向车站控制室传送控制设备的工作状态,执行车站控制室发布的控制指令,在车站控制室故障时进行操作,在维修及更换设备时进行现场调试。

通风空调系统的运行管理:包括设备维修计划的制订,提供相关的技术支持、技术资料整理与记录,系统运行档案的建立;设备的巡查、维修、质量检查及相关工作人员的管理;等等。

八、城市轨道交通通风空调系统

车站空调系统集中站设有冷站,负责就近相邻站供冷,其余各站均采用分散供冷方式,设有冷站,独立供冷。

通风空调系统分高架站通风空调与地下站通风空调。其中,高架站通风空调由车站通风空调系统组成;地下站通风空调由车站通风空调系统和隧道通风系统组成。

1. 车站大系统

城市轨道交通车站大系统由组合空调机、回排风机及一系列的风阀组成。

正常情况下车站大系统由 BAS 根据采集到的实时值(如室外温度、湿度等)计算大系统的目标模式,并将计算结果直接写入前台软件的数据库,自动控制大系统运行。

遇节假日等非正常情况,地铁需要提早、延长或减少服务时间时,由环控调度员根据临时运营时间灵活制定开/关机时间,并在综合监控系统(ISCS)上手动给定模式。

日常运营中遇非正常情况,需要临时变更大系统运行模式时,由环控调度员根据实际情况决定是否中止正常运行模式,在 ISCS 上变更大系统运行模式。

火灾时运行火灾模式:站厅火灾,站厅排烟,由出入口补风,站台关闭排风;站台火灾,开屏蔽门排烟,由出入口补风;车站轨行区火灾,开车站排热风机和区间事故风机排烟,由出入口补风;设备房火灾,该区域排烟,送风系统进行补风。需要气体灭火时,关闭排风,火灭后排出废气。

2. 车站小系统

城市轨道交通车站小系统由空调新风机、小型组合空调机、回排风机及一系列的风阀组成。小系统设备一般全年不间断运行,运行模式由 BAS 根据设定的判断条件自动执行。

3. 车站水系统

如鼓楼站和东门口站水系统采用集中式供冷,冷站设于鼓楼站,其余地下车站采用分散式供冷,高架站采用变制冷量空调系统(VRV)。

正常情况下车站水系统由环控调度员根据规定的正常运行时间定时启动和关闭。

遇节假日等非正常情况,地铁需要提早、延长或减少服务时间时,由环控调度员根据临时运营时间灵活制定开/关机时间。

日常运营中遇非正常情况,需要临时变更水系统运行模式时,由环控调度员优先在 ISCS 工作站变更运行模式。如远程操作失败,要求车站在 ISCS 工作站或通知环控人员现场变更运行模式。

4. 隧道通风系统

隧道通风系统由每个地下站站内的 4 台隧道风机和在局部区间设置的事故风机、射流风机以及一系列的组合风阀组成。相关资源见二维码。

隧道通风系统的运行:正常情况下隧道通风系统由 BAS 根据设定的时间表,定时启动和关闭,环控调度员通过 ISCS 监控隧道通风设备按设定时间和设定模式运行。

(1)正常运行期间,隧道通风处于活塞风状态,由 BAS 根据室外气温运行于自然开式或自然闭式通风模式(判断的条件是外界焓值大于车站公共区焓值时自然闭式,反之自然开式)。

(2)每天运营开始前半小时和运营结束后半小时执行早晚通风模式,对隧道及车站进行通风换气,排除积聚在区间隧道内多余的热量及水分。

(3)阻塞情况下的气流组织原理如图3-4所示。

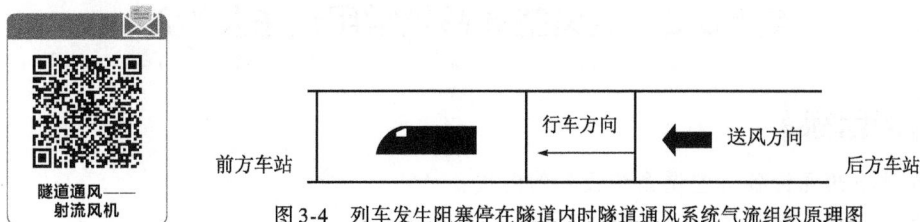

图 3-4 列车发生阻塞停在隧道内时隧道通风系统气流组织原理图

隧道发生火灾时隧道通风系统气流组织原理如图 3-5 所示。

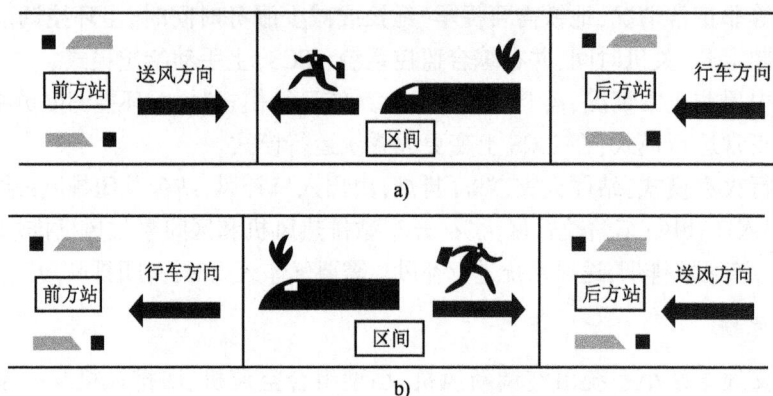

图 3-5　隧道发生火灾时隧道通风系统气流组织原理图
a)工况 1:列车尾部着火且停在区间任意位置;b)工况 2:列车头部着火且停在区间任意位置

九、高架站通风空调系统

1. 高架站通风空调系统的设计原则

(1)高架站以自然通风为主,辅助以机械通风。站台、展厅公共区均采用自然排风方式;

(2)管理用房采用热泵型分体空调或多联体(VRV)空调;

(3)机械排风自然进风的通风系统,电器房间进风需设置金属网空气滤清器,滤清器定期清洗。

2. 高架站通风空调系统的组成

站台轨行区采用自然通风系统;站台设置机械送风自然排风系统;站厅采用机械送风、排风系统;管理用房和电气设备用房采用单冷或热型一拖三的 VRV 空调系统;供电系统设备房、卫生间设机械自然排风。

十、辅助设备

优先选用噪声小、运转平稳的产品,安装消声器、减振垫或减振器;设备与管道连接处采取使用软管等相应消音、减振措施。必要时,通风机房及风亭贴吸声材料,通风机房设隔声密闭门。

通风系统管材,空调送风管、冷冻水管、穿越空调房间的回排风管、冷却水管需保温,用带铝箔的离心玻璃棉板或管壳。

单元 3.2　通风空调系统常用设备及设施

学习目标

1.熟悉冷热源设备与空调系统设备的组成;

2.熟悉空气处理设备与通风设备;

3.熟悉风系统及水系统调节控制设备。

学习重点

1.冷水机组和冷却塔的作用及其分类；
2.空调水系统的工作过程；
3.不同类型水系统及风系统阀门的作用。

理论知识

通风空调系统中的设备包括如下：

(1)冷热源设备,如锅炉、冷水机组、热泵机组。

(2)空气处理设备,分空气集中处理设备、组合式空调机级、新风机组。

(3)末端空气处理设备,如风机盘管。

(4)通风设备,如排风机、回风机。

(5)空调水系统设备,如冷冻水泵、冷却水泵、冷却塔。

(6)风系统及水系统调节控制设备,如各种阀门等。

一、冷热源设备与空调水系统设备

1.冷热源机房的组成

冷热源机房是空调系统的制冷源,通往各个房间的循环水由冷水机组进行"内部交换",降温为"冷却水"。冷水机组一般采用压缩式制冷机组和溴化锂吸收式制冷机组。其中,压缩式冷水机组又分为活塞式冷水机组、螺杆式冷水机组、离心式冷水机组。溴化锂吸收式冷水机组又可分为蒸汽溴化锂吸收式冷水机组和直燃溴化锂吸收式冷热水机组。

活塞式冷水机组如图3-6所示。

图3-6　活塞式冷水机组

活塞式冷水机组属于容积式制冷压缩机组,它是通过汽缸容积在往复运动过程中的变化来达到对冷媒进行压缩的目的。它具有价格低廉、制造简单、运行可靠、使用灵活方便等优点。

活塞式冷水机组用于民用建筑中的单机制冷量范围为 30~300kW,单机容量较小,适用于小型空调机组。最常见的增加活塞式冷水机组容量的方法就是采用多台压缩机联合运行的方式,在一些产品中,压缩机的台数组合较多,总制冷量可达 1500kW 以上。与其他电动型机组相比,活塞式冷水机组制冷效果较低。

2. 螺杆式冷水机组(图 3-7)

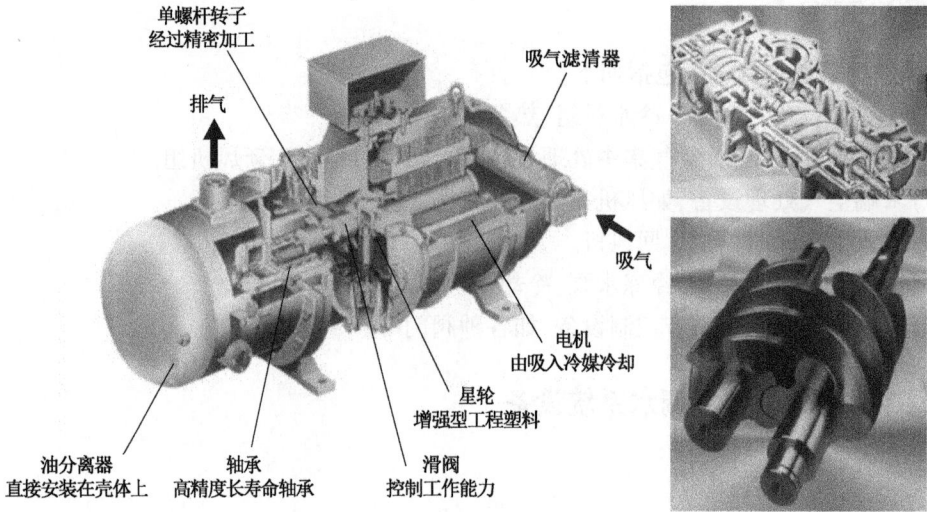

图 3-7　螺杆式冷水机组

螺杆式冷水机组的功率与相比活塞式的相对较大,典型制冷量范围在 700~1000kW,主要应用于中央空调系统或大型工业制冷方面。

螺杆式压缩机是一种回转容积式压缩机,具有结构简单、体积小、重量轻等优点。通过对滑阀的控制,可以在 15%~100% 范围内对制冷量进行无级调节,且在低负荷时效能较高,对于民用建筑的空调负荷具有较好的适应性。同活塞式冷水机一样,一些螺杆式冷水机组也采用多台联合运行的方式,有的总制冷量可达到 2500kW 以上。

3. 离心式冷水机组(图 3-8)

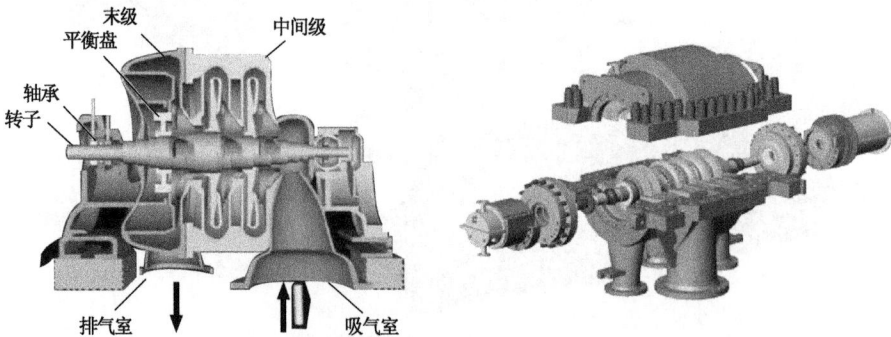

图 3-8　离心式冷水机组

离心式冷水机组是目前大、中型集中空调系统中应用十分广泛的一种机组,尤其当单机制冷量大于1000kW时,这时的离心式冷水机组效率高于螺杆式冷水机组;当制冷量低于700kW时,离心式冷水机组的能效比明显降低。

离心式压缩机通过叶轮上叶片的高速旋转驱动气态冷媒高速运动,并产生一定的离心力,将气体自叶轮中心向外抛出,速度增大,压力得以提高。离心式压缩机的单机制冷量一般为1000~35000kW,具有重量轻、制冷系数高、容量调节方便、噪声低等优点。

但当负荷过低(小于20%)时,有可能发生喘振现象,使得机组运行工况恶化。

4. 溴化锂吸收式冷水机组(图3-9)

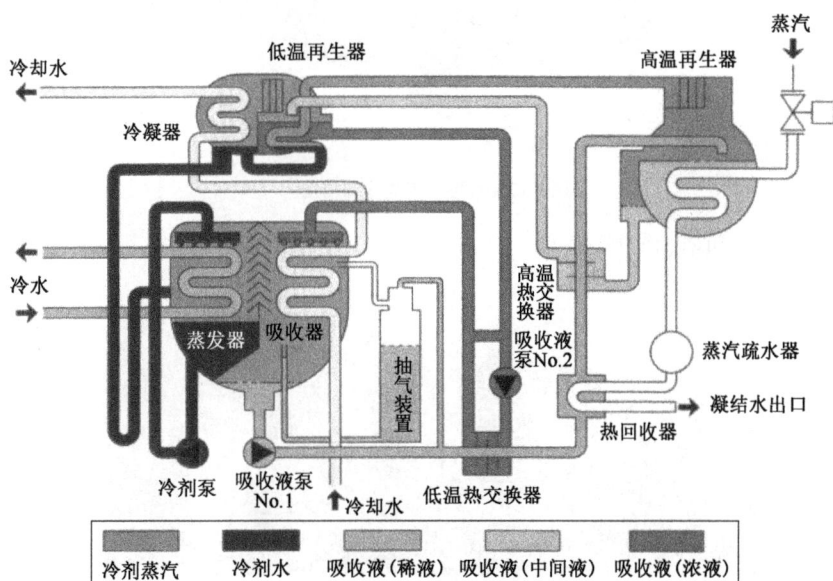

图3-9　吸收式冷水机组流程图

与压缩式制冷机以电为能源不同,溴化锂吸收式制冷机是以热为能源。在民用建筑空调制冷中,吸收式制冷机组所采用的工质通常为溴化锂水溶液,其中水为制冷循环用冷媒,溴化锂为吸收剂。因此,通常溴化锂制冷机组的蒸发温度不低于0℃,在这一点上溴化锂制冷的适用范围不如压缩式制冷。

5. 冷却塔

冷却塔是利用空气同水的接触(直接或间接)来降低水的温度,为冷水机组提供冷却水。

冷却塔一般主要由填料(又称散热材)、配水系统、通风设备、空气分配装置、挡水器(或收水器)、集水槽(或集水池)等部分构成。它是利用空气同水的接触(直接或间接)来冷却水,将携带废热的冷却水在塔体内部与空气进行热交换,使废热传输给空气并散入大气中。

冷却塔台数一般应和制冷机台数相同,无须设置备用塔。小型水冷柜式空调机,也可多台机组合用一台冷却塔,当选用多台水塔时尽量选择同一型号。

目前常用的冷却塔有圆形逆流式和方形横流式两种。

1)圆形逆流式冷却塔(图3-10)

圆形逆流式冷却塔采用逆流式气热交换技术,填料采用优质的改性聚氯乙波片,以扩散淋水面积;通过旋转布水方式,实现布水均匀,增强冷却效果。

图 3-10 圆形逆流式冷却塔图

2)方形横流式冷却塔(图 3-11)

图 3-11 方形横流式冷却塔

方形横流式冷却塔采用两侧进风,利用顶部的风机,使空气经由塔两侧的填料,与热水进行介质交换,湿热空气再排向塔外。填料采用两面有凸点的点波片,通过安装头使点波片黏结成整体,以提高刚性,两面的凸点还可避免直接滴水,因此提高了水膜形成能力,填料尾部设有收水措施。

相比圆形逆流式冷却塔,方形横流式冷却塔水损失率更小,通风面积更大,冷却效果也更好。其最大的一个优点是,其布水器是固定的,不像圆塔式的旋转布水器需要水流来推动,当水量减少时,水流分布仍是均匀的,且水流流速会相对更慢一些,能取得更好的冷却塔降温效果,因而非常适用于冷却水泵采用变频调节的系统。

6. 外部热交换系统

外部热交换系统由冷冻水系统和冷却水系统两个循环水系统组成。

1)冷冻水系统

冷冻水系统由冷冻水泵和冷冻水管道组成。从冷水机组流出的冷冻水由冷冻水泵加压送入冷冻水管道,在各房间内进行热交换,带走房间热量,使房间的温度下降。

2）冷却水系统

冷却水系统由冷却水泵和冷却水管道组成。冷水机组进行热交换,使冷冻水温度降低的同时,释放大量的热量。该热量被冷却水吸收,使冷却水温度升高。冷却水泵将升温冷却水压入冷却塔,使之在冷却塔中与大气进行热交换,然后再将降温后的冷却水送回至冷却机组。如此不断循环,带走冷水机组释放的热量。

7. 膨胀水箱及补水泵

为了补偿闭式系统中存水因温度变化而引起的体积膨胀余地并有利于系统内的空气排除而设置膨胀水箱。同时,膨胀水箱能起到补水箱的作用,当系统冷冻水由于蒸发等因素减少时向系统补充水量。

8. 工作过程

1）系统启动顺序

冷却塔风扇启动,开冷却塔水阀,启动冷却水泵,延时 30s 后开冷冻水阀,启动冷冻水泵,延时 30s,启动冷水机组。系统关断方式则顺序相反。

2）制冷工作过程

制冷剂在冷水机组循环,压缩机出来的冷媒（制冷剂）,流经冷凝器降温降压,冷凝器通过冷却水系统将热量带到冷却塔排出,冷媒继续流动经过节流装置,成低温低压液体,流经蒸发器吸热,再经压缩,在蒸发器的两端接有冷冻水循环系统,制冷剂在此次吸的热量将冷冻水温度降低,使低温的水流到用户端,再经过见机盘管进行热交换,将冷风吹出。

二、空气处理设备与通风设备

1. 风管

风管是用于空气输送和分布的管道系统,是暖通空调系统中联通各个部分的重要构件。风管连接示意图如图 3-12 所示。

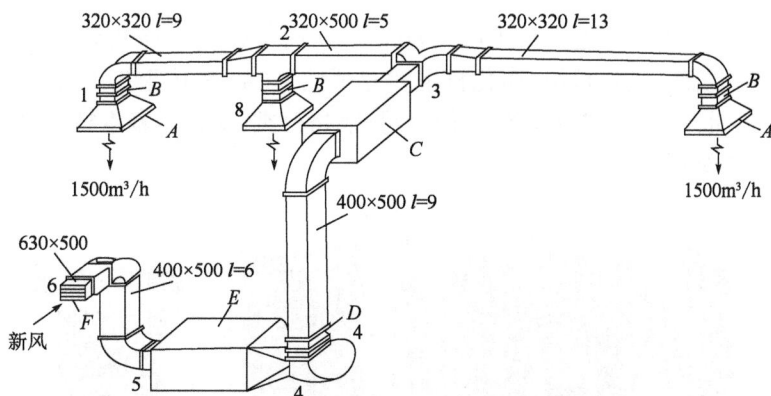

图 3-12　风管连接示意图(尺寸单位:mm)

注:A-孔板送风口 600mm×600mm;B-风量调节阀;C-消声器;D-总风量调节阀;E-空调器;F-进风风格。

风管按用途区分如下：

(1)净化空调系统用风管：镀锌板、不锈钢。(使用中可能出现尘源污染的玻璃钢、复合材料禁用)

(2)中央空调系统用风管：镀锌板、彩钢保温板。(通风管道可使用玻璃钢、复合材料)

(3)环境控制系统用风管：镀锌板、不锈钢。(可使用塑料、玻璃钢、复合材料)

(4)工业通风系统用风管：钢板、镀锌板。(丽博通风管可使用塑料、玻璃钢、复合材料。注：玻璃钢风管可分有机、无机二种,根据设计规范有消防要求的禁用有机材质)

(5)特殊使用场合用风管：矿用涂胶布风筒、矿用塑料通风管。(要求阻燃抗静电矿用安全特性)。

风管施工要求：

(1)对于比较复杂的民用建筑,在设计阶段,各工种(暖通、给水排水、供电照明与建筑专业)首先应协商好空间分隔,定出每种管道的高程范围。一般情况下不得越出给自己规定的界限。遇有个别管段要越界时应与通风管道其他工程协商。

(2)解决各种通风管道相碰及协调的原则,一般为"小管让大管,有压让无压"。例如,自来水管与风管相撞,则应当自来水管拐弯。冷、热水管与下水管相碰,则应改变冷、热水管道。

(3)施工前设备总管的工程师,应将各工种的管线,单线画在一张平面图上。每种管道用一种彩色笔。在各交点处综合其高程,看是否有矛盾之处,及时发现,并将问题解决在安装之前。

(4)为了减少投资,节省空间,降低层高,有些敷设无坡度要求的管道,可以穿梁敷设,如自来水管道、消防喷洒干管等。

2. 组合式空调箱

组合式空调机组是由各种空气处理功能段组装而成的一种空气处理设备,适用于阻力大于100Pa的空调系统。图3-13所示为组合式空调箱。机组空气处理功能段有空气混合、均流、过滤、冷却、一次和二次加热、去湿、加湿、送风机、回风机、喷水、消声、热回收等单元体。

按结构形式分类,组合式空调机组可分为卧式、立式和吊顶式;按用途特征分类,组合式空调机组可分为通用机组、新风机组、净化机组和专用机组(如屋顶机组、地铁用机组和计算机房专用机组等)。此外,组合式空调机组还可以按规格分类,机组的基本规格可用额定风量表示。相关资源见二维码。

环控大系统——组合式空调机组

图3-13　组合式空调箱

净化机组功能段的设置要根据生产工艺或洁净室要求确定,这是基本原则。净化机组功能段的合并及取舍要与空调房的设计紧密地结合起来。

空调机组各功能段如下。

1)组合式空调机组新回风混合段

(1)新回风口位置按设计要求可分别在端部、顶部或左右各侧面设置,如与本样本不一致时,要提供具体开口位置。在新回风口上可装配调节阀,执行机构有手动、电动和气动三种形式,由用户任选。

(2)过滤段有初、中效过滤两种,配有菱形袋式、四峰袋式,也可配用自动卷绕式,滤料用优质涤纶无纺布,并采用滤清器快速装拆机构,压盖显示及报警装置。

2)组合式空调机组新排风段

组合式空调机组新排风段也称为平顶分风混合段,本段箱体内设有一次回风阀,阀门前后的箱顶各设一排风口和新风口,并配调节阀,其功能:当有回风机时,供空调机排出部分回风,使新风与一次回风按要求比例混合;当过渡季节采用直流系统时,应关闭一次回风阀,全开排风阀和新风阀。

3)组合式空调机组能量回收段

组合式空调机组能量回收段供双风机系统中作交叉分风混合和排风能量回收用。本段箱体内设有一次回风阀,顶部为能量回收器,它是一种利用排风的冷(热)来间接冷却(加热)新风,新风经过板式能量回收装置,可回收排风显热能量的60%左右。同时,排风和新风不直接接触,特别适用于排除室内有害气体的直流空调系统的能量回收。当其作直流系统使用时,应关闭一次回风阀门,有剧毒气体场所应单独设排风系统,不宜使用该段。

4)组合式空调机组中间段(检修段)

本段起过渡段的连接和机组内部检修照明用。在过滤段前,表冷段、加热段、消声段前后均须设中间段。

5)组合式空调机组二次回风段

连接二次回风管用的中间段,顶部可设调节阀门,配有手动、电动或气动调节机构,由用户任选,此段也可合并于送风机段中。

6)组合式空调机组表冷段

组合式空调箱功能段如图 3-14 所示。表冷器采用四、六、八排管的铜管串铝箔的结构,铝箔为双翻边波纹边形式,大弯管热交换器减少 60% 的焊接弯头,提高了热交换功率,先进的机械胀管形式保证了热交换器的接触性能。该热交换器分固定式和旋转式两种,用户可根据需要任选一种,热媒采用蒸汽或热水。

3.风机盘管

风机盘管机组(简称"风机盘管"),如图 3-15 所示。它是由小型风机、电动机和盘管(空气换热器)等组成的空调系统末端装置之一。风机盘管管内流过冷冻水或热水时与管外空气换热,使空气被冷却,除湿或加热来调节室内的空气参数。它是常用的供冷、供热末端装置。相关资源见二维码。

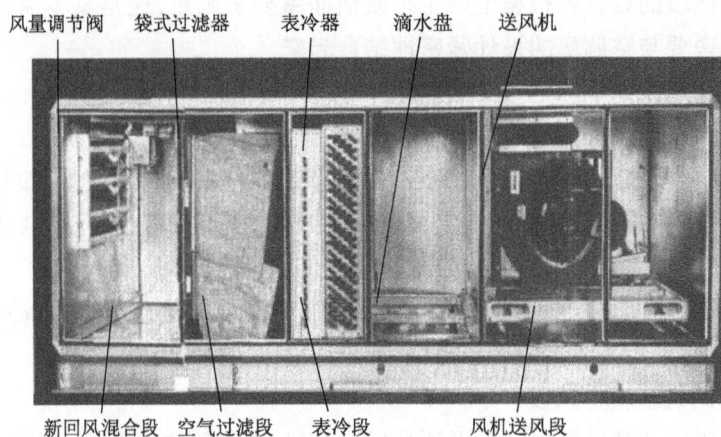

图3-14　组合式空调箱功能段

图3-15　风机盘管

风机盘管的主要作用如下：

（1）风机盘管要创造出适合人体舒适感的室内空气环境。由于室内空气环境对人体的舒适感有着非常重要的作用，因此创造人体舒适感所要求的室内空气环境，就成为空调工作的首要任务。

（2）风机盘管要满足工艺生产所需求的室内空气环境。某些工艺生产的工序对温、湿度环境要求极高，温、湿度条件不仅直接影响着生产工序的正常进行，而且影响着产品的产量和质量，如纺织生产、精密仪器生产和药物生产工艺等

（3）排除室内有害气体和集中散发的热量与湿量。舒适空调房间的 CO_2 及卫生间的不良气味，工艺空调的生产车间所产生的有毒、有味等有害气体，以及大量散发热量和湿量的局部部位，风机盘管均需通道空调和排风设施予以消除，这样才能获得一个良好的室内空气环境。

环境要求：

（1）风机盘管的进水冷水温度不应低于5℃，否则可能会引起机组凝露；进水热水温度不应高于80℃（常用60℃），否则可能引起机组换热器的铜管腐蚀。

（2）建议风机盘管的运行环境温度供冷时为 16 ~ 36℃，供热时为 10 ~ 30℃；空气相对湿度≤90%。

（3）风机盘管只作为舒适性空调使用，切勿用于特殊场合。

（4）请勿将风机盘管安装于有腐蚀性气体的区域。

三、风系统及水系统调节控制设备

风系统及水系统阀门主要有防火类阀门、排烟类阀门和水系统阀门。

1.防火类阀门

防火类阀门的作用是防火，700℃温度熔断器自动关闭，可联动，用于通风空调系统风管内。

防火类阀门一般设在通风空调管路穿越防火分区处。平时开启，火灾时关闭以切断烟、火沿通风管道向其他防火分区蔓延。防火类风阀分为以下三类：

（1）安装在阀体中的温度熔断器带动阀体连动机构动作的防火阀。该温度熔断器的易熔片或易熔环熔断温度为70℃，这类防火阀用得最多。安装时要特别注意，温度熔断器一定要顺着气流方向安装。当防火类阀门带有调节功能时，又称为防火调节阀。

（2）设在顶棚的温感器联动的防火类阀门。该类阀门国内使用较少。

（3）设在顶棚的烟感器联动的防火类阀门。该类阀门通常又称为防烟阀。

根据工程需要，有的防火类阀门上既设有温度熔断器又与烟感器联动，这类阀门称为防烟防火阀。

在兼用系统中，有的在干管上设排风口。排烟时改风口就应关闭，这时便可采用防火阀与百叶风口组合而成的防火风口。

2.排烟类阀门

排烟类阀门设在专用排烟道或兼用风道上，按防烟分区设置。主要有以下三种：

（1）排烟类阀门：对于防烟分区内的兼用支风道，排烟阀是常开的，而且由于着火区的不确定性，该类排烟阀应该是可开、可闭的，因此应采用电动式。任一防烟分区失火，均可有消防中心控制该区排烟阀开启排烟，其他分区的排烟阀关闭。若防烟分区内支风道不兼用，即在原风道上并联一专用排烟止管，这时排烟支管上的排烟阀是常闭的、并与烟感器联动的电磁式手动复位阀门。一般非兼用的排烟系统中的排烟阀也是如此。

（2）排烟口：由排烟阀与百叶风口或板式风口组成，用在排烟系统火箭用系统的专用排烟支管上。

（3）排烟防火阀：排烟阀体上加装280℃熔断的温度熔断器便构成排烟防火阀。当排烟温度达280℃时，温度熔断器动作，阀门关闭，停止排烟。

此外，在排烟干管与排烟竖井连接处或穿越风机机房的墙面处应设280℃熔断关闭的防火阀或防火调节阀，以阻挡火势蔓延。

3.水系统阀门

水系统阀门有截止阀、止回阀、闸阀、蝶阀、球阀、调节阀、角阀、节流阀、膨胀阀、减压阀、安全阀、浮球阀、自动排气阀、电磁阀、动态平衡电磁阀等。

1）手动多叶对开调节阀

手动多叶对开调节阀可直接安装再风管管道上，与风管相连接，调节室内风量之用，其调节方便、灵巧;采用冷轧钢板制成,表面涂装,其示意图如图 3-16 所示。

2)电动多叶对开调节阀

电动多叶对开调节阀可安装在有通风要求的通风系统的风管上;电动开启或关闭阀门,输出开闭电信号具有手动按钮,可手动开启或关闭,其示意图如图 3-17 所示。

3)单叶蝶阀

单叶蝶阀作控制风速、调节风量之用,其操作方便,结构灵巧,可直接装在风管上;采用优质钢板制成,表面颜色可根据客户需要,其示意图如图 3-18 所示。

4)减压阀

当水压过高时,可通过减压阀把压力减下来。减压阀示意图如图 3-19 所示。

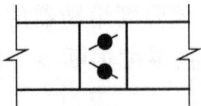

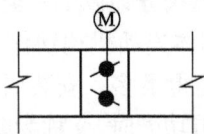

图 3-16　手动多叶对开调节阀　　图 3-17　电动多叶对开调节阀　　图 3-18　蝶阀　　图 3-19　减压阀

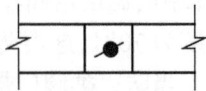

5)安全阀

当系统压力过高,有可能对系统造成损害的时候把水排出,安全阀的起跳压力是可以选择的,如 6bar。安全阀示意图如图 3-20 所示。

6)排气阀

当系统中产生气体时,自动/手动把气体排出。但是有很多国产的只排水不排气,这一点需要注意。手动排气阀示意图如图 3-21 所示。

7)止回阀

控制气流的流动方向,只容许气流按规定方向流动,阻止气流逆向流动。止回阀示意图如图 3-22 所示。

图 3-20　安全阀　　　　图 3-21　手动排气阀　　　　图 3-22　止回阀

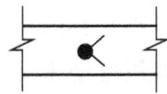

8)其他

一般水系统用闸阀,蒸汽系统用截止阀。由于截止阀容易坏,一般用铸铜的或改用球阀。

单元 3.3　给排水系统

学习目标

1. 掌握城市轨道交通给排水系统的组成及其功能;
2. 掌握几种形式的车站给水系统的构成及其作用;
3. 掌握几种形式的车站排水系统及其作用。

学习重点

1. 生产生活给水系统、消火栓给水系统及自动喷水灭火系统的构成及其作用;
2. 车站废水排放系统、区间废水排放系统以及车站污水排放等系统的作用。

理论知识

一、给排水系统概述

城市轨道交通给排水系统由给水系统和排水系统组成。城市轨道交通给水系统是指用来保证车站内的生产生活及消防用水,直接利用市政自来水作为水源。城市轨道交通排水系统是指用来保证车站、车辆段的生活、生产污废水、结构漏水、洞口雨水等能就近排入市政排水管网。

二、车站给水系统

1.生产生活给水系统

车站生产生活给水系统由两路市政给水引入管中的一根引入管的消防水表前引出1根公称直径80mm的生产生活给水干管,并单独设置水表后进入车站。生产生活给水管进入车站后呈枝状分布,主要供给车站工作人员饮用水、盥洗水、厕所用水及站台、站厅层冲洗用水及冷却塔补给水。

2.消火栓给水系统(相关资源见二维码)

地下车站采用生产生活和消防分开的给水系统。地下车站及地下区间隧道的消火栓给水系统为环状管网。地下站厅吊顶内设公称直径150mm的环状给水管道,站台板下设一根公称直径150mm的给水管道,站厅及站台板下的给水管道,在车站两端设竖向连通管,这样又构成竖向环状管网。上下行区间隧道内,在行车方向的右侧各设一根公称直径150mm的给水管,并在区间联络通道处连通,站厅两端各设两根竖管和区间的给水管相接,这样车站及前后各半个区间形成一个环状管网给水系统。如果仅引一路市政给水,需要设消防水池一座。这样就构成了地下车站及区间的生产生活及消防共用的安全可靠的环状管网给水系统。区间消防干管每隔50m仅预留栓口,每5组消火栓栓口间设检修蝶阀。区间消防栓用水量为10L/s,火灾延时按2h设计。区间不设消火栓箱,仅预留栓口,在进入区间车站站台端部适当位置分别设置区间专用消防器材箱。

消火栓

3.自动喷水灭火系统

自动喷水灭火系统是一种利用固定管网、喷头能自动作用喷水灭火,并同时发出火警信号的灭火系统。它利用火灾时产生的光、热、可见或不可见的燃烧生成物及压力信号等传感器传感信号而自动启动,将水洒向着火区域,用来扑灭火灾或控制火灾蔓延。湿式自动喷水灭火系统,该系统主要由水泵及稳压设备、湿式报警阀、信号阀、水流指示器、管线阀门、喷头末端试水装置等组成。

三、车站排水系统

1.车站废水排放系统

车站废水排放系统主要是将车站结构渗漏水、冲洗水及消防废水集中到废水泵房,排入城市污水排水系统。

2.车站局部废水排放系统

车站局部废水排放系统是将自动扶梯下基坑、折返线车辆检修坑及车站盾构端头井等低洼处的集水,通过排水泵排入城市雨水排水系统。

3.区间废水排放系统

区间废水排放系统是将区间隧道的结构渗漏水、冲洗水及消防废水,通过线路排水沟集中到线路坡度最低点的排水泵房,排入城市雨水排水系统。排水泵房内的终端控制器根据水位高低自动控制给排水泵的启停;当终端控制器失灵时,由邻近车站的车站控制室通过 BAS 的控制器进行人工干预,现场可用手动控制。被监控对象均要求返回运行状态信号、故障信号、手自动控制信号、水位信号。

4.车站污水排放系统

车站污水排放系统主要是将车站生活污水集中排放到污水泵房内的污水池内,由潜污泵提升后排入城市污水排放系统。

5.洞口雨水排放

当列车出入隧道洞口,其线路坡度坡向洞口外部为下坡时,其排水沟的水能自流排入城市排水系统时,则不设雨水泵站。当列车出入隧道洞口,其线路坡度坡向洞口内部为下坡时,则在适当地点设置排雨水泵站。

单元 3.4　给排水设备系统与管理工作

学习目标

1.掌握供水设备系统和排水设备系统的分类和组成;
2.熟悉热水供应设备系统的组成和供水方式;
3.熟悉消防设备以及车站消防泵和消火栓的相关概念;
4.掌握车站给排水主要设备的控制方式和操作,以及给排水系统的管理。

学习重点

1. 供水设备系统和排水设备系统的分类和组成;
2. 车站给排水主要设备的控制方式及其操作。

供水设备系统分类

课前预习

请扫描二维码,观看微课视频,完成预习。

排水设备系统的分类

理论知识

一、给排水设备系统概述

1. 供水设备系统

供水系统的分类如下。

(1)生活给水系统

生活给水系统包括供民用住宅、公共建筑以及工业企业建筑内饮用、烹调、盥洗、洗涤、淋浴等生活用水。

根据用水需求不同,生活给水系统又可分为饮用水(优质饮水)系统、杂用水系统、建筑中水系统。

①饮用水系统。饮用水系统包括与人体直接接触的或饮用的烹饪、饮用、盥洗、洗浴等——达到饮用水标准。

②杂用水系统。杂用水系统包括冲洗便器、浇地面、冲洗汽车等——非饮用水标准。

③建筑中水系统。建筑中水系统包括冲洗厕所、绿化、汽车冲洗、道路浇洒、消防灭火等——非饮用水标准。

目前国内通常为节省管道,便于管理,将饮用水与杂用水系统合二为一。其特点是:用水量不均匀;水质达不到国家饮用水标准。

(2)生产给水系统

生产给水系统是指为了满足生产工艺要求设置的用水系统。生产给水系统包括供给生产设备冷却、原料和产品洗涤,以及各类产品制造过程中所需的生产用水。

生产给水系统可以分为循环给水系统、复用水给水系统、软化水给水系统、纯水给水系统等。生产给水要求因生产工艺不同,生产用水对水压、水量、水质以及其他的要求各不相同。

(3)消防给水系统

消防给水系统是指供民用建筑、公共建筑以及工业企业建筑中的各种消防设备的用水。一般高层住宅、大型公共建筑、车间都需要设消防供水系统。

消防给水系统可以划分为消火栓给水系统、自动喷水灭火系统、水喷雾灭火系统。消防给水要求保证充足的水量、水压,对水质要求不高。

2. 供水系统设备组成

1）引入管

引入管是一个与室外供水管网连的总进水管。

2）水表节点

水表节点是指引入管上装设的水表及其前后设置的阀门、泄水装置的总称。

图 3-23　水表

（1）水表。水表是一种计量用水量的仪表，如图 3-23 所示。

水表的分类方法如下：

①水表按计量元件运动原理可分为容积式和流速式水表，目前使用较多的是流速式水表。流速式水表按叶轮构造不同又可分为螺翼式和旋翼式两类。螺翼式水表叶轮轴与水流方向平行，阻力小，计量范围大，多为大口径；旋翼式水表叶轮轴与水流方向垂直，阻力大，计量范围小，多为小口径。

②水表按计数器的工作状态分为湿式、干式和液封式三种水表。湿式水表构造简单，计量精确，对水质要求高；干式水表精度低，计数机件不受水中杂质影响；液封式水表计数器读数部分用特殊液体与被测水隔离。

③水表按读数机构的位置分为现场指示型、远传型和组合型水表。

④水表按水温分为冷水表（$t \leqslant 40℃$）和热水表（$t \leqslant 100℃$）。

⑤水表按被测水压力分为普通型和高压型。

（2）阀门。关闭管网，以便修理和拆换水表。

（3）泄水阀。检修时放空管网，检测水表精度、测进户点压力。

（4）旁通管。提高安全供水的可靠性。

3）给水管网

建筑给水管网包括给水干管、立管和支管。

工程中常用的给水管材包括如下：

（1）金属管

①镀锌钢管：防腐蚀、防锈；常用的连接方法有螺纹连接和沟槽式卡箍连接。

②非镀锌钢管：常采用焊接，用于生产和消火栓管网。

③铸铁管：其特点是脆性，质量大，耐腐蚀；主要采用凸缘、承插连接。

④不锈钢管：用于生活给水、直饮水系统。

⑤铜管：用于生活给水、热水系统。

（2）塑料管

①PVC-U 管（硬聚氯乙烯管）：用于排水、雨水系统。

②PVC-C 管（氯化聚氯乙烯管）：用于冷热系统、自动喷淋系统。

③PP-R 管（聚丙烯管）：用于输送冷热水；常采用热熔连接。

④PE 管（聚乙烯管）：用于冷水、饮用水系统。

⑤PEX 管(交联聚乙烯管):用于冷热水、饮用水系统。

(3)复合管

①PAP 管(铝塑复合管):卡套式连接。

②PSP 管(钢塑复合管):DN≤100mm 螺纹连接,DN >
100mm 凸缘或沟槽连接用于冷热水及饮用水系统。PSP 管如
图 3-24 所示。

(4)管材的选择

①主要考虑的因素有管内水质、压力、敷设场所及敷设
方式。

②埋地管材,应具有耐腐蚀性和承受地面荷载的能力。

③室内给水管道应采用耐腐蚀和安装连接方便的管材。

④室外明敷管道一般不宜采用 PAP 管、给水塑料管。

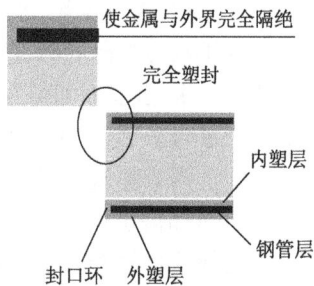

图 3-24　PSP 管

⑤当环境温度大于 60℃或因热源辐射使管壁温度高于 60℃的环境中,不得采用 PVC-U 管。

⑥当采用塑料管材时,系统压力≤0.6MPa,水温不超过管材的规定。

⑦给水泵房内管道宜采用凸缘连接的衬塑钢管或涂塑钢管及配件。

4)给水附件

给水附件是指给水管道上的调节水量、水压、控制水流方向以及断流后便于管道、仪器
和设备检修用的各种阀门。配水附件——各式龙头;控制附件有截止阀[图 3-25a)]、闸阀
[图 3-25b)]、蝶阀、止回阀等。

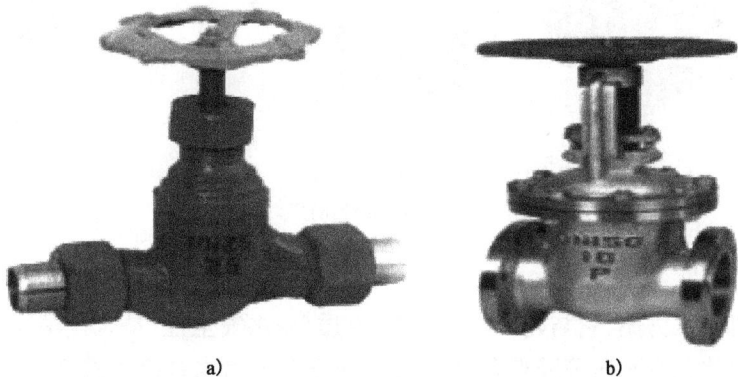

a)

b)

图 3-25　常用阀门
a)截止阀;b)闸阀

(1)截止阀

水流单向流动;管径≤50mm;需要调节流量、水压;经常启闭的管段上。

(2)闸阀、蝶阀

水流需双向流动;管径 >50mm。空间小的部位宜采用蝶阀。

(3)止回阀

止回阀用于阻止管道中水的反向流动。止回阀按结构形式可分为旋启式和升降式两种。
旋启式用于水平、垂直管道,阀前水压小采用,启闭迅速易引起水锤,不宜在压力大的管道上采

用。升降式用于水平管道上,靠上下游压差值使阀盘启动,水流阻力大,宜用于小管径的水平管道上。止回阀应安装在距水箱底 0.5 ~ 1m 的位置。

(4)其他阀门

①浮球阀:控制水箱、水池等储水设备的水位。

②液压水位控制阀减压阀有比例式和可调式两种。比例式:减压比不超过 3:1,阀后压力允许波动时采用,宜垂直安装。可调式:阀前后压差≤0.4MPa,安静的场所≤0.3MPa,阀后压力要求稳定时采用,宜水平安装。

③安全阀有弹簧式、杠杆式。

5)升压和储水设备

当室外给水管网的水压及流量经常或间断不足,不能满足室内或建筑小区内给水要求时,应设加压和流量调节装置,如储水箱、水泵装置[图 3-26a)]、气压给水装置。

6)计量仪表

计量仪表包括流量、压力、温度和水位等的专用计量仪表,如水表、流量计[图 3-26b)]、压力表[图 3-26c)]、温度计和液位计。

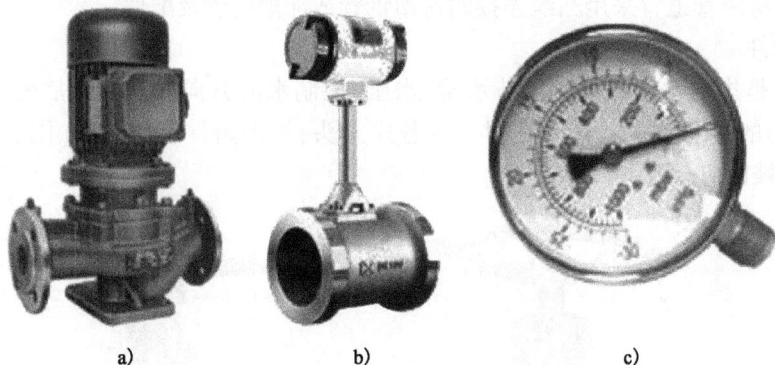

图 3-26 计量仪表
a)水泵;b)流量计;c)压力表

3. 给水方式

给水方式即给水方案,它与建筑物的高度、性质、用水安全性、是否设消防给水、室外给水管网所能提供的水量及水压等因素有关,最终取决于室内给水系统所需总水压 H 和室外管网所具有的资用水头(服务水头)H_0 之间的关系。其中 H 表示室内给水系统所需总水压;H_0 表示室外管网所具有的资用水头。

给水方式有许多种,介绍几种基本方式,在工程中可根据实际情况采用一种或几种,综合组成所需要的形式。

1)直接给水方式(图 3-27)

适用范围:室外管网压力、水量在 1d 的时间内均能满足室内用水需求,即 $H_0 > H$。

供水方式:室外管网与室内管网直接相连,利用室外管网水压直接工作。

特点:①系统简单,安装维护可靠,充分利用室外管网压力,内部无储水设备,外停内停。②水泵水箱供水方式。

2）单设水箱供水

图 3-28 所示为单设水箱的给水方式。

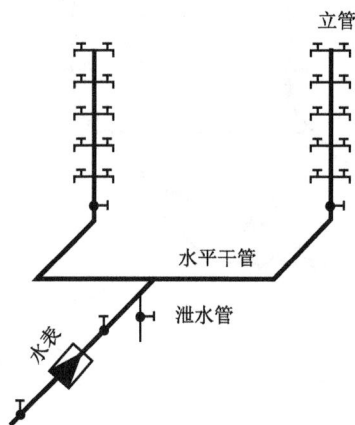

图 3-27　直接给水方式　　　　　　　图 3-28　单设水箱供水方式

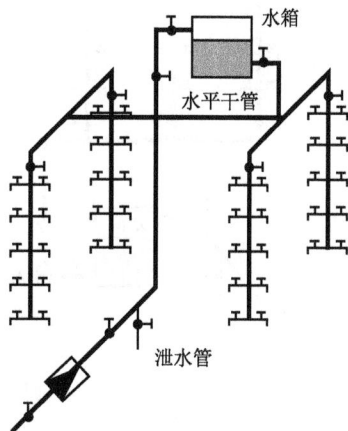

适用范围:室外管网水压周期性不足,一天内大部分时间能满足需要,仅在用水高峰时,由于水量的增加,市政管网压力降低,不能保证建筑上层的用水时。

供水方式:室内外管道直接相连,屋顶加设水箱,室外管网压力充足时(夜间)向水箱充水;当室外管网压力不足时(白天),由水箱供室内用水。

特点:其优点是节能,无须设管理人员,可减轻市政管网高峰负荷;其缺点是水箱水质易污染。

注意:①采用该方式,应掌握室外供水的流量及压力变化情况和室内建筑物内用水情况,以保证水箱容积能满足供水压力时,建筑内用水的需要。

②仅适用于用水量不大,水压力不足时间不很长的建筑。

3）水泵水箱联合供水

图 3-29 所示为水泵水箱联合供水方式。

适用范围:室外管网压力经常不足且室内用水又不很均匀。

供水方式:水箱充满后,由水箱供水,以保证用水。

特点:水泵及时向水箱充水,使水箱容积减小,又由于水箱的调节作用,使水泵工作状态稳定,可以使其在高效率下工作,同时水箱的调节,可以延时供水,供水压力稳定,可以在水箱上设置液体继电器,使水泵启闭自动化。

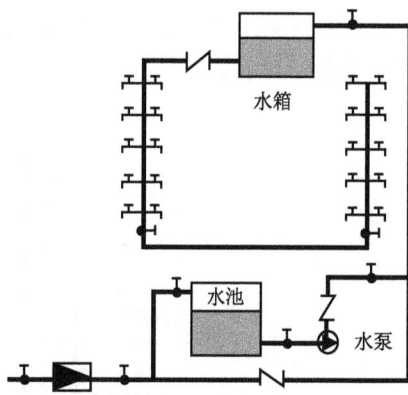

图 3-29　水泵水箱联合供水方式

4）水泵给水方式(图 3-30)

(1)恒速泵

适用范围:室外管网压力经常不满足要求,室内用水量大且均匀,多用于生产给水。

特点:恒负荷运行,能量较浪费,需要设调节水箱。

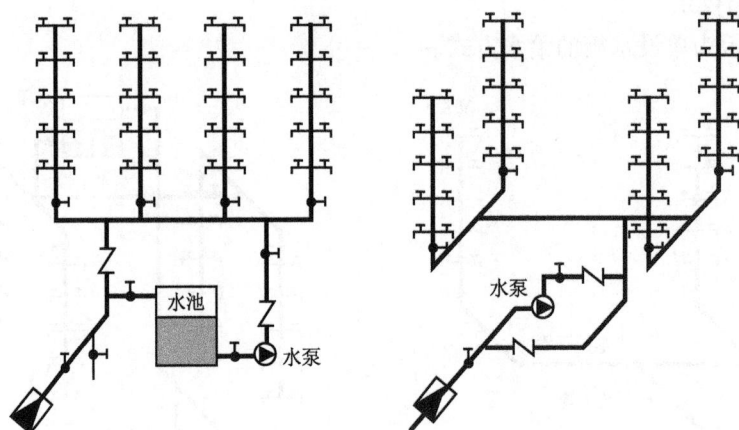

图 3-30　水泵给水方式

（2）变频调速泵供水

适用范围：当建筑物内用水量大且用水不均匀时，可采用变频调速供水方式。

特点：变负荷运行，节省减少能量浪费，不需设调节水箱。

5）分区给水方式（图 3-31）

适用范围：多层建筑中，室外给水管网能提供一定的水压，满足建筑下几层用水要求，且下几层用水量有较大。

供水方式：下区由市政管网压力直接供水；上区由水泵水箱联合供水，两区间设连通管，并设阀门，必要时，室内整个管网用水均可由水泵、水箱联合供或由室外管网供水。

6）气压给水方式（图 3-32）

供水方式：外部给水管网不能满足内部用水点水压要求，水压经常不足，且用水量不均匀而又不宜或无法设置高位水箱的场合，可采用气压给水方式。气压给水方式利用气压水罐调节水量和控制水泵运行。

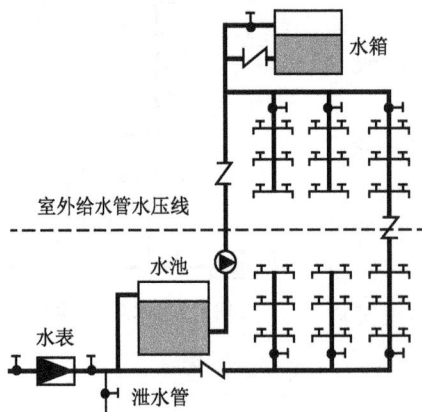

图 3-31　分区给水方式

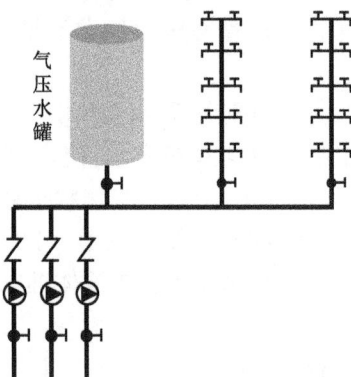

图 3-32　气压给水方式

特点：能满足用水点水压要求，不需没高位水箱，供水可靠、卫生。

二、排水设备系统

1.建筑排水系统的分类

根据排水的来源和水受污染的情况不同,建筑排水系统一般可分为生活排水系统、工业废水排水系统、雨水排水系统三类。

生活排水系统可分为两个(生活污水排水系统和生活废水排水系统)或多个排水系统(如粪便污水排水系统、厨房油烟污水排水系统和生活废水排水系统)等。

工业废水排水系统可分为生产污水排水系统和生产废水排水系统两类。

2.排水系统的选择

根据污废水在排放过程中的关系,有污废水合流制和分流制。

(1)合流制:结构简单,投资低,占据室内空间小,使用期运行费用高,对环境污染大。

(2)分流制:与合流制相反。

具体可根据城市排水体制和本建筑污废水分布情况等选择。

3.建筑排水系统的基本要求及组成

1)基本要求

(1)系统能迅速、通畅地将污废水排到室外。

(2)排水管道系统气压稳定,有毒有害气体不进入室内,保持室内环境卫生。

(3)管线布置合理,简短顺直,工程价低。

2)主要组成部分

(1)污水和废水收集器具

污水和废水收集器具是指用于满足日常生活和生产过程中各种卫生要求,收集和排除污废水的设备,包括便溺器具盥洗、沐浴器具、洗涤器具、地漏等。

(2)水封装置

通常在污水、废水收集器具的排水口下方处或器具本身构造设置有水封装置。其作用是来阻挡排水管道中的臭气和其他有害、易燃气体及虫类进入室内造成危害。水封高度一般为50～100mm。水封底部应设清通口。安设在器具排水口下方的水封装置是管式存水弯,一般有P型和S型,如图3-33所示。

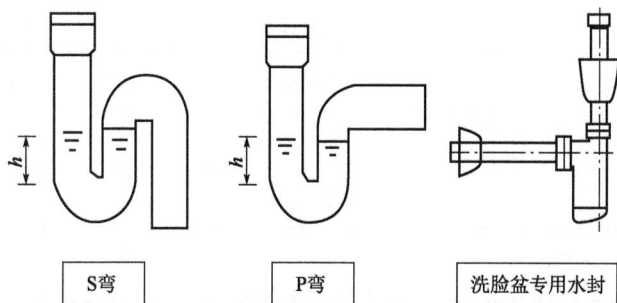

S弯　　　P弯　　　洗脸盆专用水封

图3-33　水封装置

原理:利用静水压力抵抗排水管内的气压变化。

作用:防止小虫通过卫生器具进入室内,防止排水管内有害气体通过卫生器具进入室内。

(3)排水管道

①器具排水管:连接卫生器具与后续管道排水横支管的短管。

②排水横支管:汇集各器具排水管的来水,并作水平方向输送至排水立管的管道,应有一定的坡度。

③排水立管:收集各排水横管、支管的来水,并作垂直方向将水排泄至排出管。

④排出管:收集排水立管的污、废水,并从水平方向排至室外污水检查井的管段。

(4)清通设备

清通设备的作用是疏通建筑内部排水管道,保障排水通畅。

(5)提升设备

在地下建筑物的污废水不能自流排至室外检查井时设置提升设备。

建筑内部污废水提升包括:污水泵的选择;污水集水池容积确定;污水泵房设计。

①污水水泵。

常用设备有潜水泵、液下泵和卧式离心泵。

②集水池。

集水池容积与水泵启动方式有关:当水泵自动启动时,集水池容积不小于最大一台泵5min的出水量,水泵每小时启动次数不超过6次;当水泵手动启动时,生活污水集水池容积不大于6h平均小时污水量,工业废水按工艺要求定。

③污水泵房。污水泵房应有良好的通风装置,并靠近集水池。

(6)污水局部处理构筑物

①化粪池和生活污水局部处理。

定义:化粪池是一种利用沉淀和厌氧发酵原理去除生活污水中悬浮性有机物的最初级处理构筑物。

优点:结构简单、便于管理、不消耗动力和造价低。

缺点:有机物去除率低,出水呈酸性,有恶臭,臭气污染空气,影响环境卫生。

②隔油井。

隔油井设计的控制条件:污水在隔油井内停留时间 t 和污水在隔油井内水平流速 v,取值见表3-2。

隔油井设计参数　　　　　　　　　　　　　　　　　　表3-2

含油污水种类	停留时间 t(min)	水平流速 v(m/s)
含食用油污水	2~10	≤0.005
含矿物油污水	0.5~1.0	0.002~0.010

③降温池。

建筑物附属的发热设备和加热设备排污水及工业废水的水爆清砂排水水温超过《污水排入城镇下水道水质标准》(GB/T 31962—2015)中不大于400℃的规定时,应进行降温处理。

（7）通气管

设置通气管就是能向排水管内补充空气，使水流畅通，减少排水管内的气压变化幅度，防止卫生器具水封被破坏，并能将管内臭气排到大气中去。

一般楼层不高，卫生器具不多的建筑物，可仅设置伸顶通气管，为防止异物落入立管，通气管顶端应装设网罩或伞形通气帽。对于层数较多或卫生器具较多的建筑物，必须设置专用通气管。

4.城市轨道交通排水

城市轨道交通建筑排水系统的任务是将建筑内生活、生产中使用过的水收集并排放到室外的雨水、污水管道系统。城市轨道交通建筑排水系统根据系统接纳的污、废水类型，可分为生活生产排水系统、工业废水排水系统、雨水排水系统三大类。

生活生产排水系统用于排除城市轨道交通建内的生活生产（冲洗、洗涤、生产、消防）废水和冲洗便器等污水。生活生产排水系统又可分为生活污水排水系统和生活生产废水排水系统。

工业废水排水系统用于排除生产过程中产生的工业废水。由于工业生产门类繁多，所排水质极为复杂。根据其污染程度又可分为生产污水排水系统和生产废水排水系统。

雨水排水系统用于收集排除城市轨道交通建筑屋面上的雨雪水。

在以上三类系统中，污废水如分别单独排放，则称为分流制排水系统，否则，称为合流制排水系统。在确定城市轨道交通建筑内部的排水系统时，应充分考虑资源的利用、污废水的性质和污染程度。城市轨道交通建筑内排水一般采用分流制。在城市轨道交通车站一般不存在工业废水。仅在车辆厂有少量的工业废水。

城市轨道交通车站的排水系统主要由车站废水排水泵站、区间隧道排水泵站、车站污水排水泵站、车站出入口和自动扶梯下排水泵站、车站风井等处泵站、车站变电站电缆层排水泵站六类泵站组成。

1）车站废水排水泵站

车站废水主要包括结构渗漏水、冲洗废水、消防废水以及敞开部位的雨水等。车站站厅层和站台层的冲洗废水、消防废水等由地漏引入车行道两侧的线路明线和站台板下的排水线内，线路明线通过线路坡度将废水汇集至车站废水泵房的集水池。站台下排水采用两边设小明渠，并依靠底板纵坡将废水汇集对废水泵集水池。

一般车站内设1~2座废水泵站。位置均设在车站的端头，集水池设在废水泵层下部。每座泵站内设2~3台立式排水泵或潜水泵。平时2台水泵互为备用，消防时2台并联使用，排出消防废水（消防废水由消火栓和自动喷水灭火系统产生）。废水由排水泵提升后排入市政下水管道。排水泵站排水管道一般沿车站风进处穿出车站后与市政下水道联通。废水排水管道口径一般为公称直径150~200mm，集水池下设有反冲洗管，用于冲搅集水池底部，减少池内杂物沉淀。在排水管道的止回阀两端设有一根联通管道，用于反冲洗水泵的叶轮及吸水口，防止排水泵吸水口叶轮堵塞。

泵站设有就地电器控制箱和液体浮球，根据集水池水位情况自动排水，当高水位时2台排水泵均自动排水，一般集水池内设有停泵浮球、第一开泵水位浮球、第二开泵水位（高水位）浮球、低水位浮球，以及高水位报警浮球共5个。车站控制室计算机显示水泵运行情况，如开泵、停泵、运行时间、低水位报警、高水位报警等。

2）区间隧道排水泵站

城市轨道交通的区间隧道内主要有结构渗漏水、消防废水（消防废水由消火栓产生）、冲洗废水等。城市轨道交通采用的高站位线路结构。所以在两个城市轨道交通车站之间中部的线路低洼处设置有排水泵站,大部分排水泵站设置在上、下行线两路之间的联络通道中。废水由线路两侧明沟汇集到泵站集水池。泵站一般设有 2 台潜水泵,2 台水泵平时一用一备。消防时两台并联使用。

3）车站污水排水泵站

车站内厕所等生活污水由排水管道汇集至污水池（主要是厕所污水）污水池设在污水泵站下部。每个车站一般设一个污水泵站。每个泵站设有两台潜水泵,平时一用一备（互为备用）。水泵采用水位就地控制、自动排水运行。车站控制室内可显示水泵运行情况。污水经水泵提升后一般排入设在地面的化粪池内。

4）车站出入口和自动扶梯下排水泵站

在车站敞开式出入口和自动扶梯下,设有排水泵 2 台。其集水池主要汇集敞开出入口的雨水和车站结构的渗漏水。每个泵站设有 2 台潜水泵,平时一用一备（互为备用）。排水管道沿出入口穿出车站与市政排水管道联通。水泵采用水位就地控制、自动排水运行。运行方式同车站污水泵相似。

5）车站的风井等处泵站

在地下车站的风井、车站结构渗漏水等部位设有泵站和集水池。主要用于汇集风井口雨水和车站结构渗漏水。

一般每个泵站设有 2 台潜水泵,平时一用一备（互为备用）。水泵采用水位就地控制、自动排水运行。运行方式同车站污水泵相似,但水泵不配自耦装置。排水方式可分为水泵提升后直接排水出车站和先经水泵提升后排入车站泵站,再排出车站两种情况。

6）车站变电站电缆层排水泵站

在车站变电站的电缆层设有排水泵,用于排除电缆层积水。

一般每个泵站设有 2 台潜水泵,平时一用一备（互为备用）。水泵采用水位就地控制,自动排水运行。运行方式同车站污水泵相似,但水泵不配自耦装置。排水方式可分为水泵提升后直接排水出车站和先经水泵提升后排入车站泵站,再排出车站两种情况。

7）排水泵站的控制方式

（1）排水泵站均采用水位就地控制、自动排水运行。就地设置电气控制箱,当将电控箱上的转换开关设定在 1 用 2 备或 2 备 1 用的位置时,水泵可根据水位高、低自动运行排水。

（2）车站控制室内遥信显示水泵运行情况（如开泵、停泵、运行时间等）私高低水位报警。

（3）车站废水泵站,区间泵站（包括消防增压水泵）等城市轨道交通主要泵站均采用双电源供电。当集水池高水位时,上述主要排水泵站均可双泵并联启动排水。

5. 用水设备系统

用水设备是指建筑物内或构筑物内各类卫生器具和生产用水设备,主要包括洗脸盆、洗涤盆、浴盆、便器、喷头和各种绿化洒水设备以及消防用水等。

三、热水供应设备系统

热水供应设备系统是指为满足对水温的某些特定要求而设置的设备系统,通常包括开水供应和热水供应设备,如图 3-34、图 3-35 所示。其涉及的设备包括淋浴器、供热水管道、热循环管、热水表、加热器、温度调节器、减压阀等。

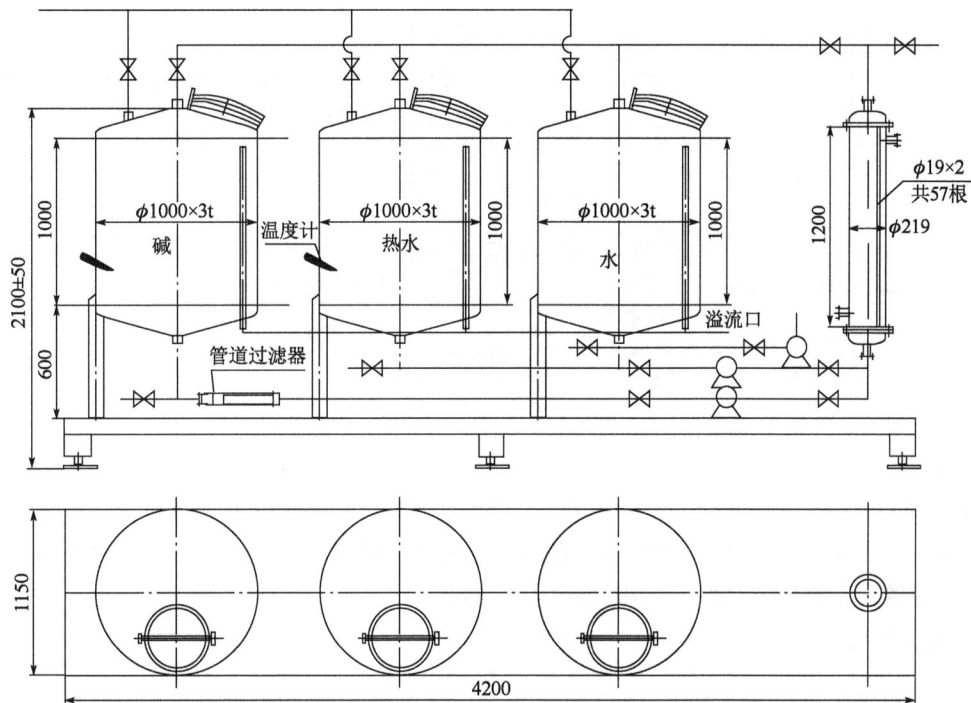

图 3-34 热水供应设备系统(尺寸单位:mm)

1.建筑内部热水供应系统各部分组成

1)热媒系统(第一循环系统)

热媒系统由热源、水加热器和热媒管网组成。锅炉生产的蒸汽(或过热水)通过热媒管网输送到水加热器,经散热面加热冷水。蒸汽经过热交换变成凝结水,靠余压经疏水器流至凝结水池,凝结水和新补充的冷水经冷凝水循环水泵再送回锅炉生产蒸汽。如此循环而完成水的加热,即热水制备系统。

2)热水供应系统(第二循环系统)

热水供应系统由热水配水管网和回水管网组成。被加热到设计要求温度的热水,从加热器出口经配水管网送至各个热水配水点,而水加热器所需冷水来自高位水箱或给水管网。为满足各热水配水点随时都有设计要求温度的热水,在立管和水平干管甚至配水支管上,设置回水管,使一定量的热水在配水管网和回水管网中流动,以补偿配水管网所散失的热量,避免热水温度的降低。

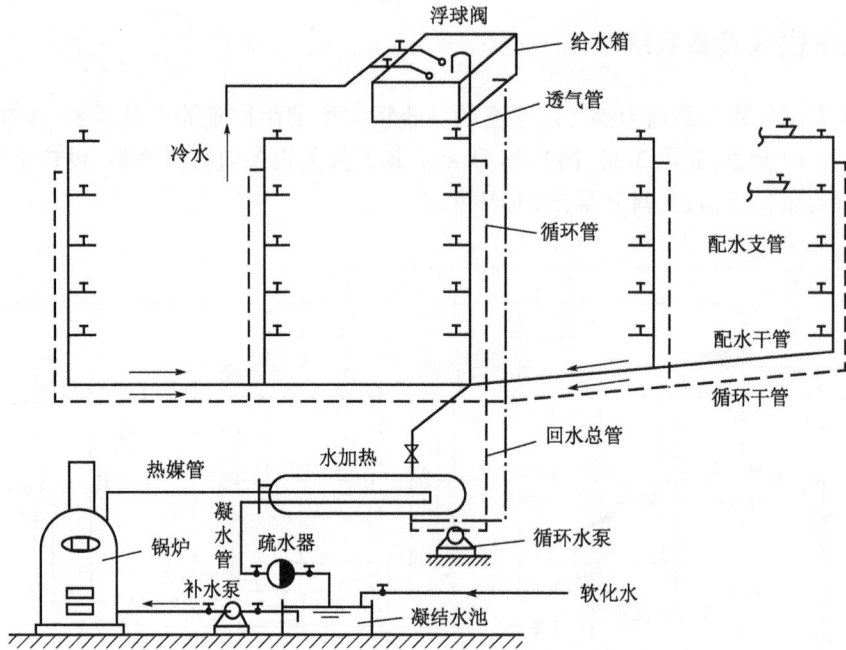

图 3-35　集中热水供应系统

3) 附件

由于热媒系统和热水供应系统中的控制、连接需要,以及由于温度的变化而引起水的体积膨胀、超压、气体离析、排除等,常使用的附件有温度自动调节器、疏水器、减压阀、安全阀、膨胀罐(箱)、管道自动补偿器、闸阀、水嘴、自动排气器等。

2. 供水方式

(1)热水供水方式按管网压力工况的特点可分为开式和闭式两类。

(2)根据热水加热方式的不同,有直接加热和间接加热之分。

(3)根据热水管网设置循环管网的方式不同,有全循环、半循环、无循环热水供水方式之分。

(4)根据热水循环系统中采用的循环动力不同有设循环水泵的机械强制循环方式和不设循环水泵靠热动力差循环的自然循环方式。

3. 热源

(1)集中热水供应系统的热源,可按下列顺序选择:

①当条件许可时,宜首先利用工业余热、废热、地热和太阳能作热源。利用烟气、废气作热源时,烟气、废气的温度不宜低于 400℃。利用地热水作热源时,应按地热水的水温、水质、水量和水压,采取相应的升温、降温、去除有害物质、选用合适的设备及管材、设置储存调节容器、加压提升等技术措施,以保证地热水的安全合理利用。利用太阳能作热源时,宜附设一套电热或其他热源的辅助加热装置。

②选择能保证全年供热的热力管网为热源。为保证热水不间断地供应,宜设热网检修期用的备用热源。在只能有采暖期供热的热力管网时,应考虑其他措施(如设锅炉)以保证热水

的供应。

③选择区域锅炉房或附近能充分供热的锅炉房的蒸汽或高温热水作热源。

④当无前述三项热源可利用时,可采用专用的蒸汽或热水锅炉制备热源,也可采用燃油、燃气热水机组或电蓄热设备制备热源或直接供给生活热水。

(2)局部热水供应系统的热源,宜因地制宜,采用太阳能、电能、燃气、蒸汽等。当采用电能为热源时,宜采用储热式电热水器以降低电功率。

(3)利用废热(如废气、烟气、高温无毒废液等)作为热媒时,应采取下列措施:

①加热设备应防腐,其构造便于清理水垢和杂物。

②防止热媒管道渗漏而污染水质。

③消除废气压力波动和除油。

(4)采用蒸汽直接通入水中或采取汽水混合设备的加热方式时,宜用于开式热水供应系统,并应符合下列要求:

①蒸汽中不含油质及有害物质。

②当不回收凝结水经技术经济比较合理时。

③应采用消声混合器,加热时产生的噪声应符合现行《声环境质量标准》(GB 3096)的要求。

④应采取防止热水倒流至蒸汽管道的措施。

四、消防设备系统

1.消防设备介绍

用于城市轨道交通消防工作的泵叫作消防泵,它是城市轨道交通火灾灭火不可缺少的核心设备。地下消防泵房设有2台消防泵,属于一级负荷,当工作泵发生故障时,备用泵应自动投入运行,由 FAS 进行监控。高架站室外消防泵房设2台立式消防泵,一用一备。当工作泵发生故障时,备用泵应自动投入运行,并应定期进行自动低频巡检。消防系统设稳压装置,设2台稳压泵(一用一备)和一个气压罐。消防泵控制柜能对消防主泵进行定期自动巡检(按消防要求),并能将巡检结果反馈给车站综控室(GCC)。这是消防设备的自巡检功能。

消防水进入管网有两条路径:

(1)消防引入管与车站消防环状管网连通成超越管,平时由市政管网压力直接供水,并设倒流防止器。

(2)经消防泵加压后打入消防管网。

稳压泵控制方式是指高架站消防主泵、稳压泵由气压罐控制,平时管网中压力由稳压泵保持,当管网压力下降时,稳压泵启动,压力恢复后停泵。

2.高架站与地下站消防泵房(图3-36、图3-37)

高架站与地下站消防泵的主要区别:

(1)增设稳压泵、稳压管稳压设备。

(2)地下站2套消防泵,地上站4台消防泵。

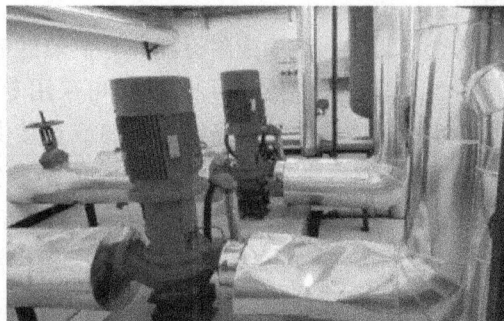

图3-36　高架站消防站房

(3)无区间消防管路供水,只服务本站消防管网。

3.站内消火栓(图 3-38)

图3-37　地下站消防站房

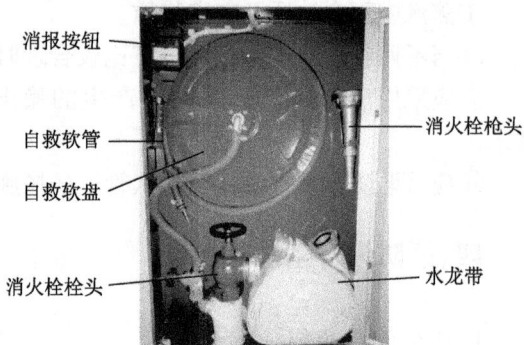

图3-38　站内消火栓

消防栓是一种固定消防工具。其主要作用是控制可燃物、隔绝助燃物、消除着火源。消防系统包括室外消火栓系统、室内消火栓系统。

消火栓使用说明:

(1)打开消火栓门,按下内部火警按钮(按钮是综控室 FAS 主机及 GCC 报警功能)。

(2)一人接好枪头和水带奔向起火点。

(3)另一人接好水带和阀门口。

(4)逆时针打开阀门水喷出即可。

注意:电起火要确定切断电源。

五、车站给排水主要设备及控制方式

1.车站给排水主要设备

1)全自动消防气压给水设备

工作原理:平时消火栓管网压力小幅度波动由市政给水压力直接补足。消防大量用水时,市政管网压力止不住管网压力的下降,当压力下降至消防主泵启动压力时,消防主泵启动供水。若消防主泵在启动或运行过程中发生故障,备用消防泵会立即投入工作。消防泵启动后将停止稳压泵的运行。

设备控制:消防泵具有自动巡检功能,在自动工作方式且没有消防信号时定时依次启动 2 台消防泵运行,以检查泵的好坏,巡检进行时自动停止稳压装置的运行并且给出巡检信号。消防泵具有手动(现场电气控制柜开关控制)、自动(电接点压力表控制)及远程(消火栓箱按钮控制或消防控制中心)操作方式。设备正常工作状态应置于自动控制状态。在日常的巡检工作中,应注意对电压、电流、机组运行状态的检查,做好设备巡检、操作记录。设备与 FAS 的接口界面在电气控制柜内接线端子上。

2)自动喷水灭火系统增压设备

自喷系统增压设备由稳压装置、喷淋泵组及带有双电源切换的电气控制柜三部分组成。在正常情况下,系统由稳压装置保持管网供水压力。设备正常工作状态应置于自动控制状态。

工作原理:稳压装置采用稳压泵补水增压、隔膜式气压水罐储能。设备投入正常运行后,喷淋管网水压保持在设定的稳压范围内。当因管网泄漏造成系统压力下降至设定的压力下限时,启动稳压泵补水增压,直至压力达到设定的上限值停机。稳压泵停机后,由隔膜式气压水罐保持消防管网压力,并弥补管网的泄漏。每次压力下降时,都将重复上述过程,从而使管网压力保持恒定,保证火灾发生时立即提供压力水源用于灭火。消防用水时,稳压系统止不住管网压力的下降,当压力下降至喷淋泵启动压力时,喷淋泵启动供水。若喷淋泵在启动或运行过程中发生故障,备用喷淋泵会立即投入工作。喷淋泵启动后将停止稳压泵的运行。

2. 车站给排水控制方式

设备控制:喷淋水泵具有电气控制柜面板手动、自动(压力开关)及远程 FAS 控制主用泵启停操作方式。设备具有定期自动巡检功能,并把水泵、报警阀、安全信号阀的工作状态及水流指示器提供的开关量信号反馈给 FAS。

1)排水泵

城市轨道交通内排水泵都为潜水泵,采用潜水电机与泵体直联的立式安装形式,导轨自动耦合安装系统所有潜水排污泵控制箱采用一控二(或一控三)的方式,水泵通过控制箱可实现液位自动控制、现场手动控制和 BAS 监控。其中,液位自动控制方式为浮球开关式,浮球数量与设计水位一一对应。一般集水水池内设潜污泵 2 台,控制箱要求能实现平时一用一备,依次轮换工作,消防或必要时 2 台同时工作。废水池内设 4 个水位,分别是超低报警水位、停泵水位、第一台泵启泵水位、第二台泵启泵水位(同时为报警输出水位)。其控制要求如下:

(1)当到达超低报警水位时,发出报警信号,同时控制回路应保证 2 台泵都处于停泵状态。

(2)当水位到达停泵水位时,2 台泵均应停泵工作。

(3)当水位到达第一启泵水位时,第一台泵开启。

(4)当水位到达第二启泵水位时,第二台泵开启,此时 2 台泵都处于运行状态,并同时发出报警信号。

2)浮球液位开关

浮球液位开关分为连杆式和电缆式两种。常用的是电缆式,方便拉出集水井检修。电缆式浮球液位开关是利用水银开关做接点输出,当液位上升接触浮球时,浮球以重锤为中心随水位上升角度变化。当水面以上扬线角度超过一定角度时,液位开关便会有 On 或 Off 的接点信号输出。

3)区间电动蝶阀

区间电动蝶阀具有就地按钮箱手动控制和 FAS 执行的远程控制功能。在发生车站或区间火灾时,可现场或远程打开电动蝶阀,保证消防水供应。在出现区间消防管泄漏等状况时,可现场或远程关闭泄漏管处的电动蝶阀,截断来水,阻止区间积水。

六、车站给排水主要设备的操作

1. 排水泵的操作(相关资源见二维码)

(1)运行前,设备操作人员应认真检查电源及排水泵是否处于安全正常状态,经确认后方可进行相关操作。

(2)应先设置为手动状态,手动操作排水泵检查机组运行声音是否正常、机组是否剧烈振动、各部连接处有无泄漏,一切正常后,方可设置为自动状态。

(3)手动操作:

①将转换开关打到手动位置。

②启动时点按控制箱上某台泵的"启动"按钮,指示灯亮,水泵启动。

③停泵时点按控制箱上某台泵的"停止"按钮,指示灯亮,水泵停止。

④在进行手动操作时应注意集水井水位,积水排完后应立即停泵。

⑤在进行手动操作后,应将设备设置为自动状态。

(4)自动操作:

①将转换开关打到自动位置。

②在两个相邻运行周期内,潜水泵互为主、备用。

③水泵的启动与停止,由集水井内的水位浮球开关自动控制。

④水泵出现故障不能正常运行时,故障信息将自动反馈到车站控制室。

(5)应加强对运行中的设备的监视。发现故障时,若自行不能排除,应立即报告。

(6)认真做好设备运行操作记录。

2. 消防栓增压泵组的操作

(1)运行前,设备操作人员应全面检查电源及消防水泵是否正常、各部连接处有无泄漏、阀门开/关是否正确。经检查确认正常后,方可进行相关操作。相关资源见二维码。

(2)选择主、备用泵,将控制箱上的选泵开关打到"1 号"泵时,1 号泵为主用泵,2 号泵为备用泵;打到"2 号"泵时,2 号泵为主用泵,1 号泵为备用泵。

(3)手动操作:

①将控制面板上的选择开关打到手动挡。

②启动时点按控制箱上的水泵"启动"按钮,指示灯亮,水泵启动。

③停止时点按控制箱上的水泵"停止"按钮,指示灯亮,水泵停止。

④在进行手动操作后,应将设备设置为自动状态。

（4）自动操作：

①将控制面板上的选择开关打到自动状态。

②消防管网水泄漏及气压罐内空气漏失从而造成系统压力下降时，市政管网会自动补水，进行增压。

③火灾发生时，消防管网压力降至消防泵启动压力时，消防泵自动启动。

④主消防泵启动失败或运行过程中发生故障，备用消防泵自动启动。

⑤消防泵启动后，需通过手动操作关机。

（5）远程操作：

①将控制面板上的选择开关打到自动状态。

②消防中心直流24V信号直接启/停消防泵。

③消火栓按钮直流24V信号直接启/停消防泵。

（6）应加强对运行中的设备的监视。发现故障时，若自行不能排除，应立即报告。

（7）认真做好设备运行操作记录。

3. 喷淋泵组的操作

喷淋泵组操作方式和消火栓增压泵基本相同，其自动操作模式通过稳压泵进行稳压。

（1）将控制面板上的选择开关打到自动状态。

（2）消防管网水泄漏及气压罐内空气漏失从而造成系统压力下降时，稳压泵自动启动，进行补水增压。

（3）稳压泵补水增压达到压力设定上限值时，稳压泵停止运行，由气压罐保持自喷管网压力。

（4）火灾发生时，自喷管网压力降至喷淋泵启动压力时，喷淋泵自动启动，稳压泵自动停止。

（5）主喷淋泵启动失败或运行过程中发生故障，备用喷淋泵自动启动。

（6）喷淋泵启动后，需通过手动操作关机。

4. 水阀的操作

手动水阀的操作方法：

（1）旋转手轮可使阀门打开或关闭。

（2）顺时针方向旋转手轮，当开度指针随着往"关"（Close）的方向移动，开度变小。当指针指向"关"（Close）时，阀门全部关闭。

（3）逆时针方向旋转手轮，开度指针随之往"开"（Open）的方向移动，开度变大。当指针指向"开"（Open）时，阀门全部打开。

（4）当要水阀全开或全关时，手轮旋到位后，不要用力过大，以免损坏传动机构。

5. 区间电动蝶阀的操作方法

（1）在就地控制箱上点按"关闭"按钮或在就地控制箱面板上点按"关闭"按钮，电动阀门开始工作，当阀门达到"全关"（Close）位置时，行程控制机构能准确地切断电源，同时控制箱上指示"全关"的指示灯亮。

（2）在就地控制箱上点按"开启"按钮或在就地控制箱面板上点按"开启"按钮，电动阀门开始工作，当阀门达到"全开"（Open）位置时，行程控制机构能准确地切断电源，同时控制箱上指示"全开"的指示灯亮。

（3）FAS具有对区间电动蝶阀的远程控制功能。

七、给排水系统的管理

1.给排水设备设施的内容管理

1）巡视监控

值班人员每日巡视一次辖区水泵房设备设施（包括机房、水池、水箱等），对其运行情况进行记录。

每周巡视一次辖区内主供水管上闸阀以及道路上沙井、雨水井。

巡视监控内容如下：

（1）水泵房有无异常噪声或大的振动。

（2）电机、控制柜有无异常气味。

（3）电机温升是否正常（应不烫手），变频器散热通道是否顺畅。

（4）电压表、电流表指示是否正常，控制柜上信号灯显示是否正确，控制柜内各元器件是否工作正常。

（5）机械水压表与PC上显示的压力是否大致相符，是否满足供水压力要求。

（6）水池、水箱水位是否正常。

（7）闸阀、凸缘连接处是否漏水，水泵是否漏水成线。

（8）主供水管上闸阀的井盖、井裙是否完好，闸阀是否漏水，标志是否清晰。

（9）止回阀、浮球阀、液位控制器是否动作可靠。

（10）临时接驳用水情况。

（11）雨水井、沉砂井、排水井是否有堵塞现象。

值班人员在巡视监控过程中发现给排水设备设施有不正常情况时，应及时采取措施加以解决；处理不了的问题，应及时详细地汇报给系统工程师，请求协助解决。整改时，应严格遵守相应的《给排水设备设施维修保养规程》。

2）给排水设备设施异常情况的处理

（1）主供水管爆裂的处置。

①立即关闭相关联的主供水管上的闸阀。

②如果关闭了主供水管上相关联的闸阀后仍不能控制住大量泄水，则应关停相应的水泵。

③立即通知客户服务部及系统工程师，系统工程师组织人员抢修；客户服务部负责通知相关用户关于停水的情况；如果属市政给排水应立即通知供水公司抢修。

④如果地下水管爆裂，系统工程师应立即组织技术人员尽快挖出所爆部位水管。

⑤供水管所爆部位修复后，由给排水技工开水试压（用正常供水压力试压），看有无漏水或松动现象。

⑥确认一切正常后，对检修现场进行清理或回填土方，恢复原貌。

(2)水泵房发生火灾时按"火灾、火警应急处理程序"处置。

(3)水泵房发生水浸时的处置:

①视进水情况,关掉机房内运行的设备设施并拉下电源开关。

②堵住漏水源。

③如果漏水较大,应立即通知系统工程师,同时尽力阻滞进水。

④漏水源堵住后,应立即排水。

⑤排干水后,应立即对湿水设备设施进行除湿处理,如用干的干净抹布擦拭、热风吹干、自然通风、更换相关管线等。

⑥确认湿水已消除、各绝缘电阻符合要求后,开机试运行;如无异常情况出现则可投入正常运行。

(4)因设备故障等原因出现紧急停水时,应立即按"紧急停水处理程序"进行处理。

3)水泵房管理

(1)非值班人员不准进入水泵房,若需要进入,须经系统工程师同意,在给排水技工的陪同下方可进入水泵房,同时在"设备机房外来人员入室登记表"上进行登记。

(2)水泵房内严禁存放有毒、有害物品。

(3)水泵房内应按规定备齐消防器材并放置在方便、显眼处;水泵房严禁吸烟。

(4)每周打扫一次水泵房卫生,清洁一次水泵房内的设备设施,做到地面、墙壁、天花板、门窗、设备设施等的表面无积尘、无油渍、无锈蚀、无污物,油漆完好,整洁光亮。

(5)水泵房内通风良好,光线充足,门窗开启灵活。

(6)水泵房应当做到随时上锁,钥匙由值班人员保管,借用须登记。

2.给排水设备管理机构的构成及职责

给排水设备设施的维护、日常操作及运行管理工作一般由物业公司工程部完成。

1)运行组人员的职责

运行组人员的主要职责:负责所管辖范围内机电设备的运行,处理一些一般性故障;协助维修组人员进行设备设施的维修工作,及时向管理组或经理汇报发生的问题,必须对所管辖范围内的供水及设备情况有详尽了解;掌握相关设备的操作程序和应急处理措施;定时巡视设备运行情况,并做好巡视记录和值班记录;记录维修投诉情况,并及时处理;保持值班室、设备及水泵房等清洁有序;负责设备房的安全管理工作,禁止非工作人员进入,做好防水、防火、防小动物的安全管理工作;遇突发事故,采取应急措施,迅速通知相关人员处理等。

2)维修组人员的职责

维修组人员的主要职责:熟练掌握设备的结构、性能、特点和维修方法;按时完成设备的各项维修工作,并做好有关记录;保证设备与机房的整洁;严格遵守安全操作规程,防止发生事故;发生突发情况,应迅速采取应急措施,保证设备的正常完好;定期对设备进行巡视、检查,发现问题及时处理等。

3)管理组人员的职责

管理组人员的主要职责:具体负责总值班室、仓库和财务管理;负责内务管理和对外协调;负责人员、车辆、材料、经费的统一调度和使用管理;负责工具和材料的采购、保管和发放;负责文件资料的保管、建档和发放;负责组织人员进行安全技术和质量意识培训等工作。

为了提高工程部的工作效率,确保各种设备的运行、维修工作有序开展,并保证紧急情况下及时派遣人员到达现场,在工程部下可设总值班室。总值班室每天24h值班,各设备的故障情况均应报总值班室,以便总值班室依照工程部经理和管理组的指示合理安排人员抢修。

3.给排水设备设施管理制度

1)管理责任

(1)物业服务中心工程维修组负责给排水系统的运行维护等管理工作,工程主管负责组织维修人员实施。

(2)给排水管理人员必须了解、熟悉楼宇内的供排水系统,如水管、水箱、水泵、开关阀门及分阀门位置等;实行设备管理责任制,划分各类设备管理责任人。

(3)管理人员负责对给排水设施设备的检查维护管理,检查和考核。

2)巡视制度

(1)定期巡视水泵设施设备运行是否正常,供水系统有无损坏或滴漏,水箱是否清洁等。组织安排水箱每半年清洗消毒一次,确保用水卫生。

(2)发现水管爆裂时,必须尽快关上相应的阀门,大水管爆裂时应将总阀门关闭,即时发出通告,立即安排紧急抢修。

3)维护制度

(1)注意水箱的维护,预防破裂和渗漏,水箱盖应保持密封,每次开启后及时锁好,防止蚊虫滋生。

(2)救火用的输水设备,要经常检查,如有损坏,应立即维修,平时严禁使用消防水做其他用途。

4)检修制度

(1)经常检查沟渠及沙井是否畅通,及时清理渠道盖上的垃圾以防止下雨时渠水受阻引起水浸,并按规定填写相关记录。

(2)供水设备每年按维护计划进行维护,维护情况按年度维护计划填写。给排水设备,除了按年度维护计划维护外,还必须按规定进行正常的巡视。

单元3.5　给排水处理方法及工艺

学习目标

1.熟悉给水净化处理标准和给水的软化处理;

2.掌握排水处理方法、给水工艺流程以及污水的处理工艺。

学习重点

1.排水处理的方法及其工艺流程;

2.给水处理的工艺流程;

3. 污水处理流程及工艺选择。

理论知识

　　水处理是指通过一系列的水处理设备,通过物理、化学、生物的手段去除水中一些对生产、生活不需要的有害物质的过程,也是为了适用于特定的用途而对水进行的沉降、过滤、混凝、絮凝以及缓释、阻垢等水质调理的过程。由于社会生产、生活与水密切相关,水处理领域涉及的范围比较广泛,构成庞大的水处理行业。本单元主要介绍给水的净化处理和软化处理,以及水处理设备和方法。相关资源见二维码。

净水工艺流程

一、给水净化处理标准

1. 生活用水标准

生活饮用水必须符合现行《生活饮用水卫生标准》(GB 5749),见表3-3。

生活饮用水卫生标准

表3-3

指　标	限　值
1. 微生物指标	
总大肠菌群(MPN/100mL 或 CFU/100mL)	不得检出
耐热大肠菌群(MPN/100mL 或 CFU/100mL)	不得检出
大肠埃希氏菌(MPN/100mL 或 CFU/100mL)	不得检出
菌落总数(CFU/mL)	100
2. 毒理指标	
砷(mg/L)	0.01
镉(mg/L)	0.005
铬(六价,mg/L)	0.05
铅(mg/L)	0.01
汞(mg/L)	0.001
硒(mg/L)	0.01
氰化物(mg/L)	0.05
氟化物(mg/L)	1.0
硝酸盐(以 N 计价,mg/L)	10(地下水源限制为20)
三氯甲烷(mg/L)	0.06
四氯化碳(mg/L)	0.002
溴酸盐(使用臭氧时,mg/L)	0.01
甲醛(使用臭氧时,mg/L)	0.9
亚氯酸盐(使用二氧化氯消毒时,mg/L)	0.7
氯酸盐(使用复合二氧化氯消毒时,mg/L)	0.7

续上表

指　　标	限　　值
3. 感官性状和一般化学指标	
色度(铂钴色度单位)	15
浑浊度(NTU—散射浊度单位)	1(水源与净水技术限制时为3)
臭和味	无异臭、无异味
肉眼可见物	无
pH(pH 单位)	6.5~8.5
铝(mg/L)	0.2
铁(mg/L)	0.3
锰(mg/L)	0.1
铜(mg/L)	1.0
锌(mg/L)	1.0
氯化物(mg/L)	250
硫酸盐(mg/L)	250
溶解性总固体(mg/L)	1000
总硬度(以 $CaCO_3$ 计,mg/L)	450
耗氧量(COD_{Mn}法,以 O_2 计,mg/L)	3(水源限制,原水耗氧量 >6mg/L 时为5)
挥发酚类(以苯酚计,mg/L)	0.002
阴离子合成洗涤剂(mg/L)	0.3
4. 放射性指标	指导值
总 α 放射性(Bq/L)	0.5
总 β 放射性(Bq/L)	1

2. 冷库冷却水水质标准

冷库中较大的水量用于冷却、冲霜、制冰和生产加工。在冷却用水防垢防蚀的要求方面对硬度、浊度做出了规定,见表3-4。而制冰和生产加工用水应符合现行《生活饮用水卫生标准》(GB 5749)。

冷却水水质标准 表3-4

设 备 名 称	暂时硬度(Me/L)	pH　值	浑浊度(mg/L)
立式冷凝器、淋水式冷凝器	6~10	6.5~8.5	150
卧式冷凝器、蒸发式冷凝器	5~7	6.5~8.5	50
氨压缩机等制冷设备	5~7	6.5~8.5	50

3. 空调用水要求

空调用水主要为空调供热用水、空调供冷用水和冷却用水,一般由补给水和循环水两部分组成。空调冷却水对水质的要求较宽,对于水中的有机物和无机物不要求完全清除,只要求控制其数量,防止微生物大量生长,以避免其在冷凝器或管道系统形成积垢或将管道堵塞。溴化锂吸收式空调系统相比一般空调系统,其冷却水的水质要求较高,见表3-5。

溴化锂吸收式空调系统冷却水水质标准 表3-5

项　目	水质标准	危　害
浊度(mg/L)	根据生产要求规定,一般不应大于20;当换热器的形式为板式、套式、管式时,一般不宜大于10	过量会导致污泥危害或腐蚀
含盐量(mg/L)	施放缓蚀剂时,一般不宜大于2500	腐蚀、结垢随含盐量增加而递增
暂时硬度(Me/L)	在一般水质条件下,若不投加堵垢分散剂,不宜大于3;投加堵垢分散剂时,应根据投加药剂的品种、配方及工况条件确定,可控制在6~9	—
钙离子 Ca^{2+} (Me/L)	投加堵垢分散剂时,应根据投加药剂的品种、配方及工况条件确定,一般情况下,低限值不应小于1.5(从腐蚀角度要求),高限值不应大于8(从堵垢角度要求)	产生类似蛇纹石组成污垢,黏性很大
镁离子 Mg^{2+} (Me/L)	不宜大于5,并按 $Mg^{2+} \times SiO_2 < 15000$ 验证(Mg^{2+} 以 $CaCO_3$ 计,SiO_2 以 SiO_2 计)	—
铝离子 Al^{3+} (mg/L)	不宜大于0.5(以 Al^{3+} 计)	起黏结作用,促进污泥沉积
铜离子 Cu^{2+} (mg/L)	一般不宜大于0.1;投加铜缓蚀剂时,应按试验数据确定	产生点蚀,导致局部腐蚀
氯离子 Cl^{2+} (mg/L)	投加缓蚀剂时,对不锈钢设备的循环用水不应大于300(指含镍、铬、钛、钼等合金的不锈钢);投加缓蚀剂时,对碳钢设备的循环用水不应大于500	强烈促进腐蚀反应,加速局部腐蚀,主要是裂隙腐蚀、点腐蚀和应力腐蚀开裂
硫酸根 SO_4^{2-} (mg/L)	投加腐蚀剂时,$Ca^{2+} \times SO_4^{2-} < 75000$,对系统中混凝土材质的影响控制要求应符合相关规范的规定	是原菌的营养源,浓度过高会出现硫酸钙的沉积
硅酸(以 SiO_2 计)(mg/L)	不大于175;Mg^{2+}(mg/L,以 $CaCO_3$ 计) SiO_2(mg/L,以 SiO_2 计) ≤ 15000	出现污泥沉积及硅垢
油(mg/L)	不应大于5	附于管壁,阻止腐蚀剂与金属表面接触,是污垢黏结剂、营养源
磷酸根 PO_4^{3-} (mg/L)	根据磷酸钙饱和指数进行控制	引起磷酸钙沉淀
异养菌总数(个/mL)	$< 5 \times 10^5$	产生污泥和沉积物,带来腐蚀,破坏冷却塔木材

二、给水的软化处理

1. 水质处理的目的

1)防止水垢附着

水的硬度:水的硬度是指水中钙、镁离子的浓度,硬度单位是毫克/升(mg/L)。

水分为软水、硬水。依照水的总硬度值大致划分,总硬度 0 ~ 30mg/L 称为软水,总硬度 60mg/L 以上称为硬水。高品质的饮用水不超过 25mg/L,高品质的软水总硬度在 10mg/L 以下。

在天然水中,远离城市未受污染的雨水、雪水属于软水;泉水、溪水、江河水、水库水,多属于暂时性硬水,部分地下水属于高硬度水。

形成水垢的化学反应:

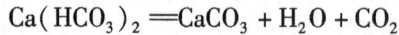

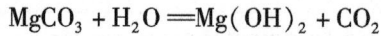

$$Ca(HCO_3)_2 = CaCO_3 + H_2O + CO_2$$
$$Mg(HCO_3)_2 = MgCO_3 + H_2O + CO_2$$
$$MgCO_3 + H_2O = Mg(OH)_2 + CO_2$$

上述反应条件都是加热。

硬水中含 Ca^{2+}、Mg^{2+}、HCO_3^- 加热后,首先发生第一组反应,即碳酸氢盐的受热分解,生成碳酸盐,其中的碳酸钙就是水垢的成分之一。但碳酸镁微溶于水,在烧开(加热)条件下可以继续转化为更难溶于水的氢氧化镁,即水垢中的另一种主要成分。

冷却水在使用过程中通过冷却塔时由于散热不断地大量蒸发,而蒸发的是纯水,水中的盐分由于补充水不断进入系统而增加,这样就出现了浓缩倍数。当水中的重碳酸盐浓度值达到饱和状态是就会在换热器表面形成碳酸钙水垢。

水垢会造成两大危害:一是造成污垢热阻,降低传热系数;二是会造成垢下腐蚀,其危害的严重性是不容忽视的。所以,为保证设备长期安全节能运行,应对水系统内存在的腐蚀、结垢、生物黏泥危害进行有效控制,进行空调水处理。

2)防止设备腐蚀

设备腐蚀的危害会直接造成巨大的经济损失,水质造成严重污染,并可能引发事故,污染环境。

(1)常见的腐蚀破坏形式及其概念

全面腐蚀是指腐蚀分布在整个金属表面,使金属构件截面尺寸减小,直至完全破坏。

局部腐蚀是指腐蚀集中在金属表面局部区域。

应力作用下的腐蚀主要表现在三个方面:一是应力腐蚀开裂(应力腐蚀),是指材料在静应力和腐蚀介质共同作用下产生的脆性开裂破坏现象,产生的条件主要有敏感的合金、特定的介质、具有一定的静应力,因此,应正确选材、改进制造工艺、改善环境介质、采取电化学保护;二是腐蚀疲劳,是指腐蚀介质和交变应力协同作用所引起的材料破坏现象;三是磨损腐蚀(磨蚀),主要是指冲击侵蚀、气蚀等。

(2)给排水工程设备常用防腐措施

①管道外防腐:石油沥青防腐、环氧煤沥青防腐、聚乙烯防腐、聚乙烯胶带防腐、聚乙烯、聚氨酯泡沫塑料防腐。

②管道电化学保护:外加电源法、牺牲阳极法。

电化学保护可分为阴极保护和阳极保护。

阴极保护是指在金属表面通以足够的阴极电流,使金属表面阴极极化,成为电化学电池中电位均一的阴极,从而防止其表面腐蚀的防护技术。阴极保护又分为牺牲阳极保护和外加电流阴极保护。

阳极保护是指在金属表面上通以足够的阳极电流,使金属电位往正的方向移动,达到并保持在钝化区内,从而防止金属的腐蚀。阳极保护方法可用于能够形成并保持保护膜的介质中。

③水下设备防腐:在选材、表面覆盖涂料(表面处理),如钢丝绳和拉链的防腐、水下轴承的防腐、搅拌设备的防腐、曝气转刷等。

3)防止微生物黏泥危害

循环冷却水中的微生物种类很多,为了便于我们以下的讨论,主要分成三大类:细菌、真菌、藻类。

(1)细菌

细菌是循环水中数量最多,危害最大的一类微生物,是单细胞生物、二次分裂。其形状有球状、杆状、螺旋状,少数丝状。形体大小:球菌直径为 $0.5 \sim 2\mu m$;杆菌以长宽表示为$(1 \sim 1.5)\mu m \times 0.5\mu m$。

以微生物对营养源中碳源的摄取的不同来源进行的划分,细菌种类主要有两种类型:异养菌和自养菌。凡是以有机物为碳源的细菌都称为异养菌,而自养菌则是以二氧化碳、碳酸盐作为碳源的细菌。

(2)真菌

真菌是指在低等植物中没有根茎叶分化,不能进行光合作用的真核生物。存在于循环冷却水中的真菌包括霉菌和酵母菌两类。它们生长在冷却塔的木质构件上、水池壁上和换热器中,它们能利用木材作为有机养分,并分解纤维素,使冷却塔木质结构的设备腐烂损坏。真菌的生长能产生黏泥而沉积覆盖在换热器中换热管的表面上,降低冷却水的冷却作用。真菌对金属并没有直接的腐蚀性,但它产生的黏状沉积物会在金属表面建立差异腐蚀电池而引起金属的腐蚀,并且黏状沉积物覆盖在金属表面,使冷却水中缓蚀剂不能发挥它的防护作用。措施:对冷却水系统中的真菌可以使用杀真菌的药剂,如五氯酚和三丁基锡的化合物。

(3)藻类

循环水中的藻类主要有蓝藻、绿藻和硅藻。藻类产生的颜色,是由于它们体内有进行光合作用的叶绿素和其他色素存在,藻类的生长需要阳光,常常停留在阳光和水分充足的地方,死亡的藻类会变成冷却水系统中悬浮物和沉积物。在换热器中,藻类将成为捕集冷却水中有机体的滤清器,为细菌和霉菌提供食物。藻类形成的团块进入换热器中后,会堵塞换热器中的管路,降低冷却水的流量,从而降低冷却水的冷却效果。一般说,藻类本身并不直接引起腐蚀,但它们生成的沉积物所覆盖的金属表面则由于形成差异腐蚀电池而常会发生沉积物下腐蚀。措施:投加非氧化性杀生剂,如季铵盐类控制藻类的生长是十分有效的。

微生物黏泥是指循环冷却水系统中溶解的营养源而引起细菌、丝状菌(霉菌)、藻类等微生物群的增殖,并以这些微生物为主体,混有泥沙、无机物和尘土等,形成附着的或堆积的软泥性沉积物。微生物在黏泥中的分布不一定是均匀的。主要是以好氧性细菌为主体的黏泥,其下面也有厌氧性的菌群,产生像硫酸盐还原菌那样的厌氧性细菌。它们的组成是由微生物菌体及其黏结在一起的黏性物、多糖类蛋白质为主体组成的,并附着在换热器上。

在循环水系统中,由产黏泥细菌引起的危害为最多,其次是藻类、霉菌等。

循环冷却水系统中微生物黏泥引起的危害如下:

(1)黏泥附着在换热冷却部位的金属表面上,降低冷却水的冷却效果。

（2）大量的黏泥将堵塞换热器（水冷器）中冷却水的通道，从而使冷却水无法工作，少量的黏泥则减少冷却水通道的截面积，从而降低冷却水的流量和冷却效果，增加泵压。

（3）黏泥集积在冷却塔填料的表面或填料间，堵塞了冷却水的通过，降低冷却塔的冷却效果。

（4）黏泥覆盖在换热器内的金属表面，阻止缓蚀剂与阻垢剂到达金属表面发挥其缓蚀与阻垢作用，阻止杀生剂杀灭黏泥下的微生物，降低药剂的功效。

（5）黏泥覆盖在金属表面，形成差异腐蚀电池，引起设备的腐蚀。

（6）大量的黏泥，尤其是藻类，存在于冷却水系统中的设备上，影响了冷却水系统的长周期运转。

由于水中本身就含有一定的泥土、腐殖质等其他有机物及微生物，随着细菌及藻类等微生物逐渐大量的繁殖，其新陈代谢产生的分泌物及其死亡的菌体在系统管路及换热器内沉积下来，生成了微生物黏泥。

水处理的目的是解决系统内水垢附着、设备腐蚀、微生物滋生和黏泥危害等的问题，同时节约能源，以发挥空调系统的最佳效益。

2. 水质处理的要求

1）温度

对大多数细菌来说，其适宜温度范围为 $20 \sim 40$℃，温度低于 10℃ 或高于 40℃，处理效果明显下降。因此，对于高温废水必须有降温措施；在北方地区，冬季应注意保温，有条件的，可将建筑物建于室内或采用余热加温。

2）溶解氧

为了使好氧微生物正常代谢和使沉淀分离性能良好，一般要求溶解氧维持在 $0.5 \sim 2.0$mg/L。厌氧微生物的生长不需要氧，在有氧的情况下，生长反而受到抑制甚至死亡。

3）pH 值

微生物的生长都有一个最佳 pH 值范围，对于好氧生物处理，适宜的值为 $6 \sim 9$。纺织印染废水大部分 pH 值较高，一般为 $9 \sim 12$，细菌经驯化后对酸碱度的适应范围可进一步提高。但若 pH 值超过 11，处理效果会显著下降。对厌氧生物处理，pH 值必须控制在 $6.5 \sim 8$，因为甲烷细菌生长最佳值范围较窄；pH 值低于 6 或高于 8 时，对甲烷细菌都有不利影响。

4）BOD_5/COD_{Cr}

传统观点认为 BOD_5/COD_{Cr}（生化需氧量/化学需氧量）比值体现了废水中可生物降解的有机污染物占有机污染物总量的比例，从而可以用该值来评价废水在好氧条件下的微生物可降解性。目前普遍认为：BOD/COD < 0.3 的废水属于难生物降解废水，在进行必要的预处理之前不易采用好氧生物处理；而 BOD/COD > 0.3 的废水属于可生物降解废水。该比值越高，表明废水采用好氧生物处理所达到的效果越好。

在考虑上述 BOD_5 和 COD_{Cr} 测试中存在的问题的基础上，还要注意以下几个问题：

（1）某些废水中含有机悬浮物容易被重铬酸钾氧化，以 COD_{Cr} 的形式表现出来，但 BOD_5 数值却较低 BOD_5 与 COD_{Cr} 比值较小。而实际上生物处理的效果却不一定差。

（2）重铬酸钾的氧化能力虽然很强，但如吡啶类却不能被其氧化，所测得的 COD_{Cr} 较低，但却可以和微生物作用,以 BOD_5 的形式表现为生物需氧量,因而对 BOD_5/COD_{Cr} 比值影响很大。

5)盐度

(1)盐度对好氧生物系统的影响

研究发现,当废水中的氯离子浓度大于 5~8g/L 时,就会对传统的好氧生物处理系统产生抑制作用。但实践证明,活性污泥只要经过适当驯化,利用微生物处理高盐分废水是可能的。通过逐步提高有机负荷和盐浓度的方法,可驯化出耐盐浓度3%~5%(甚至更高)的污泥。一般情况下,盐度越高,污泥驯化的时间越长,经驯化的菌群发生变化,菌胶团以嗜盐菌为主。研究发现,盐浓度的变化对生物处理系统存在影响,高含盐有机废水不利于生物处理,盐浓度的波动对生物处理影响更大。

(2)盐度对厌氧生物系统的影响

大量含盐有机废水,采用厌氧处理更具有实用性。经过连续驯化的厌氧污泥可以适应更高的盐度,对盐度的抗冲击性更强。厌氧条件下,甲烷菌活性会受到盐度的抑制,特别是当向厌氧反应器投加 NaOH 和 Na_2CO_3 来调节 pH 值时,钠离子的影响就不容忽视。海产品加工的废水中,含高浓度的离子主要是 Na^+、Cl^- 和 SO_4^{2-}。

6)城市轨道交通车站给水要求

城市轨道交通车站给水系统的主要单元是满足地下铁道生产、生活用水。生产用水包括车站公共区域地坪等冲洗用水、车站设备用房洗涤盆用水、空调冷冻机的循环水、冷却循环系统补充水。生活用水主要指车站工作人员使用的卫生间、茶水间等用水。排水系统及时排除生产废水、生活污水、隧道结构渗水、事故消防废水及敞开式出入口部分的雨水等,以满足城市轨道交通安全运营的需要。

城市轨道交通车站的生产、生活给水管网是独立的内部供水系统,从2根接自市政管网的消防进水管中的任一根接出生产、生活给水管,单独设置水表后进入车站,呈枝状布置。车站还设开水间,内置电加热开水器,以满足车站职工饮用。

3. 水软化处理方法

常用的软化处理方法有离子交换法、膜分离法、电去离子软化法、石灰法、加药法、蒸馏法、掩蔽剂法、集成膜技术、电磁法等。下边简要介绍离子交换法和加药法。相关资源见二维码。

1)外部处理方法:离子交换法

离子交换法是指采用特定的阳离子交换树脂,以钠离子将水中的钙镁离子置换出来。

主要优点:效果稳定、准确,工艺成熟;可以将硬度降至0;采用这种方式的软化水设备一般也叫作"离子交换器"(由于采用的多为钠离子交换树脂,所以也多称为"钠离子交换器")。图 3-39 为离子扩散过程示意图,图 3-40 为离子交换软化法示意图。

2)内部处理:加药法

内部处理即锅内加药处理,对于热水锅炉来说,其内部处理的重点应放在除气和 pH 值的控制这两方面。内部处理有以下三种类型:加入防垢剂;加入化学物品;为了防止锅炉的碱性腐蚀,引起苛性脆化,往往需加硝酸钠、磷酸钠、丹宁等抑制剂。

向水中加入专用的阻垢剂,可以改变钙镁离子与碳酸根离子结合的特性,从而使水垢不能析出、沉积。

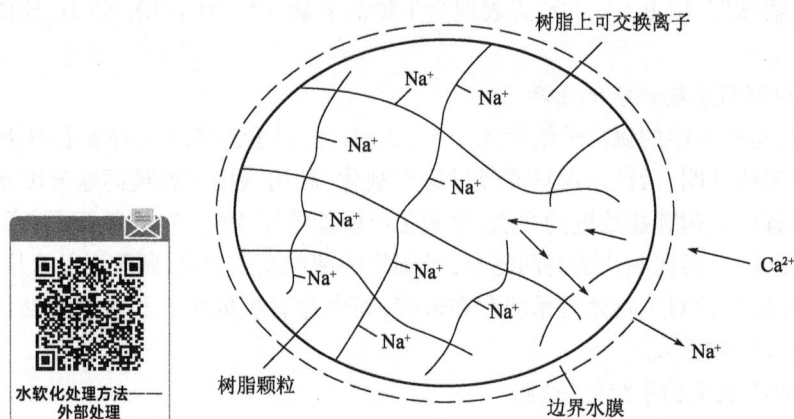

图3-39 离子扩散过程示意图

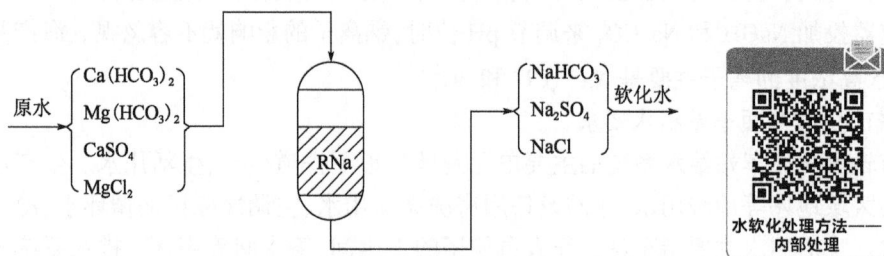

图3-40 离子交换软化法示意图

（1）原理：基于溶度积原理，加入某些药剂，把水中钙、镁离子转变成为难溶化合物，使之沉淀析出。

（2）工艺组成：原水（加药）→混合→反应→沉淀→过滤→消毒。

4. 水处理设备

1）钠离子交换软化器

以固定床钠离子交换软化器为例，运行中离子交换剂层固定不动，原水自上而下不断地通过交换剂层，完成反应过程。主要有交换（软化）、反洗、还原（再生）、正洗四个步骤。

钠离子交换软化器按再生运行的方式分逆流式再生和顺流式再生两种。

（1）顺流式再生

顺流式再生是指交换时原水和再生时还原液都自上向下流动。

①钠离子交换器结构由交换器本体、进水装置、排水装置、再生液分配装置、排气管、反洗管、阀门等组成。常用规格有 $\phi500mm$、$\phi750mm$、$\phi1000mm$、$\phi1200mm$、$\phi1500mm$ 及 $\phi2000mm$；交换器层高可为1.5m、2m、2.5m。

②顺流再生离子交换器运行主要有以下几个过程进行运行循环：交换、反洗、再生、正洗。

a. 交换：当正洗出水质量符合要求时，即可投入软化运行；关闭下部排水阀或去反洗水箱的阀门，开启软水出水阀，向外供水；水流速度随原水硬度变化；用树脂作为交换剂，流速一般为 $15\sim20m/h$。

b. 反洗：当交换剂失效后，停止软化，用一定压力的原水自下而上通过交换剂层，进行反洗。作用是松动离子交换剂层,清除交换剂层中的悬浮物、破碎的交换剂和积存在层中的气泡——交换运行中,交换剂上层还起着过滤作用。

c. 再生:对用于制取软化水的交换器来说,再生效率的高低是决定出水质量和周期制水量的关键。再生操作是将配制成 5% ~8% 的食盐溶液以 4 ~6m/h 的流速,自上而下地通过树脂层。再生液与树脂层的接触时间,一般要保证 30 ~60min。

d. 正洗:用清水对再生后的交换剂自上而下进行冲洗(冲洗水流方向与运行交换时水流方向一致),作用是将再生好的交换剂层内的残留再生液和再生产物清除掉,以确保出水质量。

正洗顺序:开启进水阀,清水从交换器上部进入,以 6 ~8m/h 流速自上而下冲洗交换剂层,由下部排水阀排走,时间为 30 ~40min。为节约用水,在正洗后期关闭排水阀,并将正洗水回收至反洗水箱,作为下一周期的反洗用水。

(2)逆流式再生

盐液流向和水软化流向相反,底部交换剂再生程度高,含反离子较多的盐液对上层失效程度大的交换剂仍能起到较好的再生作用,盐液充分利用,盐耗低。上层交换剂先与硬度高的原水接触,能充分利用,提高交换剂的工作容量。底部交换反应能持续进行,出水残留硬度低。废液量少而浓度低,小反洗和正洗水量少,节约用水。有乱层现象,中间排水装置,压实层;顶压,低流速。

2)阴离子交换除盐器

阴离子交换器,又叫作阴床,其作用是用阴树脂中的氢氧根交换掉水中的其他阴离子。阴离子交换器分为钠离子交换器、阴阳床、混合床等种类。阴离子交换器是水处理常用除盐设备,利用阴阳交换树脂对离子选择性及平衡反应原理,树脂表面吸附的 H^+、OH^- 与水中的阴阳离子发生置换反应,去除水中溶解性离子。

阴离子交换实质上是阴树脂中的 OH 与酸性水(经过阳离子交换及除碳)中的负离子进行交换。所以在强碱性阴离子交换器内发生的反应为

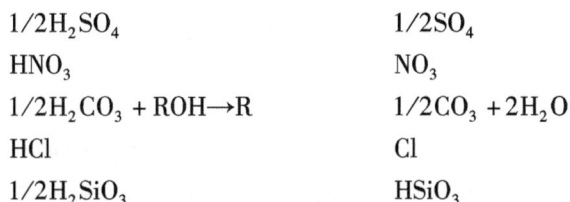

$$\left.\begin{array}{l} 1/2H_2SO_4 \\ HNO_3 \\ 1/2H_2CO_3 + ROH \rightarrow R \\ HCl \\ 1/2H_2SiO_3 \end{array}\right. \quad \begin{array}{l} 1/2SO_4 \\ NO_3 \\ 1/2CO_3 + 2H_2O \\ Cl \\ HSiO_3 \end{array}$$

根据强碱阴树脂的交换规律,$HSiO_3^-$ 集中在交换器中树脂的底部。所以当强碱性 OH 型阴离子交换器失效时,$HSiO_3^-$ 先漏出来,致使出水的硅含量升高。图 3-41 为水质的变化曲线。

因强碱阴树脂的选择性顺序:

$$SO_4^{2-} > NO_3^- > Cl^- > OH^- > F^- > HCO_3^- > HSiO_3^-$$

3)外部处理加热除气设备

(1)渗透蒸发技术和渗透蒸发膜的特点

渗透蒸发是近十多年中颇受人们关注的膜分离技术。渗透蒸发是指液体混合物在膜两侧

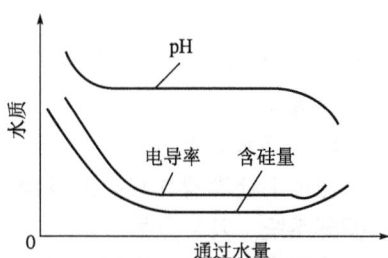

图 3-41　水质变化曲线

组分的蒸汽分压差的推动力下,透过膜并部分蒸发,从而达到分离目的的一种膜分离方法。渗透蒸发可用于传统分离手段较难处理的恒沸物及近沸点物系的分离,具有一次分离度高、操作简单、无污染、低能耗等特点。

渗透蒸发的实质是利用高分子膜的选择性透过来分离液体混合物。其原理如图 3-42、图 3-43 所示。由高分子膜将装置分为两个室,上侧为存放待分离混合物的液相室,下侧是与真空系统相连接或用惰性气体吹扫的气相室。混合物通过高分子膜的选择渗透,其中某一组分渗透到膜的另一侧。由于在气相室中该组分的蒸汽分压小于其饱和蒸汽压,因而在膜表面气化。蒸汽随后进入冷凝系统,通过液氮将蒸汽冷凝下来即得渗透产物。渗透蒸发过程的推动力是膜内渗透组分的浓度梯度。

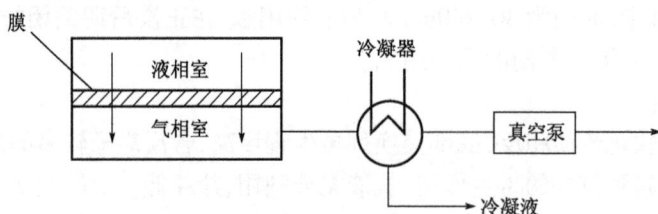

图 3-42　渗透蒸发分离示意图(真空气化)

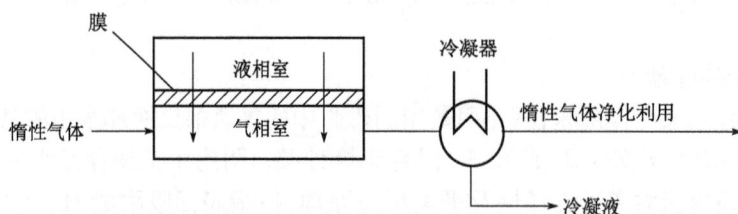

图 3-43　渗透蒸发分离示意图(惰性气体吹扫)

(2)渗透蒸发技术应用领域

渗透蒸发作为一种无污染、高能效的膜分离技术已经引起广泛的关注。该技术最显著的特点是很高的单级分离度,既节能又适应性强,易于调节。目前渗透蒸发膜分离技术已在无水乙醇的生产中实现了工业化。与传统的恒沸精馏制备无水乙醇相比,可大大降低运行费用,且不受汽-液平衡的限制。

除了以上用途外,渗透蒸发膜在其他领域的应用尚都处在试验室阶段。预计有较好应用前景的领域包括:工业废水处理中采用渗透蒸发膜去除少量有毒有机物(如苯、酚、含氯化合物等);在气体分离、医疗、航空等领域用于富氧操作;从溶剂中脱除少量的水或从水中除去少量有机物;石油化工工业中用于烷烃和烯烃、脂肪烃和芳烃、近沸点物、同系物、同分异构体等的分离等。

4)循环水处理器

循环水处理器具有去污、除垢、防锈、防藻等性能,广泛适用于空调水循环系统及各种冷却水循环系统。其特点如下:

①可防垢、除垢、防锈、防藻。

②具有除污器功能。

③运行、操作简便,采用测系统水 pH 值的方法控制系统水内的药量。

④适应性强、性能可靠且运行费用低。

⑤延长被保护体的使用寿命。

⑥投资省、安装方便、占地少。

(1)循环水处理器的结构和工作过程

循环水处理器的结构如图3-44所示。循环水处理器主要包括加药器(管)、壳体、网孔、隔板、排污口、支座等。

图3-44中加药管内所加药品为晶体硅酸盐，经水浸泡后稀释，流经金属管壁会形成一层白膜状物质附着在金属表面，使水中镁离子、钙离子不能与金属壁直接接触，达到防垢、除垢的目的。该设备隔板以上为药处理部分，隔板以下为除污部分。

(2)循环水处理器的工作原理

①防腐机理：在药剂的构成物中含有一种对金属表面有强亲和力的成分，当药剂溶于水时，会在金属表面生成一层微薄(1μm以下)且坚韧的分子膜。这种膜具有极为优良的特性，可有效地防止金属表面与水中阴离子及溶解氧的接触，因此，能防止金属氧化腐蚀和电化学腐蚀的发生。

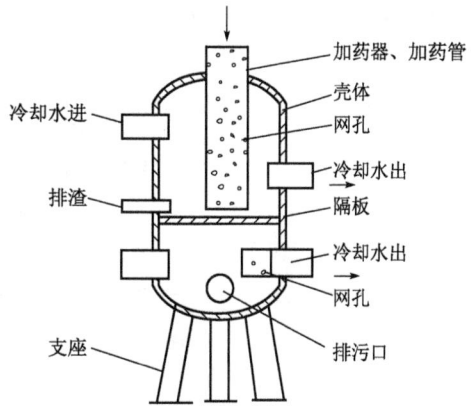

图3-44 循环水处理的结构

②防垢、除垢机理：药剂溶于水后，便形成一种胶态负离子。这种胶态负离子可吸附水中的悬浮物以及钙镁离子，形成絮状胶态离子团，因而不易附着于管壁，易被排除到系统之外，由于胶态负离子对碳酸盐水垢的生成和沉积起抑制和分散作用，从而防止了结垢。药剂中的某些组分与垢层内的钙镁化合物进行了离子交换，使垢层的不溶物变成了可溶物游离于水中，起到防垢、除垢作用。

(3)循环水处理器的联网形式

循环水处理器的联网形式，如图3-45所示。集水器通过水龙头连接到循环水处理器，循环水处理器出来连接到循环水泵，再接到制冷机，制冷机连接着凉水塔进行制冷，凉水塔又与集水器相通，构成一个循环，制冷塔外接补水管。

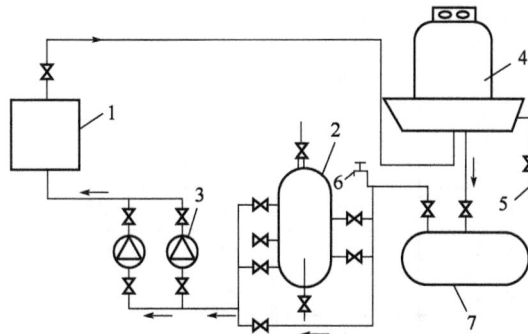

图3-45 水循环处理器的联网形式

1-制冷机;2-循环水处理器;3-循环水泵;4-凉水塔;5-补水管;6-水龙头;7-集水器

（4）循环水处理器的使用

①将药物自加药口加入、封好。

②打开加药部位进出口阀门，循环水流入，将药剂带入系统中附着在容器壁内形成保护层。

③测试 pH 值达到 10 时，关闭加药部位进出水阀门，打开循环水阀门使之正常工作。每天进行 pH 值测试，如果 pH 值小于 8，再打开加药部位进出水阀门，使 pH 值上升回到 10。

④当打开加药进出水部位阀门直到 8h 后，pH 值一直小于 8，再重新加药，重复以上操作。循环水处理器的使用方法如图 3-46 所示。相关资源见二维码。

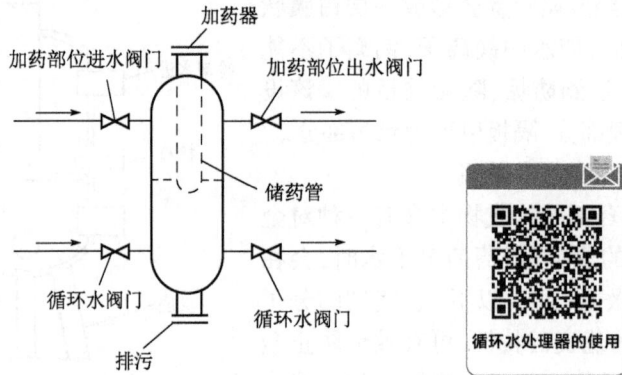

图 3-46　循环水处理器的使用方法

三、排水处理方法

1. 污水排入城市网管的条件

排入城市下水道的污水水质，其最高允许浓度必须符合表 3-6 的规定。

污水排入城市下水道水质标准　　　　　　　　　　　表 3-6

序号	项目名称	单 位	最高允许浓度	序号	项目名称	单 位	最高允许浓度
1	pH 值	mg/L	6.0 ~ 9.0	12	化学需氧量（COD_{Cr}）	mg/L	150(500)
2	悬浮物	mg/L · 15min	150(400)	13	溶解性固体	mg/L	2000
3	易沉固体	mg/L	10	14	有机磷	mg/L	0.5
4	油脂	mg/L	100	15	苯胺	mg/L	5
5	矿物油类	mg/L	20	16	氟化物	mg/L	20
6	苯系物	mg/L	2.5	17	总汞	mg/L	0.05
7	氰化物	mg/L	0.5	18	总镉	mg/L	0.1
8	硫化物	mg/L	1	19	总铅	mg/L	1
9	挥发性酚	mg/L	1	20	总铜	mg/L	2
10	温度	℃	35	21	总锌	mg/L	5
11	生化需氧量（BOD_5）	mg/L	100(300)	22	总镍	mg/L	1

续上表

序号	项目名称	单位	最高允许浓度	序号	项目名称	单位	最高允许浓度
23	总锰	mg/L	2.0(5.0)	30	硫酸盐	mg/L	600
24	总铁	mg/L	10	31	硝基苯类	mg/L	5
25	总锑	mg/L	1	32	阴离子表面活性剂(LAS)	mg/L	10.0(20.0)
26	六价铬	mg/L	0.5	33	氨氮	mg/L	25.0(35.0)
27	总铬	mg/L	1.5	34	磷酸盐(以P计)	mg/L	1.0(8.0)
28	总硒	mg/L	2	35	色度	倍	80
29	总砷	mg/L	0.5	—	—	—	—

注:1.总汞、总镉、六价铬、总砷、总铅,以车间或处理设备排水口抽检浓度为准。其他控制项目,以排水户排水口的抽检浓度为准。

2.所有排水单位的排水口应设有检测井,以便于采样,并在井内设置污水水量计量装置。

3.水质数据,以城市排水监测部门的检验数据为准。

4.水质检验方法见表3-7。

检验方法　　　表3-7

序号	项目名称	检验方法	方法来源
1	pH值	玻璃电极法	GB/T 69
2	悬浮物	质量法	GB/T 11901
3	易沉固体	体积法	CJ 26.3
4	油脂	质量法红外光度法	CJ 26.7
			GB/T 16488
5	矿物油类	红外光度法	GB/T 16488
6	氰化物	氰化物的测定	GB/T 748
7	硫化物	亚甲基蓝分光光度法硫化物的测定	GB/T 16489
			CJ 26.10
8	挥发性酚	蒸馏后4-氨基安替比林分光光度法	GB/T 7490
		蒸馏后溴化滴定法	GB/T 7491
9	温度	温度计或颠倒温度计测定法	GB/T 13195
10	生化需氧量(BOD$_5$)	稀释与接种法	GB/T 7488
11	化学需氧量(COD$_{cr}$)	重铬酸钾法	GB/T 11914
12	溶解性固体	质量法	—
13	有机磷	气相色谱法	GB/T 13192
14	苯胺	N-(1-萘基)乙二胺偶氮分光光度法	GB/T 11889
15	氟化物	离子选择电极法	GB/T 7484
16	总汞	冷原子吸收分光光度法	GB/T 7468
		高锰酸钾-过硫酸钾消解法	GB/T 7469
		二硫腙分光光度法	GB/T 747

序号	项目名称	检验方法	方法来源
17	总镉	原子吸收分光光度法	GB/T 7475
		二硫腙分光光度法	GB/T 7471
18	总铅	原子吸收分光光度法	GB/T 7475
		二硫腙分光光度法	GB/T 7470
19	总铜	原子吸收分光光度法	GB/T 7475
		二乙基二硫代氨基甲酸钠分光光度法	GB/T 7474
20	总锌	原子吸收分光光度法	GB/T 7475
		二硫腙分光光度法	GB/T 7472
21	总镍	丁二酮肟分光光度法	GB/T 11910
		火焰原子吸收分光光度法	GB/T 11912
22	总锰	火焰原子吸收分光光度法	GB/T 11911
23	总铁	火焰原子吸收分光光度法	GB/T 11911
24	总锑	5-Br-PADAP 光度法	—
		火焰原子吸收分光光度法	
25	六价铬	二苯碳酰二肼分光光度法	GB/T 7467
26	总铬	总铬的测定	GB/T 7466
27	总硒	2,3-二氨基萘荧光法	GB/T 11902
		石墨炉原子吸收分光光度法	GB/T 15505
28	总砷	二乙基二硫代氨基甲酸银分光光度法	GB/T 7485
29	硫酸盐	质量法	GB/T 11899
		火焰原子吸收分光光度法	GB 13196
30	氨氮	蒸馏和滴定法	GB/T 7478
		纳氏试剂比色法氨氮的测定	GB/T 7479
31	阴离子表面活性剂（LAS）	亚甲蓝分光光度法	GB/T 7479
		电位滴定法	GB 13199
32	硝基苯类	气相色谱法	GB/T 13194
33	磷酸盐（以 P 计）	钼酸铵分光光度法	GB/T 11893
34	色度	色度的测定	GB/T 11903

污水处理工艺过程

2. 污水处理方法（相关资源见二维码）

1) 机械方法

机械方法主要有以下六种：

(1) 沉淀法：主要去除废水中无机颗粒及悬浮物（SS）。

(2) 过滤法：主要去除废水中 SS 和油类物质等。

(3)隔油:去除可浮油和分散油。

(4)气浮法:油水分离、有用物质的回收及相对密度接近于1(水的密度近似1)的悬浮固体。

(5)离心分离:微小 SS 的去除。

(6)磁力分离:去除沉淀法难以去除的 SS 和胶体等。

2)污水处理工艺

污水处理工艺的一级处理主要使用机械处理方法(预处理阶段),主要用到的处理器具包括调节池、格栅、沉砂池、沉淀池、气浮池、水解酸化池等。

(1)调节池

为了保证后续处理构筑物或设备的正常运行,需对污水的水量和水质进行调节。酸性污水和碱性污水在调节池内进行混合,可达到中和的目的。短期排出的高温污水也可用调节的办法来平衡水温。调节池如图 3-47 所示。

图 3-47　调节池

(2)格栅

图 3-48 为由一组平行的金属栅条制成的金属框架,斜置在废水流经的渠道上,或泵站集水池的进口处,用以截阻大块的呈悬浮或漂浮状态的固体污染物,以免堵塞水泵和沉淀池的排泥管。截流效果取决于缝隙宽度和水的性质。

格栅按规格可分为粗格栅(50~100mm)、中格栅(10~40mm)、细格栅(3~10mm)。

(3)沉砂池

沉砂池的主要作用是从污水中分离密度较大的无机颗粒,以保护水泵和管道免受磨损,缩小污泥处理构筑物容积,提高污泥有机组分的含率,提高污泥作为肥料的价值。沉砂池主要有曝气式沉砂池和平流式沉砂池两种。

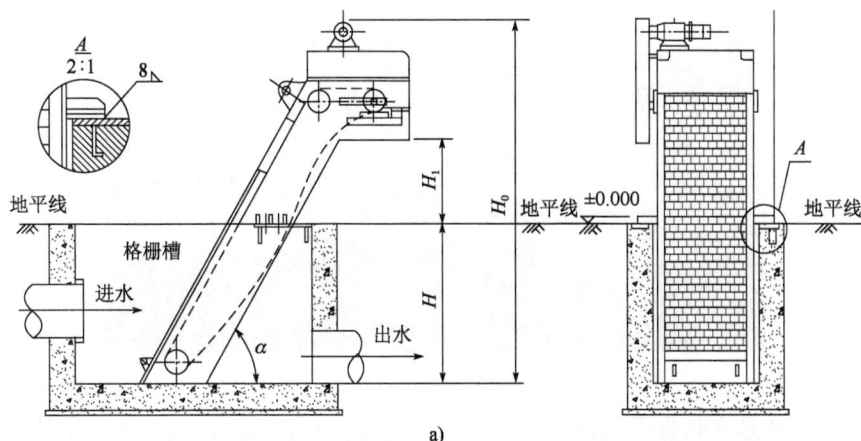

a)

图　3-48

b)

图 3-48　格栅图

①曝气式沉砂池(图 3-49、图 3-50)。

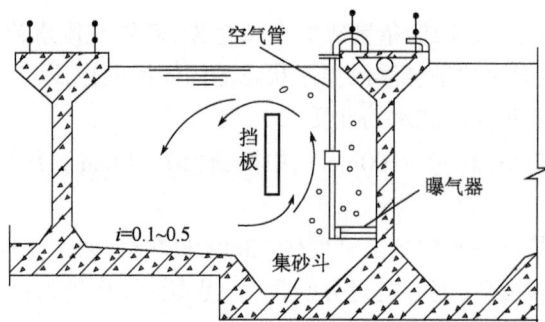

图 3-49　曝气处理图

图 3-50　曝气式沉砂池

曝气式沉砂池是在长方形水池的一侧通入空气,使污水旋流运动,流速从周边到中心逐渐减小,砂粒在池底的集砂槽中与水分离,污水中的有机物和从砂粒上冲刷下来的污泥仍呈悬浮状态,随着水流进入后面的处理构筑物。

②平流式沉砂池(图3-51)。

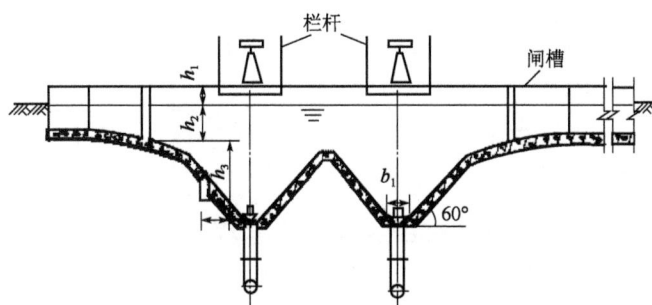

图3-51　平流式沉砂池

平流式沉砂池实际上是一个比入流渠道和出流渠道宽而深的渠道,当污水流过时,由于过水断面增大,水流速度下降,废水中挟带的无机颗粒在重力的作用下下沉,从而达到分离水中无机颗粒的目的。

(4)沉淀池

沉淀池的工作原理是利用水流中悬浮杂质颗粒向下沉淀速度大于水流向下流动速度,或向下沉淀时间小于水流流出沉淀池的时间时,能与水流分离的原理以实现水的净化。

①沉淀池结构。

a.进水区和出水区:使水流均匀地流过沉淀池,避免短流和减少紊流对沉淀产生的不利影响,同时减少死水区,提高沉淀池的容积利用率。

b.沉淀区:沉淀颗粒与废水分离的区域。

c.污泥区:污泥储存、浓缩和排出的区域。

d.缓冲区:分隔沉淀区和污泥区的水层区域,保证已经沉淀的颗粒不因水流搅动而再行浮起。

沉淀池与沉砂池之间的区别:

沉砂池一般是设在污水处理厂生化构筑物之前的泥水分离的设施。分离的沉淀物质多为颗粒较大的砂,沉淀物质密度较大,无机成分高,含水率低。污水在迁移、流动和汇集过程中不可避免会混入泥沙。污水中的砂如果不预先沉降分离去除,则会影响后续处理设备的运行。最主要的是磨损机泵、堵塞管网,干扰甚至破坏生化处理工艺过程。

沉淀池一般是在生化前或生化后泥水分离的构筑物,多为分离颗粒较细的污泥。在生化之前的称为初沉池。初沉池沉淀的污泥较多,污泥含水率相对于二沉池污泥低些。位于生化之后的沉淀池一般称为二沉池,多为有机污泥,污泥含水率较高。

②沉淀池类型。

沉淀池分平流式沉淀池、竖流式沉淀池、辐流式沉淀池和斜流式沉淀池。

a.平流式沉淀池:构造简单,沉淀效果较好,但占地面积较大,排泥存在的问题较多,目前大、中、小型污水处理厂均有采用,如图3-52所示。

b.竖流式沉淀池:占地面积小,排泥较方便,且便于管理,然而池深过大,施工困难,造价高,因此一般仅适用于中小型污水处理厂使用,如图3-53所示。

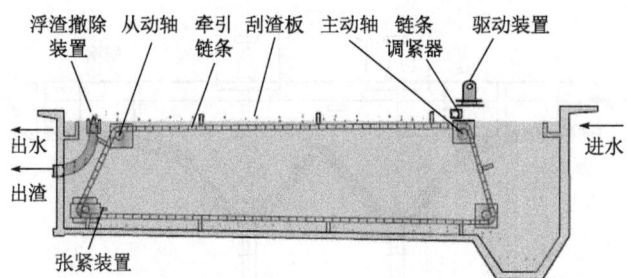

a)

b)

图 3-52　平流式沉淀池

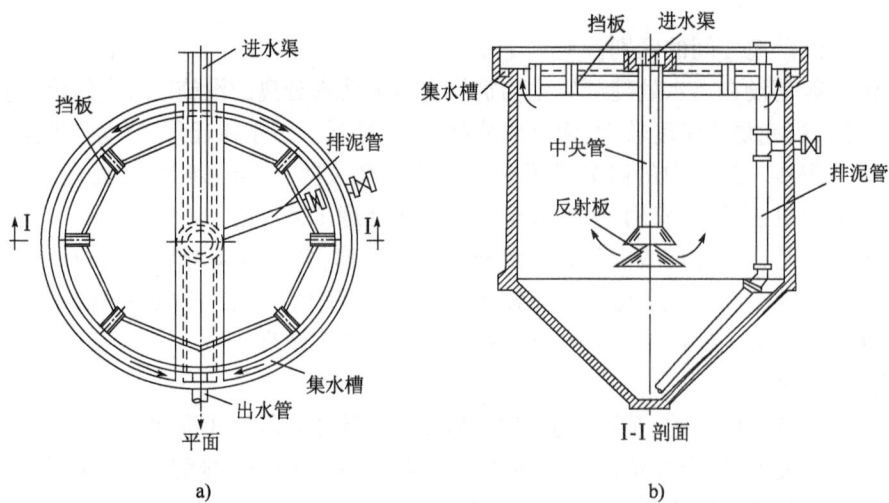

a)

b)

图　3-53

c)

图 3-53　竖流式沉淀池

c. 辐流式沉淀池:最适宜于大型水处理厂采用,有定型的排泥机械,运行效果较好,但要求较高的施工质量和管理水平,如图 3-54 所示。

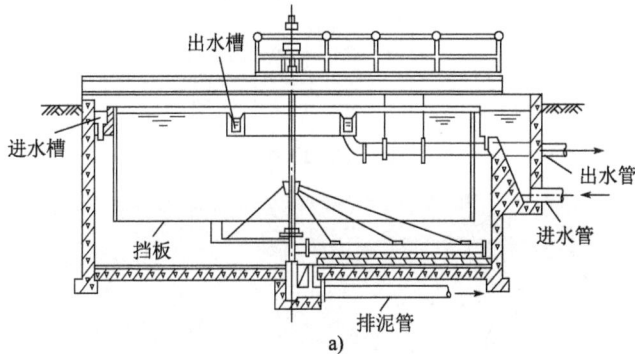

a)

b)

图 3-54　辐流式沉淀池

d. 斜流式沉淀池:主要适用于初沉池,在给水处理中应用较广泛,沉淀效率高,停留时间短,占地少,但容易滋生藻类等,排泥困难、易堵塞,维护不便,如图 3-55 所示。

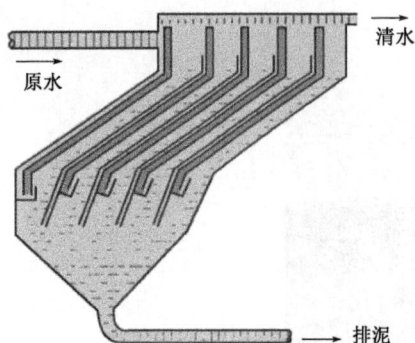

图 3-55 斜流式沉淀池

（5）气浮池

气浮法是指在污水中通入空气，产生微小气泡作为载体，使污水中的乳化油、微小悬浮物等污染物黏附在气泡上。利用气泡的浮升作用上浮到水面，通过收集水面上的泡沫或浮渣达到分离杂质、净化污水的目的。其工作原理如图 3-56 所示。

（6）水解酸化池

水解酸化池主要是将原有废水中的非溶解性有机物转变为溶解性有机物，特别是工业废水，将其中难生物降解的有机物转变为易生物降解的有机物，提高废水的可生化性，以利于后续的好氧处理，如图 3-57 所示。

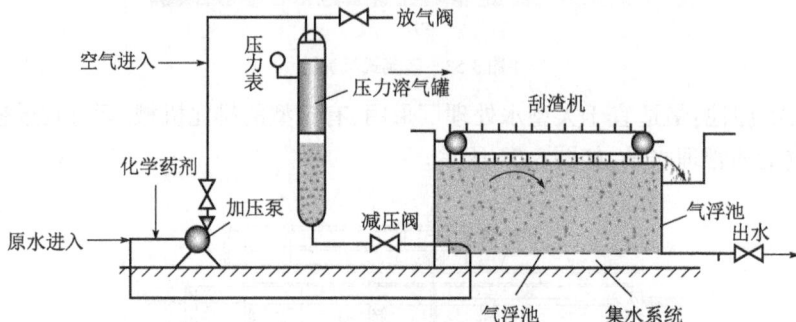

图 3-56 气浮池工作原理图

图 3-57 水解酸化池

3）化学方法

（1）悬浮物的去除

①颗粒粒径：二级出水 SS 由 $1\mu m \sim 1mm$ 的生物絮凝体和未被絮凝的胶体物质组成。一般通过混凝、砂滤、微滤和反渗透去除。

②混凝沉淀：通过投加混凝剂，并经快速搅拌混凝、慢速搅拌絮凝、使微小颗粒和胶体物质脱稳而凝聚，成为较大颗粒絮体而沉淀去除。

（2）溶解性有机物的去除

①活性炭吸附：活性炭具有巨大的表面积和细小的孔隙，能吸附有机物、重金属离子等。

②O_3 氧化处理：对二级处理水进行以回用为目的的处理，力求去除污水中存在的有机物、

色度和杀菌、消毒。

（3）溶解性无机盐的去除

①危害：具有腐蚀性，易结垢，SO_4^{2-} 还原产生 H_2S，造成土地板结和盐碱化。因而出水回用和农用前要求脱盐。

②脱盐技术：反渗透（图3-58）、电渗析、离子交换。

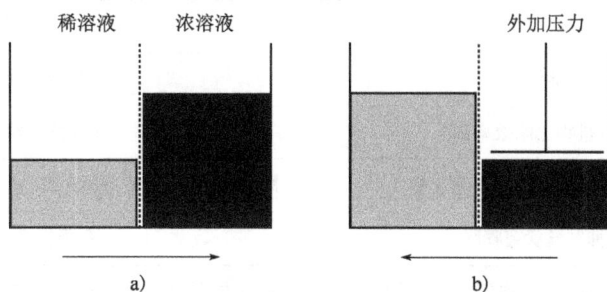

图3-58 渗透与反渗透

a)渗透；b)反渗透

（4）污水的消毒处理

①原因：无论什么工艺，出水细菌均会超标，从而带来危害。

②使用场合：污水农灌、排放水源地上游、旅游景区以及流行病流行季节。

③消毒方法：液氯、臭氧、次氯酸钠和紫外线。

4）生化法

（1）活性污泥法（图3-59）

活性污泥对有机物的降解主要在曝气阶段进行，可分为两个阶段，即吸附阶段和稳定阶段。在吸附阶段，主要是污水中的有机物转移到活性污泥上，这是由于活性污泥具有巨大的比表面积，而表面上含有多糖类的黏性物质所致。在稳定阶段，主要是转移到活性污泥上的有机物为微生物所利用。当污水中有机物处于悬浮状态和胶态时，吸附阶段很短，一般在 $15 \sim 45min$，而稳定阶段较长。活性污泥处理过程如图3-60所示，活性污泥处理流程如图3-61所示。

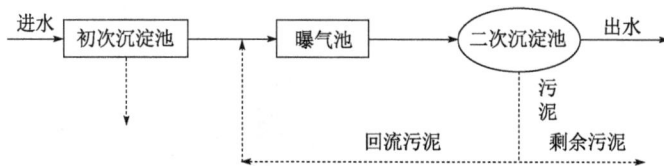

图3-59 活性污泥法

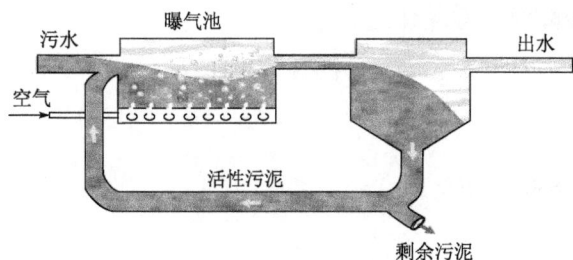

图3-60 活性污泥处理过程

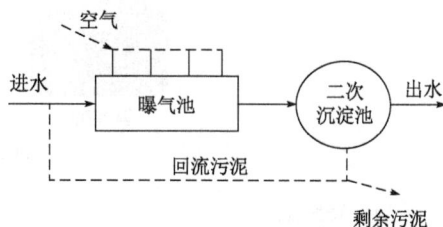

图3-61 活性污泥处理流程图

125

（2）SBR 法

SBR 法又称为序批式活性污泥法,它是连续式活性污泥法的一种改型,它的反应机制以及污染物质的去除机制和传统活性污泥法基本相同,仅运行操作不一样。SBR 法优点见表 3-8。

SBR 法优点 表 3-8

序　号	优　点	原　因
1	沉淀性能好	理想沉淀理论
2	有机物去除效率高	理想推流状态
3	提高难降解废水的处理效率	多样性的生态环境(出现厌氧、缺氧和好氧状态多种状态)
4	抑制丝状菌膨胀	选择性准则
5	可以除磷脱氮,不需要新增反应器	生态的多样性(出现厌氧、缺氧和好氧状态多种状态)
6	不需二沉池和污泥回流,工艺简单	结构本身特点

经典的 SBR 反应器缺点如下:

①对于单一 SBR 反应器的应用需要较大的调节池。

②对于多个 SBR 反应器进水和排水的阀门自动切换频繁。

③无法解决大型污水处理项目连续进水、连续出水的处理要求。

④设备的闲置率较高。

⑤污水提升水头损失较大。

经典的 SBR 反应器流程如图 3-62 所示,SBR 工艺流程如图 3-63 所示。

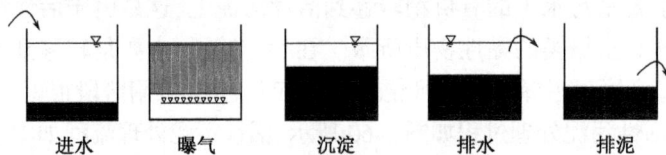

进水　　曝气　　沉淀　　排水　　排泥

图 3-62　经典的 SBR 反应器流程

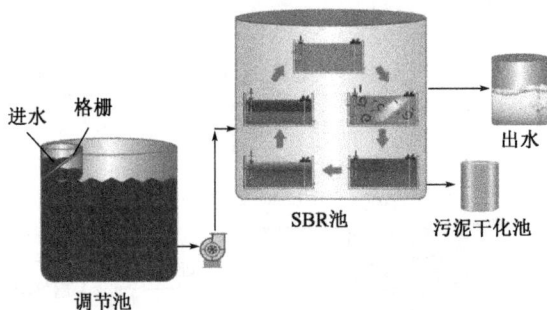

图 3-63　SBR 工艺流程

（3）CASS 工艺

CASS 工艺(图 3-64)称为循环活性污泥工艺。CASS 工艺是在序批式活性污泥法(SBR)的基础上,反应池沿池长方向设计为两部分,前部为生物选择区也称预反应区,后部为主反应区,其主反应区后部安装了可升降的自动滗水装置。整个工艺的曝气、沉淀、排水等过程在同一池子内周期循环运行,省去了常规活性污泥法的二沉池和污泥回流系统;同时可连续进水、间断排水。

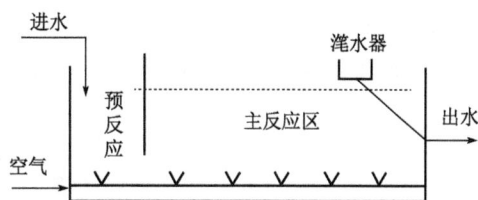

图3-64　CASS工艺流程图

CASS工艺流程:

①曝气阶段。

由曝气装置向反应池内充氧,此时有机污染物被微生物氧化分解,同时污水中的 NH_3-N 通过微生物的硝化作用转化为 NO_3-N。

②沉淀阶段。

此时停止曝气,微生物利用水中剩余的 DO 进行氧化分解。反应池逐渐由好氧状态向缺氧状态转化,开始进行反硝化反应。活性污泥逐渐沉到池底,上层水变清。

③滗水阶段。

沉淀结束后,置于反应池末端的滗水器开始工作,自上而下逐渐排出上清液。此时反应池逐渐过渡到厌氧状态继续反硝化。

④闲置阶段。

闲置阶段即滗水器上升到原始位置阶段。

CASS工艺的优点:

①工艺流程简单、占地面积小、投资较低、运转费用低。

②生化反应推动力大。

③沉淀效果好。

④运行灵活,抗冲击能力强。

⑤不易发生污泥膨胀。

⑥适用范围广,适合分期建设。

⑦污泥产量低,污泥性质稳定。

CASS工艺的缺点:

①微生物种群之间的复杂关系有待研究。

②生物脱氮效率难以提高。

③除磷效率难以提高。

④控制方式较为单一。

（4）A/O工艺

A/O工艺是使污水经过厌氧、好氧两个生物处理过程,达到同时去除 BOD、氮和磷的目的。好氧活性污泥法脱氮工艺如图3-65所示。

A/O工艺的优点:

①效率高。

②流程简单,投资省,操作费用低。

③缺氧反硝化过程对污染物具有较高的降解效率。

④容积负荷高。

⑤缺氧/好氧工艺的耐负荷冲击能力强。

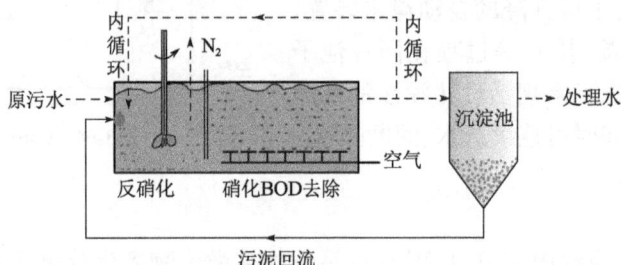

图 3-65 好氧活性污泥法脱氮工艺

A/O 工艺的缺点：

①由于没有独立的污泥回流系统，从而不能培养出具有独特功能的污泥，难降解物质的降解率较低。

②若要提高脱氮效率，必须加大内循环比，因而加大了运行费用。

四、给水工艺流程

给水处理可以分为两大类：饮用水处理和工业用水处理。

1. 饮用水常规处理工艺

以地表水为水源时，饮用水常规处理的主要去除对象是水中的悬浮物质、胶体物质和病原微生物，采用的技术包括混凝、沉淀、过滤、消毒。

典型处理工艺：源水→混凝→沉淀→过滤→清水池→管网。

以地下水为水源时，饮用水常规处理的主要去除对象是水中可能存在的病原微生物。对于不含有特殊有害物质（如过量的铁、锰等）的地下水，饮用水处理只需要进行消毒处理即可达到饮用水水质要求。

处理工艺：井水→清水池→管网。

2. 水处理工艺流程

1）混凝

混凝是指向原水中投加混凝剂，使水中难于自然沉淀分离的悬浮物和胶体颗粒相互聚合，形成大颗粒絮体（俗称矾花）。

水中的悬浮物有藻类、细菌、细小颗粒物等。

常用的混凝剂有铝盐、铁盐（硫酸铝、聚合氯化铝、三氯化铁、硫酸亚铁、聚合硫酸铁、明矾等）。

混凝设备：包括机械混合（水泵叶轮混合、混合井）、水力混合（管式静态混合器、扩散混合器）。

絮凝反应池：经过与药剂充分混合的水进入絮凝反应池中，通过颗粒间的絮凝作用，矾花颗粒逐渐长大，从而沉淀下来。

絮凝反应池可分为机械搅拌与水力搅拌两大类。机械搅拌反应效果好,水头损失小,可以适应水质水量的变化,便于调节,其不足之处是增加了电机的维护工作量,且部分设备在水下,不便维修。水力搅拌是以水流流动起到搅拌作用,使矾花颗粒絮凝长大。

2) 沉淀

沉淀是指在重力的作用下,使水中比水重的悬浮物、混凝生成的矾花等从水中分离的方法。

3) 过滤

过滤是指用石英砂等粒状材料滤料层截留去除水中颗粒杂质的处理技术,相应的处理构筑物称为快滤池(简称滤池)。

给水中常用的滤池有普通滤池、双阀滤池、虹吸滤池、重力式无阀滤池、移动罩滤池等。

4) 消毒

消毒是指为了杀灭水中对人体健康有害的绝大部分病原微生物,包括病菌、病毒、原生动物的包囊等,以防通过饮用水传播疾病。

方法:氯消毒(液氯、漂白粉、次氯酸钠)、二氧化氯消毒、臭氧消毒、紫外线消毒等。

水厂一般采用液氯;小型消毒(如游泳池水消毒等)多采用次氯酸钠发生器;临时性消毒多采用漂白粉。

二氧化氯是极为有效的饮用水消毒剂,当水的 pH 值在 6 ~ 9 范围内,其杀灭微生物的效果仅次于臭氧,优于或等于(pH 值较低时)游离氯。

优点:对细菌和病毒的消毒效果好;在水的 pH 值为 6 ~ 9 的范围内消毒效果不受 pH 值影响;稳定性好,能在管网中保存较长时间,起剩余保护作用;二氧化氯即是消毒剂,又是强氧化剂,对水中多种有机物都有氧化分解作用,并且不生成卤代消毒副产物。

缺点:费用较高;二氧化氯分解的中间产物亚氯酸盐对人体健康有一定的危害,在使用中必须予以注意。

投加点:在水厂取水口或净水厂混凝前的预投加,以控制输水管渠和水厂构筑物内菌藻生长。

(1)清水池前投加(消毒剂的主要投加点)。

(2)调整出水厂剩余消毒剂浓度的补充投加(在输水泵站处)。

(3)配水管网的补充投加(转输泵站处)等,如高层建筑的高位水箱、城市高位水池。

加氯量:《生活饮用水卫生标准》(GB 5749—2006)和《城市供水水质标准》(CJ/T 206—2005)对此有明确规定。

(1)采用二氧化氯消毒的,与水接触30min 后出厂,出厂水中二氧化氯不低于0.1mg/L,最高限值0.8mg/L,管网末梢水二氧化氯不低于0.02mg/L。

(2)采用游离氯消毒的,与水接触30min 后出厂,出厂水中游离性余氯不低于0.3mg/L,管网末梢水不低于0.05mg/L。

(3)采用氯胺消毒的,与水接触120min 后出厂,出厂水中总余氯不低于0.5mg/L,管网末梢水不低于0.05mg/L。

我国大多数水厂出水厂的余氯一般控制在约 1mg/L,夏季水温高时采用更高的数值。最高限值是 4mg/L。

5）清水池

清水池的主要作用是调节一级泵站均匀输水和二级泵站分级供水时流量不平衡的矛盾。

清水池池顶覆盖土层厚度与室外当地平均气温有关。当室外平均气温在 −10℃ 以上时，覆土厚度为 0.5m；当室外平均气温为 −10 ～ −30℃ 时，覆土厚度为 0.7m；当室外平均气温为低于 −30℃ 时，覆土厚度为 1m。

清水池的有效容积可按水厂最高日供水量的 20% ～25% 确定，钢筋混凝土清水池可采用国家标准图集 S811 ～ S822、S823 ～ S833，其容积为 50 ～ 1000m³。

五、污水处理工艺

1. 污水处理厂处理流程

污水进入厂区先通过下列过程：

（1）截流井（让厂能处理的污水进入厂区进行处理）。

（2）粗格栅（打捞较大的渣滓）。

（3）污水泵（提升污水的高度）。

（4）细格栅（打捞较小的渣滓）。

（5）沉砂池（以重力分离为基础，将污水中密度较大的无机颗粒沉淀并排除）。

（6）生化池（采用活性污泥法去除污水中的 BOD_5、SS 和各种形式的氮或磷）。

（7）终沉池（排除剩余污泥和回流污泥）。

（8）D 型滤池（进一步减少 SS，使出水达到国家一级标准）进入紫外线。

（9）消毒（杀灭水中的大肠杆菌）。

（10）出水。

按处理程度划分，现代污水处理技术可分为一级、二级和三级处理。

一级处理，主要去除污水中呈悬浮状态的固体污染物质，物理处理法大部分只能完成一级处理的要求。经过一级处理的污水，BOD 一般可去除约 30%，达不到排放标准。一级处理属于二级处理的预处理。

二级处理，主要去除污水中呈胶体和溶解状态的有机污染物质（BOD、COD 物质），去除率可达 90% 以上，使有机污染物达到排放标准。

三级处理，进一步处理难生物降解的有机物、氮和磷等能够导致水体富营养化的可溶性无机物等。主要方法有生物脱氮除磷法、混凝沉淀法、砂滤法、活性炭吸附法、离子交换法和电渗分析法等。

整个过程为通过粗格栅的原污水经过污水提升泵提升后，经过格栅或砂滤器，然后进入沉砂池，经过砂水分离的污水进入初沉池，以上为一级处理（物理处理）。初沉池的出水进入生物处理设备，有活性污泥法和生物膜法（其中，活性污泥法的反应器有曝气池、氧化沟等，生物膜法包括生物滤池、生物转盘、生物接触氧化法和生物流化床），生物处理设备的出水进入二次沉淀池，二沉池的出水经过消毒排放或进入三级处理，一级处理结束到此为二级处理。二沉池的污泥一部分回流至初次沉淀池或者生物处理设备，一部分进入污泥浓缩池，之后进入污泥消化池，经过脱水和干燥设备后，污泥被最后利用。

2.工艺选择

(1)按城市污水处理及污染防治技术政策推荐,日处理能力在 20 万 m^3 以上(不包括 20 万 m^3/日)的污水处理设施,一般采用常规活性污泥法,也可采用其他成熟技术;日处理能力在 10 万~20 万 m^3 的污水处理设施,可选用常规活性污泥法、氧化沟法、SBR 法和 AB 法等成熟工艺;日处理能力在 10 万 m^3 以下的污水处理设施,可选用氧化沟法、SBR 法、水解好氧法、AB 法和生物滤池法等技术,也可选用常规活性污泥法。

(2)按城市污水处理及污染防治技术政策要求,在对氮、磷污染物有控制要求的地区,应采用具备较强的除磷脱氮功能的二级强化处理工艺。日处理能力在 10 万 m^3 以上的污水处理设施,一般选用 A/O 工艺法、A/A/O 工艺法等技术,也可审慎选用其他的同效技术;日处理能力在10 万 m^3 以下的污水处理设施,除采用 A/O 工艺法、A/A/O 工艺法外,还可选用具有除磷脱氮效果的氧化沟法、SBR 法、水解好氧法和生物滤池法等。

(3)按城市污水处理及污染防治技术政策许可,在严格进行环境影响评价、满足国家有关标准要求和水体自净能力要求的条件下,可审慎采用城市污水排入大江或深海的处置方法。当城市污水二级处理出水不能满足水环境要求时,在有条件的地区,可利用荒地、闲地等可利用的条件,采用土地处理系统和稳定塘等自然净化技术进一步处理。

思考题

1.何谓通风空调系统?城市轨道交通车站暖通空调系统主要包括哪些系统?

2.暖通空调系统有几级控制?分别是哪几级?

3.城市轨道交通车站暖通空调系统包含哪些设备?

4.暖通空调系统与哪些系统和设备存在接口?

5.风机盘管有什么作用?

6.城市轨道交通车站给排水系统包含哪些系统?分别有什么作用?

7.车站给水系统有哪几种?分别有何作用?

8.城市轨道交通车站的排水系统包含哪几类泵站?

9.简述给排水设备设施异常情况的处理方法。

10.简述工业用水给水处理工艺流程。

模块4 环控设备检修及故障处理

城市轨道交通环控系统主要由车站空调通风系统、隧道通风系统、防排烟系统等组成,其主要满足两个方面的要求:一是在日常运营过程中给乘客及设备提供舒适及适宜的环境;二是在事故及灾害情况下能够进行通风、排烟、排热、排毒,起到保障生命安全的作用。环控设备的检修和维护对于保障城市轨道交通系统安全、舒适、有秩序地运营起着重要作用。随着城市轨道交通技术的日益发展,虽然系统设备的可靠性越来越高,定期检修和维护也能使设备运行在稳定正常的工作状态,但长期高负荷不间断地运行导致环控设备还是会经常出现故障,因此如何快速、高效、准确地对所发生的设备故障进行分析和处理显得尤为重要,对环控设备检修工的技能水平提出了更高的要求。

模块学习清单

环控设备检修及故障处理的模块学习清单见表4-1。

环控设备检修及故障处理模块学习清单　　　　　　　　　　　表4-1

名　　称	环控设备检修及故障处理	
学习目标	知识目标	1. 了解环控系统的组成、作用及主要设备; 2. 理解分体空调机安装、调试及部件的更换相关理论知识; 3. 熟悉离心泵、冷却塔以及风机年检相关作业流程; 4. 熟悉冷却塔叶片的装配、部件检修及冷却塔试车作业流程; 5. 了解空调机常见故障及处理方法; 6. 了解组合空调柜、风机盘管机组、风管系统以及冷却塔常见故障及处理方法
	技能目标	1. 掌握空调机故障分析的基本思路和方法; 2. 具备初步的环控设备故障处理能力; 3. 掌握分体空调机制冷系统的检漏、清洗、排气及制冷剂充注操作; 4. 具备初步的空调机安装、调试及部件更换能力; 5. 掌握离心泵、冷却塔以及风机年检相关操作; 6. 掌握冷却塔试车操作
	素质目标	1. 具有良好的社会公德、职业道德和专业素质; 2. 具有强烈的法律意识、环境保护意识、自我保护意识; 3. 具有沟通协调能力、语言表达能力、班组管理能力; 4. 培养团结协作、热情有礼、认真细心、沉着冷静、遇乱不惊的职业素养

名　称	环控设备检修及故障处理
学习内容	单元4.1　环控设备检修 本单元主要阐述分体空调机的检修、离心泵的检修以及冷却塔的检修。 单元4.2　环控设备的维护 本单元主要阐述城市轨道交通车站环控系统维护管理措施以及风机和冷水机组的维护。 单元4.3　空调器的故障分析及处理 本单元主要介绍空调机故障分析的基本思路和方法,常见故障判断及处理。 单元4.4　其他环控设备的常见故障及处理 本单元主要介绍组合空调柜、风机盘管机组、风管系统以及冷却塔常见故障及处理方法
学习要求	1.将授课班级学生分组,每小组5~8人,为一个学习团队; 2.每个学习团队组织学习,进行模块分析、组员分配、制订团队工作分配表; 3.资料学习、相关知识准备,完成模块的资讯环节; 4.利用现场教学、资源完成模块的实施演练环节; 5.学习团队讨论,编制模块—单元—知识点学习计划书; 6.学习团队现场实践,制订现场实践的实施方案; 7.学习团队制作模块的汇报演讲稿,派代表上台演讲; 8.制定该模块的评价表、考核要素,进行小组互评
学习要点	1.教学资源的收集与整理; 2.确认模块下每个单元学习的重点与难点; 3.单元学习计划制订,小组分工,汇报PPT制作,小组交流演讲; 4.学习团队进行讨论,教师参与讨论,通过团队合作解决问题
学习拓展	1.会收集具有国内外领先水平的具有代表性的城市轨道交通环控系统检修及故障处理的相关资料; 2.按"准员工"的要求来学习,结合本城市的情况,组织团队成员去现场学习; 3.会制作内容丰富的多媒体课件(PPT)
清单下发人	日期:　　年　　月　　日
清单执行人	日期:　　年　　月　　日

单元 4.1　环控设备检修

学习目标

1. 掌握分体空调机检修的相关内容；
2. 掌握离心泵检修的相关内容；
3. 掌握冷却塔检修的相关内容。

学习重点

1. 分体空调机的安装、调试以及部件更换；
2. 离心泵泵体的拆卸，静止部件与转子部件的检修以及水泵的总装；
3. 冷却塔试车。

理论知识

环控设备是城市轨道交通环控系统中的重要设备，主要包括空调、离心泵、冷却塔、风管系统等。

一、分体空调机检修

空调是城市轨道交通环控系统的核心组成部分，通过蒸发、压缩、冷凝和节流过程完成城市轨道交通车站温度和湿度的调节，并具有通风和空气净化等功能。通过对城市轨道交通环控系统空调进行安装、调试、维护，能够保障车站乘客、工作人员以及设备时刻处于一种舒适的环境中。

分体空调机可分成室内机组和室外机组两部分，把噪声比较大的压缩机、轴流风扇等，安放在室外机组中；把电气控制电路部件和室内换热器等室内不可缺少的部分安装在室内机组中。我们把这种由室内机组和室外机组构成的空调机称为分体空调机。分体空调室内机主要有壁挂式、立柜式、吊顶式、嵌入式、落地式、城市轨道交通环控系统中主要选用壁挂式空调机和落地式空调机。

1. 分体空调机的安装

1）室内机组的安装

室内机组安装要牢固、可靠，因机组形式不同，安装位置和方法也有所不同。

（1）壁挂式空调机

室内机组的背面设有一块长方形安装挂壁板，上有预选用的安装孔。在安装时，先确定安装位置和高度，画出线框并调整水平度，然后用膨胀螺钉或木螺钉将安装板固定在墙上。安装板固定以后即可将室内机组挂上，对于机组背面的配管和排水管的走向要事先确定。若配管从背面垂直伸出，应事先钻好走管的孔洞。若配管从左右两侧伸出，用锯条或刀具将机组壳体下方侧面外壳去掉一部分,以便让配管卧入通道槽中,使机组能够紧贴墙壁。壁挂式空调机室内机组弯曲配管时不应有死弯,左右引向通道一定要平直,顺其走向卧入槽中。排水管放在制冷剂管下方,排列顺畅后用胶带进行包扎。

(2)落地式空调机

室内机组选好位置后,可直接放置于地面上,也可采用支架,但支架不可过高,否则会不稳定。为防止机组向前倾斜,把背部的固定金属件用螺钉与墙壁连接,机组下部垫两块防滑垫。柜式空调机的室内机组扁而高,更容易向前倾斜,一般在机组上部背面设有专供安装用的固定板,上面有孔,可用螺钉穿入与墙壁固定。有的机组下部也有安装板,可用螺钉与底下的安装支架、木制台座等连接。为减小振动,应垫上厚5mm以上胶垫。

2)室外机组的安装

室外机组是空调机主要运转部件最为集中的机体,其振动、质量和噪声都较大,安装时其牢固性、可靠性比室内机组要求更高。室外机组落地安装,应安装在水泥底座上,若原地面是水泥地面,可用膨胀螺钉制作地脚螺钉。若重新制作水泥底座时,可用单头螺栓将下部弯成钩状,埋入水泥底座内,用混凝土浇筑后固定。室外机组吊装在外墙墙壁上时,应用角钢制作支架或钢板冲压成的预制支架作支撑,在砖墙上埋入胀管螺钉,将支架牢牢地固定在墙壁上,然后再把室外机组固定在支架上。

3)制冷管道的连接

室内和室外机组要用随机提供的连接配管连接。配管有两根:一根是较粗的低压回气管,另一根是较细的低压供液管,均经过退火酸洗处理。安装时管内不可进入灰尘、水分和其他污物,管道弯曲处尽可能放在管子中部,弯曲半径越大越好。配管连接有喇叭口连接、快速接头连接和螺纹连接等多种形式。无论采用哪种连接形式,在连接时都应将两个接头对准、调正,用两把扳手紧固,并事先将接头擦拭干净,在连接口处涂抹少许冷冻机油。

分体式空调机的配管标准长度一般为 4 ~ 5m。如需要加长配管,需对制冷系统补加制冷剂;配管加长过多时,空调器的制冷能力将略有下降。

(1)配管的保温和包扎

为防止配管外露而损失热量和产生凝露现象,必须对配管进行良好的保温。保温材料要具有隔热好、不易吸潮的性能。一般随机提供成型的圆筒状保温管,也可用厚度不小于 8mm 的泡沫塑料带作保温材料。在管子接头部位要用较厚的保温带加以包裹,整个配管要用扎带包扎。配管穿过墙壁前要在墙壁上打出一个向外倾斜的穿墙孔,以利于排出冷凝水,而且圆洞中要加一个塑料套筒,以保护制冷配管和电线,避免电线与墙壁摩擦损坏绝缘而漏电。过墙孔洞在安装完毕后要用油灰等物堵死。

(2)排水管

室内机组的底部有一个盛装冷凝水的托水盘,托水盘的下部设有出水口,有一塑料导管与出水口相接作排水口。随机携带的排水管因长度不足而需要加长时,可选用市售的洗衣机用上水管。外接管必须套入原排水管一定深度后用胶带捆扎牢固。排水管走向的转弯处要用硬塑料管或钢制弯头作过渡。

(3)导线的连接

分体式空调机室内和室外机组的电源导线、控制导线均须在安装现场连接,连接时一定要参照产品说明书中的电气原理图和接线图,按室内、室外机组的接线端子上的字母符号或数字符号一一对应,并识别清楚导线的颜色后进行连接。空调电气配线要专线供电,并配备专用开关——空气断路开关或刀开关,在电源线路中应安装熔断器。

2. 分体空调机的调试

分体空调机的管线连接如图 4-1 所示。

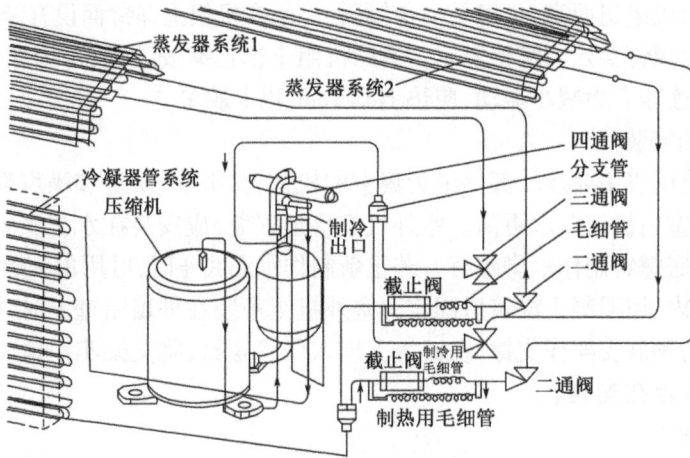

图 4-1　分体空调机管线连接

1)开机运行调试

(1)排空气

室内机组蒸发器和连接配管中的空气必须排除干净,通常是利用室外机冷凝器中的制冷剂挤出室内机的空气。

①将室内、室外机组用配管连接起来,拧紧供液截止阀与配管的连接螺母,虚接回气截止阀与配管的连接螺母。

②缓缓打开供液截止阀,此时冷凝器中的制冷剂液体将通过液体配管进入室内机组,挤出蒸发器中的空气。

③供液截止阀开启 30s 后,就会在回气截止阀的虚接口处感觉到有冷气逸出,这时可将配管与回气截止阀的管口迅速拧紧,勿使其漏气。到此时,排空气的操作结束。

(2)开机运行

全部打开供液截止阀和回气截止阀,待管道内的制冷剂压力平衡后(以听不到制冷剂流动的声音为标志),便可开机试运转。

①检查电源线、控制信号线连接有无错误。

②打开供液截止阀和回气截止阀,检查各连接口有无泄漏。

③启动室内风机,再启动压缩机,在电源线中放入钳形电流表,观察整机运行电流。

2)状态调整调试

(1)连接修理阀

旋下低压回气截止阀上充气通道(旁通孔)的密封螺母,将带有顶针锁母的输气铜管或软管的另一端接上单表修理阀,或者接在带有真空表和压力表的三通检修阀上,然后关紧阀门的手轮,将顶针锁母拧在空调器回气截止阀的旁通孔上,边拧边注意是否顶开旁通孔内的气门嘴芯,顶开时便有制冷剂液体喷出。喷出时会伴有润滑油逸出,此时应快速拧紧,这时连接软管已与系统连通。系统与修理阀通过连接管接通后,先打开修理阀,让系统内的制冷剂将连接管内的空气挤出,修理阀阀口喷出制冷剂后可迅速拧紧。关闭修理阀,这时压力表上的指数也随之增大。

(2)检测低压压力

启动压缩机,制冷剂开始在系统内循环,低压截止阀上连通的压力表指针从0.8MPa处开始下降,显示系统正在形成高压和低压两侧。当压力表指示值低于0.5MPa时,注意观察压力表上的指针稳定情况和指示值。当最终能稳定在0.486MPa左右时,继续观察空调器的运行情况,对制冷功能的高、中、低三挡进行切换,借以检测空调器的各项功能。

(3)检测温度与电流

通过钳形电流表观察运行电流,用电子点温计或水银温度计测量室内机的送风和回风温度差,用手摸检查冷凝器表面的温度分布情况和吹出的风温,用手摸检查蒸发器翅片的结露情况,同时观察截止阀附近的结露情况,判定制冷剂是否充足,如状态不符合要求可适当充注制冷剂。

(4)检查

停机5min,然后再启动一次看有无变化。如果是冷暖空调器,应在试机中切换电磁换向阀实现制热功能,并对制热状态下的各项功能进行检测。检查室内、室外机组的噪声,用耳听、手摸等方法检查有无安装不牢或机件碰撞引起的振动和摩擦。

3.分体空调机的更换

1)压缩机的更换(相关资源见二维码)

空调器压缩机有往复活塞式。旋转式和涡旋式。由于这三种压缩机在结构和性能上存在着许多差异,所以在更换时尽量不要相互替换,原则上仍应更换同型号或性能相近的压缩机。更换压缩机的步骤和注意事项如下:

(1)检查压缩机的电气性能和力学性能,如出现绕组烧毁、冲缸、抱轴、阀门损坏等难以修复的故障而又无修复价值时,可决定更换压缩机。

(2)用钎焊熔下原压缩机的高压排气管和低压吸气管,拆下启动保护元器件和连接导线。

(3)检查新压缩机的电气性能和吸排气能力、外接启动元件和保护元件,启动压缩机,用万用表或兆欧表检查是否漏电,用手堵住吸气管和排气管的端口,检验吸、排气能力,用钳形电流表测量运转电流。

(4)把新压缩机安装在原位置并加以固定。固定时应做好减振处理,然后再焊接吸、排气管,如果是窗机制冷系统,还应在吸气管上制作出抽真空、充注制冷剂用的工艺管。

(5)安装启动元件、过载保护器,连接电路接线,检查电路连接并证实正确后,启动压缩机,观察压缩机的振动和噪声是否在正常范围内。

(6)从工艺管或低压截止阀处对制冷系统充注高压的干燥氮气,保持24h,观察有无泄漏。

若无泄漏即可对系统进行抽真空、充注制冷剂操作。

(7)调整制冷剂的充注量,观察正常运行时的工作电流,特别注意随着运行时间的延长和热负荷的变动,压缩机的电流有无持续上升或持续下降的变动,待状态稳定和运行电流稳定后,方能确认充注量正常以及新的压缩机性能匹配,此时可封离工艺管,完成更换。

2)换热器的更换

空调器和其他制冷设备的换热器包括冷凝器与蒸发器。换热器的更换情况很少,只有当换热器腐蚀严重、制冷剂泄漏点无法修复时才予以更换。更换换热器时要注意以下几点:

(1)选用新换热器时应使型号、规格与原型号一致,保持管长、管径与翅片换热面积不变。因为管长和管径大小直接影响流体的流阻和压降,换热面积的大小则直接影响换热器的负荷能力。这些数据变化后将会造成空调器性能的改变。

(2)要对新的换热器进行检验,观察管路有无损伤,翅片有无倒伏和折裂,入口和出口有无盲盖封装,如无充氮和封装,则应进行清洗处理。一般使用高压氮气冲吹管道,排除管内的尘埃、氧化物等。

(3)安装的顺序应先将换热器固定在框架上,调整好入口和出口与制冷管道的连接端,然后进行焊接。焊接后要进行试压检漏,保证连接口牢固、严密、不漏气。

3)毛细管的更换(相关资源见二维码)

毛细管的故障主要是脏堵,其次是外伤,如裂纹、折断、死弯等是故障的主要表现,这时一般都需要重新更换。

(1)更换新毛细管前,应熔下原毛细管,测量其长度和孔径,供选择新毛细管时参考。

(2)安装新毛细管时,要使其长度和孔径与原毛细管相同,观察有无外观形变、砂眼和破损,然后先与滤清器焊接,启动压缩机,观察高压力表的指示值,决定毛细管的长度取舍,调整至正常值时即可,即保证系统对蒸发器的供液量不变,维持空调器原有的工作状态和制冷量。

(3)将毛细管的另一端与蒸发器焊接好,在安装盘绕和焊接固定毛细管的过程中,均不得出现死弯、压扁,防止使孔径变小而使制冷剂流动受阻。

(4)更换新的毛细管后,要对整个系统进行检漏和抽真空处理,并要严格掌握制冷剂的充注量。

4)电磁换向阀的更换

电磁换向阀的主要故障多在四通换向阀的阀芯内部,如活动阻力大、受热变形、阀芯孔堵塞等,一般很难修复,均需换新的电磁换向阀。其更换步骤和注意事项如下:

(1)打开机壳,放掉系统中的制冷剂,卸下固定电磁换向阀线圈的螺钉,取下电磁线圈,再用钎焊熔下电磁四通阀上与管路连接的焊口,取出电磁换向阀整体,然后把制冷系统与阀管连接的管口焊料去除。

(2)安装电磁换向阀前,先要检查新的电磁换向阀的型号、规格是否与原型号规格一致,确认合适后,要试着将阀体与管路连接一下,观察管口连接处是否顺畅。如不顺畅,要设法消除不顺畅因素。

(3)安装之前,可将电磁换向阀上的线圈拆下,更换完毕后再装上,这是为了避免火焰烧

坏线圈或导线。

(4)将电磁换向阀的4根配管分别与系统的高压排气管、低压回气管、冷凝器入口端、蒸发器出口端相焊接。由于电磁换向阀的阀芯内部装有聚四氟乙烯密封件,用钎焊焊接时,切不可使阀体过热,要用湿布将四通换向阀阀体包卷好;也可先用配管与四通换向阀焊接,然后再将阀体和配管与制冷管路焊接,以防焊接操作不当而使电磁换向阀报废。

(5)焊接完毕,最后装上电磁线圈和连接配线,注意不要使导线松弛而搭落在阀体或管路上。

5)热力膨胀阀的更换

(1)蒸发器内工质的回收。用棘轮扳手关闭制冷系统的供液阀,然后启动压缩机,使系统内的制冷剂进入蒸发器内,当吸气压力低于0.01MPa(绝对压力)时,停止压缩机运行,同时用棘轮扳手关闭吸气阀,工质回收完毕。需要注意的是,压缩机不能长时间在负压下运行,否则将损坏压缩机。

(2)将热力膨胀阀从系统中拆下。首先拆除感温包和毛细管的固定装置,使感温包和毛细管处于自由状态。左手持住热力膨胀阀的阀体,右手用活扳手松开热力膨胀阀的两个螺母,将热力膨胀阀从系统中拆下。拆卸时,不要损坏感温包和毛细管。

(3)根据原型号选配膨胀阀。

(4)将热力膨胀阀安装到系统中。用管子割刀将损坏的制冷管道的铜管翻边切割掉,用胀管器对铜管重新翻边。铜管翻边时,不要忘记套入螺母,否则无法安装;不要用力过猛,以使铜管保持一定的弹性,便于密封。打开热力膨胀阀前的截止阀,放出一些工质,以排除系统中残存的污物,防止滤清器堵塞。左手握住热力膨胀阀,右手用活扳手将热力膨胀阀两端的螺母旋紧。将过长的毛细管盘成圆圈,圆圈的直径不应小于80mm。将感温包与蒸发器出口端的管壁相贴,并包扎牢固。

(5)调整热力膨胀阀。启动压缩机,使系统处于正常运行状态。旋下热力膨胀阀的阀帽,用活扳手按设定工况调节蒸发压力,顺时针方向调节压力降低,逆时针方向调节压力升高。调节压力时应缓慢进行,因为蒸发压力的升高和降低有一个过程,一般调节后3~5min蒸发压力即稳定。

(6)检查热力膨胀阀的密封性能。打开系统中的阀门,使系统处于运转前的状态。用卤素灯检查热力膨胀阀的密封性能。卤素灯火焰变为草绿色,说明热力膨胀阀有泄漏;若卤素灯火焰不改变颜色,说明热力膨胀阀无泄漏。为确定泄漏的部位,可在疑似泄漏部位涂一些肥皂水,吹起肥皂泡的地方即泄漏部位。

4.分体空调机的检修

1)制冷系统检漏

(1)手触油污检漏。空调器的制冷剂多为R22,R22与冷冻油有一定的互溶性,当R22有泄漏时,冷冻油也会渗出或滴出。运用这一特性,用目测或手摸有无油污的方法,可以判断该处有无泄漏。当泄漏较少,用手指触摸不明显时,可戴上白手套或用白纸接触可疑处,也能查到泄漏处。

(2)肥皂泡检漏。先将肥皂切成薄片,浸于温水中,使其溶成稠状肥皂液。检漏时,在被检部位用纱布擦去污渍,用干净毛笔沾上肥皂液,均匀地抹在被检部位四周,仔细观察有无气泡,如有肥皂泡出现,说明该处有泄漏,需先向系统充入 $0.8 \sim 1.0MPa(8 \sim 10kgf/cm^2)$ 氮气。

(3)充压检漏。制冷系统已修理焊接后,在充注制冷剂前,最好在近下班时,充入 $1 \sim 5MPa$ 氮气,关闭三通检修阀(阀本身不能漏气)。待第二天观察,如表压没有下降,说明已修复的制冷系统不漏。如表压下降,则说明存在泄漏,再采用肥皂泡检漏法检漏。

(4)水中检漏。此法常用于压缩机(注意接线端子应有防水保护)、蒸发器、冷凝器等零部件的检漏。检修方法:对蒸发器应充入 $0.8MPa$ 氮气,对冷凝器应充入 $1.9MPa$ 氮气(对于热泵型空调器两者均应充入 $1.9MPa$ 氮气),浸入约50℃的温水中,仔细观察有无气泡发生。使用温水的目的在于降低水的表面张力,因为水的温度越低,表面张力越大,微小的渗漏就不能检测出来。检漏场地应光线充足,水面平静。观察时间应不少于30s,工件最好浸入水面20cm以下。浸水检漏后的部件应烘干处理后方可进行补焊。

(5)卤素灯检漏。火焰颜色变化从浅绿→深绿→紫色,渗漏量从微漏→严重渗漏。

(6)电子检漏仪检漏。检漏的主要部位:压缩机的吸、排气管的焊接处,蒸发器、冷凝器的小弯头、进出管和各支管焊接部位,如干燥滤清器、截止阀各处、电磁阀、热力膨胀阀、分配器、储液罐等连接处。

泄漏和堵塞的区别判断:泄漏处补漏,抽真空,重新充注制冷剂后,空调器即可恢复制冷效果;如果是堵塞,即使加制冷剂,空调仍不能制冷,压力也不正常。

2)制冷系统清洗

在空调压缩机的电动机绝缘击穿、匝间短路或绕组烧毁以后,电动机烧毁后产生大量酸性氧化物而使制冷系统受到污染。因此,除了要更换压缩机、毛细管与干燥滤清器之外,还要对整个制冷系统进行彻底的清洗。

制冷系统的污染程度可分为轻度与重度。轻度污染时,制冷系统内冷冻油没有完全污染,从压缩机的工艺管放出制冷剂和冷冻油时,油的颜色是透明的。若用石蕊试纸试验,油呈淡黄色(正常为白色)。重度污染是严重的,当打开压缩机的工艺管时,立即可闻到焦油味,从工艺管倒出的冷冻油颜色发黑,用石蕊试纸浸入油中,5min后纸的颜色变为红色。空调系统清洗用的清洗剂为R113。清洗前先放出制冷系统管路内的制冷剂,拆卸压缩机,从工艺管中放出少量冷冻油检查其色、味,并看其有无杂质异物,以确定制冷系统污染的程度。

(1)清洗过程

①先将清洗剂R113注入液槽中,然后启动泵,使之运转,开始清洗。对于轻度污染,只要循环约1h即可,重度污染则需要 $3 \sim 4h$。

②洗净后,清洗剂可以回收,但经处理后方可再用,在储液器中的清洗剂要从液管回收。

③若长时间清洗,清洗剂已脏,滤清器也会堵塞脏污,应更换清洗剂和滤清器以后再继续清洗。

④清洗完毕,应对制冷管路进行氮气吹污和干燥处理。

⑤槽、滤清器和泵在干燥处理时一定要与管路部分断开,并在液压管、吸液管的凸缘盘上安装盲板,然后用真空泵对系统进行抽真空,在抽真空过程中,要同时在制冷管路外面吹送热

风,以利于快速干燥。

⑥最后将制冷管路按原样装好,更换新的压缩机和滤清器。

(2)清洗注意事项

①为了避免清洗剂的泄漏,应采用耐压软管,接头部分一定要用胶带包扎紧密。

②若制冷系统内进入水分,一定要将水分排净。

③因压缩机烧毁而生成酸性物质时,必须用氮气吹净。

3)制冷系统排气

制冷循环中残留的含有水分的空气,将导致冷凝压力升高、运转电流增大、制冷效率下降或发生堵塞(冰堵)与腐蚀,引起压缩机汽缸拉毛、镀铜等故障,所以必须排除管内空气。制冷系统排气方法如下:

(1)用空调器本身的制冷剂排空气。拧下高低压阀的后盖螺母、充氟嘴螺母,将高低压阀芯打开,等待约10s后关闭。同时,从低压阀充氟嘴螺母处用内六角扳手将充氟针向上顶开,使空气排出。当手感有凉气冒出时停止排空。排氟量应小于20g。

(2)真空泵排空气。先将阀门充氟嘴螺母拧下,用抽真空连接软管进行连接。将"LO"旋钮按逆时针方向旋转,使其打开,然后合上真空泵的开关,进行抽真空。停止抽真空后,还要将阀门后盖螺母拧下,用内六角扳手将阀芯按逆时针方向旋开到底,此时制冷系统的通路被打开。接着将连接软管从阀门上拆除下来,将阀门的连接螺母与后盖螺母拧紧。

空调器抽真空时所用的设备是真空泵和集管阀,抽气管在室外机组上的低压阀上;一般选用抽气能力为100~120L/min的真空泵,集管阀有3~4个管接头、高低压压力表和对应的开关度盘。

4)充注制冷剂

(1)由低压阀充注制冷剂

分体式空调器室内、室外机组采用配管螺纹连接,在连接的气体截止阀处配有维修用旁通通道,并用气门阀封接。因此,维修充注制冷剂操作中,可不必在低压侧另行钻孔配管。另外,制冷量大的空调器还专门设有补充制冷剂的阀门。与窗式空调器相比,分体式空调器的制冷剂充注操作简单易行,并且省略了焊接和封离工序。分体式空调制冷系统简图,如图4-2所示。

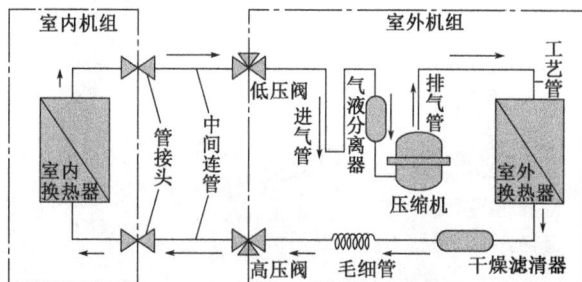

图4-2 分体式空调制冷系统简图

在室外机的机体侧面装有两只阀:一只是从室外机向室内机供液的液体截止阀;另一只是从室内机向室外机回气的气体截止阀。充注制冷剂时,可在气体截止阀的旁通阀的阀上,即

图4-2所示的低压阀接上带顶针的专用软管,软管的另一端接表阀。当带顶针的软管管帽拧进旁通阀时,顶针随着螺纹的旋进逐渐深入,直至顶针压下旁通阀的阀芯,便开启了旁通阀,使制冷系统与软管、表阀连通。表阀再通过软管接真空泵或制冷剂钢瓶。

从低压侧充注制冷剂缓慢、平稳,充注量易于控制,便于操作,是维修中经常采用的一种充注方法。

(2)由高压侧充注制冷剂

对于制冷量较大的分体式空调器,不仅在气体截止阀处设有旁通孔,而且在液体截止阀处也设有旁通孔。为了加快充注速度,可在液体截止阀处的旁通孔上接上带顶针的专用软管接头和表阀等,直接向制冷系统充注制冷剂液体。如果该台制冷空调器的节流装置设在室内机,则此时的充注就称为高压侧充注;如果其节流装置设在气体截止阀之前,即室外机侧,那么,这种充注形式仍属于低压侧充注。无论是低压侧还是高压侧,此时充注的都是制冷剂液体,因此属于定量充注,必须严格控制充注量。

具体的操作方法与低压侧充注方法相同。但高压侧充注一般需在抽真空结束后进行,并且充注时应使压缩机停机。高压侧充注不适合补充制冷剂时的充注,所以,一般的空调器只在气体截止阀上设置带阀芯的旁通阀,供维修或补充制冷剂时使用。

(3)制冷剂充注量的确定

家用空调器大多使用毛细管作为节流元件,不设电磁阀,并且使用的条件相对稳定,热负荷变化波动小,所以制冷剂的充注量也比较少,多在 0.5 ~ 2.0kg 范围内。具体的充注量都标注在空调器的铭牌上。尽管如此,制冷设备中以毛细管节流的设备,对制冷剂的充注量要求比较严格,在充注操作过程中,应根据蒸发压力和系统状态综合确定充注量。

二、离心泵检修

离心泵也叫"离心式抽水机"如图4-3 所示。它是一种利用水的离心运动的抽水机械,由泵壳、叶轮、泵轴、泵架等组成。城市轨道交通环控系统中的通风空调水系统中普遍使用的是离心泵,随着使用时间的延长,离心泵外部结构、转动部件都会有不同程度的故障出现,需要及时修复故障,因此,对离心泵定期进行检修是非常必要的。

图4-3　离心泵

1. 离心泵电动机轴承更换(相关资源见二维码)

1)检修步骤

(1)离心泵电柜停电,挂禁止合闸警示牌,就地控制箱切到就地状态。

(2)用梅花扳手拧开联轴器保护罩固定螺钉,取下联轴器保护罩,按拆卸顺序摆放在作业区域外。

(3)用梅花扳手拧开联轴器连接螺栓后,用锤子击打取出连接螺栓。连接螺栓与螺母、垫片整套按拆卸顺序摆放在作业区域外。

(4)松开连接螺栓后取下联轴器膜片(阻尼胶圈),按拆卸顺序摆放在作业区域外。

(5)用梅花扳手拧开离心泵电动机机座固定螺栓,取出并按拆卸顺序摆放在作业区域外。

(6)用扳手拧开离心泵电动机后面的风扇罩固定螺钉,取下风扇罩,按拆卸顺序摆放在作业区域外。

(7)用外卡簧钳取下风扇的挡簧垫圈,按拆卸顺序摆放在作业区域外。

(8)用二爪拉拔器拉出散热风叶,按拆卸顺序摆放在作业区域外。

(9)用撬杆往后平移离心泵电动机60°,用三爪拉拔器拉出离心泵电动机端联轴器,取下轴键后按拆卸顺序摆放在作业区域外。

(10)用扳手拧开离心泵电动机前后端盖固定螺栓,取出并按拆卸顺序摆放在作业区域外。

(11)取下后端盖后,用三爪拉拔器拉出后轴承,按拆卸顺序摆放在作业区域外。

(12)将离心泵电动机定子连前轴承,小心从另一侧抽出,用铜棒击打出前轴承。

(13)安装时按拆卸步骤反序安装。

2)检修标准

(1)电动机轴承无卡滞、异响。

(2)轴承、套座无松动、打滑。

(3)加油孔、防尘盖无移住、脱落。

(4)前后轴承应同时更换。

2. 离心泵联轴器拆装

拆卸与装配是相反的过程,两者的目的是不同的。装配过程是按装配要求将联轴器组装起来,使联轴器能安全可靠地传递力矩。拆卸一般是由于设备故障或联轴器自身需要维修,把联轴器拆卸成零部件。拆卸的程度一般根据检修要求而定,有的只是要求把连接的两轴脱开,有的不仅要把联轴器全部分解,还要把轮毂从轴上取下来。联轴器的种类很多,结构各不相同,联轴器的拆卸过程也不一样,在此主要介绍联轴器拆卸工作中需要注意的一些问题。

(1)由于联轴器本身的故障而需要拆卸时,先要对联轴器整体做认真、细致的检查,尤其是已经有损伤的联轴器,应查明故障的原因。

(2)在联轴器拆卸前,要对联轴器各零部件之间互相配合的位置做一些记号,以作为复装时的参考。用于高转速机器的联轴器,其连接螺栓经过称重,标记必须清楚,不能搞错。

(3)拆卸联轴器时一般先拆连接螺栓。由于螺纹表面沉积一层油垢、腐蚀的产物及其他沉积物,螺栓不易拆卸。连接螺栓的拆卸必须选择合适的工具,若螺栓的外六角或内六角的受

力面已经打滑损坏,拆卸会更困难。对于已经锈蚀的或油垢比较多的螺栓,常常用溶剂(如松锈剂)喷涂螺栓与螺母的连接处,让溶剂渗入螺纹中去,方便拆卸。如果还无法拆卸,可采用加热法,加热温度控制在200℃以下。通过加热使得螺母与螺栓间隙加大,锈蚀物容易掉下来,螺栓拆卸变得容易。若用上述办法都不行,只有破坏螺栓,在装配时更换新的螺栓。新螺栓必须与原螺栓规格一致,用于高转速设备的联轴器新更换的螺栓,还必须称重,使新螺栓与同一组凸缘上的连接螺栓质量一样。

(4)在联轴器拆卸过程中,最困难的工作是从轴上拆下轮毂。对于键连接的轮毂,一般用三脚拉拔器或四脚拉拔器进行拆卸。选用的拉拔器应该与轮毂的外形尺寸相配,拉拔器各脚的直角挂钩与轮毂后侧面的结合要合适,在用力时不会产生滑脱现象。这种方法仅用于过盈比较小的轮毂的拆卸,对于过盈比较大的轮毂,经常采用加热法,或者同时配合液压千斤顶进行拆卸。

(5)对联轴器的全部零件进行清洗、清理及质量评定是联轴器拆卸后的一项极为重要的工作。零部件的评定是指每个零部件在运转后,其尺寸、形状和材料性质的现有状况与零部件设计确定的质量标准进行比较,判定哪一些零部件能继续使用,哪一些零部件应修复后使用,哪一些属于应该报废更新的零部件。

(6)联轴器之间应保持一定的间隙,检查水泵轴与电动机轴中心线是否一致,可用薄垫片调整使其同心。测量联轴器的外圆上下,左右手的差别不得超过0.1mm;两联轴器端面间隙一周上最大和最小的间隙差别不得超过0.3mm。

(7)在离心泵检修完毕以后,为使其正常运行,就必须保证运转时离心泵和原动机的轴处于同一直线上,以免离心泵和原动机因轴中心的互相偏差造成轴承在运行中的额外受力,进而引起轴瓦发热磨损和原动机的过负荷,甚至产生剧烈振动而使泵组停止运行。

3.泵体的防冻

由于泵体是铸铁件,很脆、塑性差、容易冻裂,因此,冬季必须采取防冻措施。防冻方法很多,最简单的方法是提高室内温度,但这种方法浪费能源且不经济。泵站冬灌结束时,天气已非常寒冷,离心泵进行防冻是必须的,具体方法如下:

(1)及时排完离心泵及其连接管道内的积水。

(2)将泵盖全部拆卸下来另行放置。

(3)擦干净泵体内死水区和工艺孔洞内的积淤(若天气突变使泵体内有结冰现象时,就要适当加热,让泵体内水分蒸发至干燥)。

(4)在叶轮和口环配合间隙处加上机油,防止锈蚀黏结。

(5)在离心泵填料函处加上机油或润滑脂,浸润盘根以再利用。

(6)保持泵体内通风,使泵体内水分自然干燥。

(7)用塑料布遮盖泵体以减少沙尘黏结在有机油的部位,避免导致运行时磨损增大。

4.泵体裂纹的焊修

对泵体裂纹,通常可采用焊修、补板、裁丝和粘补等方法修复。下面介绍常用的焊修。

1)焊修的特点

由于泵体采用铸铁制造,脆性大、塑性和可焊性较差,同时铸铁材料的抗拉强度低、导热性

能差,对冷却速度很敏感,所以泵体在焊接过程中存在加热和冷却不均现象,往往会再次产生新的裂纹。焊补时应注意如下内容:

(1)应防止焊缝及近缝区白口化及夹杂气孔。

(2)防止焊缝及泵体上产生新的裂纹。

(3)防止焊接过程中难熔化合物(氧化物)的产生。

(4)防止泵体本身变形。由于热焊的焊接条件和技术要求很高,一般不采用热焊,通常采用冷焊工艺。

2)泵体的冷焊

在不预热的情况下进行焊补,可以极大地简化焊补工艺过程,有利于提高焊补效率,降低维修成本。冷焊铸铁时,焊缝及热影响区易形成白口组织,以及因焊接属局部不均匀加热而易形成较大焊接内应力及裂纹的特点,在冷焊时应采取必要的工艺措施。

(1)焊前准备

环境温度最好在 25 ~ 30℃,焊口用软轴砂轮或角磨机修磨,帮助确认裂纹的部位及轮廓。焊前在裂纹两端钻好止裂孔,坡口为 70° ~ 80°,形成 U 形或 V 形坡口,深度不大于壁厚的 2/3,底层一定要焊透,坡口表面一定要光滑。表面应无油脂,如果有油脂可用火焰喷烤或用其他方法擦净。

(2)施焊

焊条可使用铸 308 纯镍铸铁焊条,也可用不锈钢焊条。其特点是含镍量大、抗拉性能好、加工方便。铸铁冷焊的工艺要点为:小电流、断续焊、分散焊,在窄坡口内进行多层焊。

具体施焊工艺过程为电流尽量采用小电流(如焊条直径为 3.2mm 时,电流一般为 80 ~ 120A)。根据焊缝的部位、壁厚和长短不同,分别采用单层、多层及分段堆焊,每段长度为 10 ~ 30mm,每次焊后都要停留一定时间,待工件冷却至环境温度后再进行下一次堆焊。每段焊完之后,要用小锤迅速轻轻敲击焊缝及周围,以清除焊皮并使尚未全冷的焊缝产生塑性变形,以利于消除内应力和细化金属晶粒,防止产生裂纹。在收尾处弧坑不能留得过大,否则易出现弧坑裂纹。裂纹两端的止裂孔应留在最后焊接,用最短的电弧和 2 ~ 3 滴熔化的焊料填满。焊皮应很薄,每次堆焊厚度不超过 2mm。后焊的各层对先焊的焊层可起到缓冷作用,易获得令人满意的焊接质量。最后应对焊接部位进行修磨。

5. 离心泵泵体的检修

图 4-4 为 IS 单级离防泵结构图,本部分主要介绍其泵体的检修。

1)泵体的拆卸

在分解两侧的上轴瓦并测量其间隙和紧力后,即可取出油挡再退出填料压盖,取出盘根及水封环,然后即可将轴承座取下。离心泵应先由出水侧开始解体,其基本顺序如下:

(1)先松开大螺母并取下拉紧泵体的穿杠螺栓,然后依次拆下出口侧填料室及动静平衡盘部件。拆除的同时,要测量好这些部件的调整套、齿形垫等的尺寸。

(2)拆下出水段的连接螺栓,并沿轴向缓缓吊出出水段,然后退出末级叶轮及其传动键、定距轴套,接着可逐级拆出各级叶轮及各级导叶、中段。拆出的每个叶轮及定距轴套都应做好标记,以防错装。

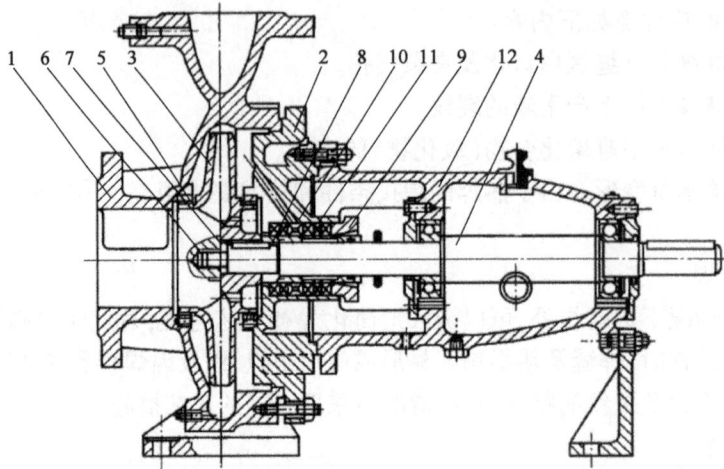

图 4-4　IS 单级离防泵结构图

1-泵体;2-泵盖;3-叶轮;4-轴;5-密封圈;6-叶轮螺母;7-制动垫圈;8-轴套;9-填料压盖;10-填料被;11-填料;12-悬架轴承部件

（3）拆卸叶轮时,需用定位片测量叶轮的出口中心与其进水侧中段的端面距离。

（4）叶轮的流道应与导叶的流道对准。

在泵体分解过程中,须注意以下事项:

（1）拆下的所有部件均应存放在清洁的木板或胶垫上,用干净的白布或纸板盖好,以防碰伤经过精加工的表面。

（2）拆下的橡胶、石棉密封垫必须更换。若使用铜密封垫,重新安装前要进行退火处理;若采用齿形垫,在垫的状态良好及厚度仍符合要求的情况下可以继续使用。

（3）对所有在安装或运行时可能发生摩擦的部件,如泵轴与轴套、轴套螺母、叶轮和密封环,均应涂以干燥的 MoS_2 粉（其中不能含有油脂）。

（4）在解体前应记录转子的轴向位置（将动静平衡盘保持接触）,以便在修整平衡盘的摩擦面后,可在同一位置精确地复装转子。

2）静止部件的检修

在泵体全部分解后,应对各个部件进行仔细检查,若发现损坏或缺陷,要予以修复或更换。

（1）泵壳（中段）

①止口间隙检查。

将相邻的泵壳叠置于平板上,在上面的泵壳上放置好磁力表架,其上夹住百分表,表头触点与下面的泵壳的外圆相接触。随后,将上面的泵壳沿十字方向往复推动测量两次,百分表上的读数差即止口之间存在的间隙。通常止口之间的配合间隙为 0.04 ~ 0.08mm。若间隙大于 0.10 ~ 0.12mm,应进行修复。

②裂纹检查。

用锤子轻敲泵体,如果某部位发出沙哑声,则说明壳体有裂纹。这时应将煤油涂在裂纹处,待渗透后用布擦尽面上的油迹并擦上一层白粉,用锤子轻敲泵壳,渗入裂纹的煤油即会浸湿白粉,显示出裂纹的位置。

(2)导叶

中高压离心泵的导叶若采用不锈钢材料,则一般不会损坏;若采用锡青铜或铸铁,则应隔2~3年检查一次冲刷情况,必要时更换新导叶。凡是新铸的导叶,在使用前应用手砂轮将流道打磨光,测量导叶在泵壳内轴向间隙是否在标准要求范围内,这样可提高2%~3%的效率。

此外,还应检查导叶衬套的磨损情况,根据磨损的程度来确定是整修还是更换。导叶与泵壳的径向配合间隙为0.04~0.06mm,若间隙过大时则会影响转子与静止部件的同轴度,应当予以更换。

(3)平衡装置

在离心泵的解体过程中,应用压铅丝法来检查动静平衡盘面的平行度,将轴置于工作位置,在轴上涂润滑油并使动盘能自由滑动,其键槽与轴上的键槽对齐。用润滑脂把铅丝粘在静盘端面的上下、左右四个对称位置上,然后将动盘猛力推向静盘,将受撞击而变形的铅丝取下并记好方位;再将动盘转180°重测一遍,做好记录。用千分尺测量取下铅丝的厚度,测量数值应满足上下位置的和等于左右位置的和,上减下或左减右的差值应小于0.05mm,否则,说明动静盘变形或有漂偏现象,应予以消除。

检查动静平衡盘接触面只有轻微的磨损沟痕时,可在其接合面之间涂以细研磨砂进行对研;若磨损沟痕很大、很深时,则应在车床或磨床上修理,使动静平衡盘的接触率在75%以上。

(4)密封环与导叶衬套

目前,密封环与导叶衬套一般都是用不锈钢或锡青铜两种耐磨材料制成。选用不锈钢制造的密封环与导叶衬套寿命较长,但对其加工及装配的质量要求很高,否则易于在运转中因配合间隙略小、轴弯曲度稍大而发生咬合的情况。若用锡青铜制造,则加工容易,成本低,也不易咬死,但其抗冲刷性能相对稍差些。

新加工的密封环和导叶衬套安装就位后,与叶轮的同轴度偏差应小于0.04mm。密封环与叶轮的径向间隙随密封环的内径大小而不同,密封环与泵壳的配合间隙一般为0.03~0.05mm,导叶衬套与叶轮轮毂的间隙一般为0.40~0.45mm。导叶衬套与导叶之间采用过盈配合,过盈量为0.015~0.02mm,并需用止动螺钉紧固好。

(5)转子部件的检修

转子部件主要有泵轴、叶轮等。离心泵能否长期安全、可靠地运行,与转子的结构、平衡精度及装配质量有着密切的关系。下面对这几个主要部件的检修工艺进行介绍。

①泵轴。

轴是离心泵的重要部件,它不仅支撑着转子上的所有零部件,而且承担着传递力矩的作用。泵解体后,对轴的表面应先进行外观检查,通常用细砂布将轴略微打光,检查是否有被水冲刷的沟痕和两轴颈的表面是否有擦伤及碰痕。若发现轴的表面有冲蚀,则应做专门的修复。在检查中若发现下列情况,则应更换新轴:

a.轴表面有被高速水流冲刷而出现的较深的沟痕,特别是在键槽处。

b.轴弯曲很大,经多次直轴后运行中仍发生弯曲者。

②叶轮。

在水泵解体后,检查叶轮密封环的磨损程度。若在允许范围内,可在车床上用专门胎具胀住叶轮内孔来车修磨损部位,修正后要保持原有的同轴度和表面粗糙度。最后,配制相应的密封环和导叶衬套,以保持原有的密封间隙。

叶轮密封环经车修后,为防止加工过程中胎具位移而造成同轴度偏差,应用专门胎具进行检查。光轴固定在钳台上并仰起角度以确保叶轮吸入侧轮毂始终与胎具轴肩相接触并缓缓转动叶轮,在叶轮密封环处的百分表指示的跳动值应小于0.04mm,否则应重新修整。对首级叶轮的叶片,因其易于受汽蚀损坏,若有轻微的汽蚀小孔洞,可进行补焊修复或采用环氧树脂黏结剂修补。

测量叶轮内孔与轴颈配合处的间隙,若因长期使用或多次拆装的磨损而造成此间隙值过大,为避免影响转子的同轴度甚至由此而引起转子振动,可采取在叶轮内孔局部点焊后再车修或镀铬后再磨削的方法予以修复。叶轮在采取上述方法检修后仍然达不到质量要求时,则需更换新叶轮。

(6)转子的试装

①试装的目的及应具备的条件。

转子的试装主要是为了提高水泵最后的组装质量。通过试装这个过程,可以消除转子的紧态晃度,以避免内部摩擦,减少振动和改善轴封工况;可以调整好叶轮间的轴向距离,从而保证各级叶轮和导叶的流道中心同时对正;可以确定调整套的尺寸。

在试装前,应对各部件进行全部尺寸的测量,消除明显的超差。各部件径向跳动的测量方法可参考前面的内容,对各部件端面晃度的检查方法为叶轮仍是采用专门的心轴插入叶轮内孔,心轴固定在平台上,轻轻转动叶轮,百分表的指示数值即端面的跳动。此跳动值不得超过0.015mm,否则应进行车修。

检查套装零件的垂直度和平行度,检查转子各部件的端面是否已清理,叶轮内孔与轴颈的间隙适当,轴弯曲值不大于0.03~0.04mm,各套装部件的同轴度偏差小于0.02mm且端面跳动小于0.015mm时,即可在专用的、能使转子转动的支架上开始试装工作。

②转子试装的步骤。

a. 将所有的键都按号装好,以防因键的位置不对而发生轴套与键顶住的现象。

b. 将所有的密封圈等按位置装好,把锁紧螺母紧好并记下出口侧锁紧螺母至轴端的距离,以便水泵正式组装时作为确定套装部件紧度的依据。

c. 在紧固轴套的锁紧螺母时,应始终保持在泵轴的同一方位,如轴的键槽在同一直线、叶轮最大直径上的静平衡符合允差。

d. 各套装部件装在轴上时,应根据各自的晃度值大小和方位合理排序,防止晃度在某一个方位的积累。测量转子晃度时,应使转子不能来回窜动且在轴向上受力不宜过大。

e. 装好转子各套装部件并紧好锁紧螺母后,再用百分表测量各部件的径向跳动是否合格。若超出标准,则应再次检查所有套装部件的端面跳动值,直至符合要求。

f. 检查各级叶轮出水口中心距离是否相符,并测量末级叶轮至平衡盘端面之间的距离以确定调整套的尺寸。

(7)离心泵的总装与调整

将离心泵的所有部件都经清理、检查和修整以后,就可以进行总装工作了。组装离心泵按与拆卸时相反的顺序进行,回装完成后即可开始如下的调整工作:

①首级叶轮出水口中心定位。

预先准备好一块定位片,把定位片插入首级叶轮的出水口。将转子推至定位片与进水段侧面接触,这时叶轮出水口中心线应正好与导叶入水口中心线对齐。在与入口侧填料室端面齐平的地方用划针在轴套外圆上画线,以备回装好平衡装置后检查出水口的对中情况和叶轮在静子中的轴向位置。

②测量总窜动。

测量总窜动的方法:装入齿形垫,不装平衡盘而用一个旧挡套代替,装上轴套并紧固好锁紧螺母后,前后拨动转子,在轴端放置好的百分表的两次指示数值之差即为轴的总窜动量。

③平衡盘组装与转子轴向位置的调整。

首先,将平衡盘、调整套、齿形垫、轴套等装好,再将锁紧螺母紧固好。

其次,前后拨动转子,用百分表测量出推力间隙。如果推力间隙大于4mm,应缩短调整套长度,使转子位置向出口侧后移;如果推力间隙小于3mm,则应更换新的齿形垫,增加其厚度,使转子位置向入口侧前移。

最后,在与入口侧填料室端面齐平处用划针在轴套外圆上画线,此线应大致与前述的c线重合。

④转子与静止部分的同轴度的调整。

离心泵的本体部分组装完成后,即可回装两端的轴承,其步骤如下:

a. 在未装下轴瓦前,使转子部件支撑在静止部件如密封环、导叶衬套等的上面。在两端轴承架上各放置一个百分表。

b. 用撬棒将转子两端同时平稳地抬起,转子尽量保持水平,做上下运动,记录百分表上下运动时的读数差,此差值即转子同静止部件的径向间隙 Δd。

c. 将转子撬起,放好下轴瓦,然后用撬棒使转子作上下运动,记录百分表的读数差 S,直至调整到 $S = \Delta d/2$。调整时可以上下移动轴承架下的调整螺栓,或是采用在轴承架止口内、轴瓦与轴承架的接合面间加垫片的方法来进行。

d. 在调整过程中,要保持转子同定子之间的同轴度,方法同上(需把下轴瓦取出)。测量时,可用游标卡尺测出轴颈是否处于轴承座的中心位置。

e. 至此即可紧固轴承架螺栓,打上定位销。

f. 完成上述工作后,可研刮轴瓦并检验其吻合程度,回装好轴承。要求轴瓦紧力一般为 ± 0.02mm,轴瓦顶部间隙为 $0.12 \sim 0.20$mm,轴瓦两侧间隙为 $0.08 \sim 0.10$mm。

（8）复检

离心泵的检修完成后,检查离心泵盘转正常,各部件无缺陷且运转时振动也很小,再次复测转子和静子的各项间隙、转子的轴向总窜动量等符合要求,组装后的动静平衡盘的平行度偏差小于0.02mm,泵壳的紧固穿杠螺栓的紧固程度上下左右误差不大于0.05mm,则可以认为离心泵检修、安装的质量合格。

三、冷却塔检修

由于城市轨道交通车站位于地下,与室外环境相对不通风,为了消除车站的余热,为乘客创造一个舒适的过渡性环境,需要采用冷却塔装置。作为直接连接地铁车站与地面的一种换热装置,对其进行定期的维修是十分必要的。

冷却塔是利用空气同水的接触(直接或间接)来冷却水的设备。它是以水为循环冷却剂,从一个系统中吸收热量并排放至大气中,从而降低塔内温度,制造冷却水可循环使用的设备。对于水冷式制冷机组中冷凝器用的冷却水基本都是采用冷却塔处理而循环使用的。

1.冷却塔年检

1)控制箱的检查

(1)检修步骤

①清洁启动柜及控制箱内的灰尘及杂物。

②用旋具紧固线头和接线端子排。

③观察各电气元件有无过热老化、炭化等现象,视需要进行更换。

(2)检修标准及要求

①启动柜、控制箱内应清洁。

②线头应紧固无松动。

2)溢流补水装置检查

(1)检修步骤

①观察检查浮球的情况,对关不严的要求更换。

②对水位超过溢流管的要求调整浮球位置。

(2)检修标准及要求

浮球阀应该开关良好,调整补水浮球阀的连杆,保证冷却塔承水高度有 12～15cm,距溢流口 5cm。

3)冷却塔外表检查

(1)检修步骤

①用高压水枪清理冷却塔。

②清理百叶周围的杂物。

(2)检修标准及要求

①冷却塔及周围环境应整洁。

②外围百叶应无杂物影响气流。

4)填料层加固与修复

(1)检修步骤

①检查填料层有无堵塞、损坏、老化现象。

②用高压水枪清理填料层。

(2)检修标准及要求

填料层不应有堵塞、损坏、老化现象。

5)钢索支架检查

(1)检修步骤

①用扳手调整塔内的钢索螺钉,拉紧钢索。

②如支架锈蚀严重就要更换或加固。

（2）检修标准及要求

①钢索拉紧。

②锈蚀不得影响安全。

6）阀门布水器检查

（1）检修步骤

检查开关阀门的状态、灵活性，用旋具打开阀门顶部端盖给齿轮添加润滑油。

（2）检修标准及要求

保持布水的均匀性。

7）接水盘播水器检查

（1）检修步骤

清洁接水盘及洒水盘，清理堵塞的杂物、铁锈。

（2）检修标准及要求

保持进出水畅通无阻。

8）电动机、风机轴承检查

（1）检修步骤

①切断水塔电源，拉出电源，在就地箱处把水塔控制打到就地位置。

②用手盘动风机看叶轮转动是否灵活。

③用手盘动布水器看转动是否灵活（逆流塔）。

④检查轴承座转动有无异响。

⑤拆下电动机脚固定螺栓，用适合的工具把电动机、风机移动到方便装拆的位置。

⑥换轴承或润滑油前先用合适的三爪拉拔器拆下带轮。

⑦用梅花扳手拆下前后端盖螺栓，拆下端盖及转子。

⑧用工具把轴承及端盖的废油去掉，用专用清洗剂清洗轴承内剩余的废油。

⑨添加专用的轴承润滑油，不要加得太多太满，要留有一定的空间散热。

⑩把端盖装回，紧固螺栓，用手空转一下电动机、风机，检查运行情况，若没问题就装回带轮。

（2）检修标准及要求

电动机、风机都应转动灵活无异响。

9）传动带松紧度调整

（1）检修步骤

观察风机传动带有无松动、断裂、变形等现象。更换传动带前先松开电动机处的调整螺钉及固定螺钉，拆下传动带，再按所需的传动带数量装回传动带，用扳手调整好调整螺钉，按压传动带，传动带松紧适度。

（2）检修标准及要求

传动带松紧度一般以用拇指能压入 10mm 为适宜。

10）带轮与扇叶检查

（1）检修步骤

①检查打磨带轮做除锈处理。

②检查风扇的扇叶是否完好，锁紧扇叶的固定螺栓。

(2)检修标准及要求

做除锈处理,必要时把螺栓换成不锈钢。

11)电气安全性能检查

(1)检修步骤

拉出电源柜,打开接线柜盖板,用500V绝缘电阻计测量电动机对地绝缘不得低于50MΩ。

(2)检修标准及要求

用500V绝缘电阻计测量电动机对地电阻均大于50MΩ。

12)塔体补漆

(1)检修步骤

①用钢丝刷、打磨机做除锈打磨处理。

②先涂铁红防锈漆,再涂绿色面漆。

(2)检修标准及要求

金属外壳无破损、变形和裂纹,油漆面无掉漆、起泡。

2.冷却塔叶片的装配

(1)拆卸叶片时,必须打上标记,以便检修后安装时对号复位。安装时取下齿轮箱输出轴(叶轮)上部的压盖,并将输出轴圆锥部分擦拭干净,涂上机油,将轮廓套入叶轮轴。装上压盖,拧紧螺栓,压紧轮廓。

(2)叶片安装角的调整方法如下:测量角度工具是一把直尺和一把角度尺,先把角度尺按规定的角度调好,再把直尺放在叶片安装角的测量位置上,将角度尺放在直尺上,转动叶片,使角度尺的水平泡居中即可。叶片角度全部调整好,拧紧螺栓后,再复查一遍叶片安装角。

(3)当轴颈的沟痕深度超过规定时,可用磨光和喷镀法修理。

(4)在机床上用千分表检查轴的径向跳动、直线度、圆度和圆柱度。

(5)用涂色法检查齿面接触情况。

(6)用压铅法或千分表检测齿轮啮合、齿顶间隙和齿侧间隙。

(7)减速机大修时,用盛装煤油法检查机体是否有砂眼、裂纹等缺陷。

(8)用水平仪在机体平面上检测机体水平度。

(9)滚动轴承拆装应使用专用拆卸工具和压力机;轴承加热装配时,机油温度不超过120℃,在油中浸浴10~15min后进行组装,严禁用直接火焰加热和用锤直接敲击轴承。

(10)按滚动轴承的游隙要求,用塞尺、千分表或其他方法检查轴承的磨损情况。

3.冷却塔叶轮等部件检修

1)叶片组检修标准

(1)各叶片沿轴线回转的倾斜角度误差不大于0.5°。

(2)叶片组外缘处的端面跳动≤50mm,径向跳动≤8.0mm。

(3)轮毂和叶片装配后做静平衡试验,要求在叶片外缘处剩余不平衡值不大于25g。

(4)轮毂径向跳动≤6mm,端面跳动≤6mm。

(5)叶片外缘与风筒壁之间的间隙应为30~45mm,且各处间隙均应一致。

2）减速机主轴检修标准

（1）主轴不得有裂纹，轴颈处不得有伤痕、蚀坑等缺陷，轴颈处表面粗糙度为 1.2μm。

（2）主轴中心线直线度在轴颈处为 0.015mm/m，其他处为 0.04mm/m。

（3）轴颈的圆度、圆柱度为 0.02mm。

（4）键槽中心线对轴中心线倾斜度为 0.03mm/100m。

（5）主轴轴向窜动量 0.06 ~ 0.08mm。

3）减速机齿轮检修标准

（1）齿轮啮合面要求无腐蚀坑痕、裂纹，表面粗糙度为 1.6μm。

（2）齿轮副啮合的接触斑点应符合要求。

（3）齿轮的磨损不超过原齿厚度的 10%。

（4）齿轮啮合的齿顶间隙为 0.2 ~ 0.3m（m 为模数），齿侧间隙为 0.13mm。

4）减速机体检修标准

（1）减速机体应无裂纹、渗油现象。

（2）机体水平度为 0.1mm/m。

5）减速机滚动轴承检修标准

（1）轴承与轴颈的配合为 H7/k6，轴承与轴承座孔的配合为 K7/h6。

（2）滚动轴承的滚子与内外圈的工作表面必须光滑，没有麻点、腐蚀、坑疤等缺陷。

（3）滚子与内外圈的间隙应符合要求。

6）减速机传动轴检修标准

（1）传动轴直线度为 0.5mm/m。

（2）减速机轴与传动轴联轴器，传动轴与电动机联轴器找正；径向位移为 0.5 ~ 0.6mm，轴向倾角为 ±1°；径向跳动值均为 0.06mm。

4. 冷却塔试车

1）试车前的准备工作

（1）检查机座地脚螺栓及机座与风机、电动机之间的连接螺栓紧固情况。

（2）检查油箱润滑油量是否适宜，油路是否畅通。

（3）安全装置牢固齐全，接上电动机接地线。

（4）检查温度计、仪表等是否灵敏好用。

（5）确认电动机转向正确。

（6）检修现场达到工完料净场地清的要求。

2）试车

（1）启动前盘车 2 ~ 3 圈，确认转动灵活，接通电源先点开一次，若无问题，便可启动开车。

（2）叶片与风筒无碰撞现象。

（3）滚动轴承温度不大于 70℃。

（4）运转无异常振动和噪声，机组振幅不大于 0.20mm 或齿轮箱振动烈度，最大振动速度小于或等于 7.10mm/s。

（5）电流不超过额定值，波动小于 5A。

(6)风量达到铭牌标出值或查定能力。

(7)试车运转时间不小于2h。

单元 4.2　环控设备的维护

学习目标

1. 掌握城市轨道交通车站环控系统维护管理措施；

2. 掌握风机和冷水机组维护的相关内容。

学习重点

1. 一般轴流风机的二级和三级维护；

2. 螺杆式以及离心式冷水机组的二级维护。

理论知识

城市轨道交通环控系统的正常运行,不仅需要驱动列车的电力牵引系统,还需要自动扶梯、通风空调系统、照明系统、自动售检票系统、通信控制系统等配套设施。城市轨道交通环控系统,也就是通风空调系统,其基本功能是对车站和隧道内的二氧化碳、温度、含尘量、湿度、噪声、气流速度等进行调控,为乘客提供一个良好的乘车环境,并为紧急情况下的疏散工作提供辅助。因此,对城市轨道交通车站环控系统的维护管理措施进行分析,对提升城市轨道交通服务质量和整体水平具有重要的作用。

环控角度下城市轨道交通的特性:

(1)内热源会随着客流量的变化而变化,其中不仅包含以日、周、年为周期的周期性变化,还包含非规则性的变化。

(2)雨雪、阳光等环境条件难以对其造成较大的影响。

(3)城市轨道交通内部的发热量和空间都相对较大,对环控系统的空调机、制冷机和风机的装机容量都提出了较高的要求。由于环控系统需要依据长期估计的高峰客流进行规划,所以其设备成本和运行能耗都比较大。在城市轨道交通运行早期,环控系统的能耗会占到车站总能耗的 1/2 以上,降低了城市轨道交通的运行经济性,所以应重点加强节能处理。

(4)土层覆盖较厚,维护结构需要较高的蓄热量,环控系统的热惰性较为突出。因城市轨道交通四周的土壤可形成一个较大的热容体,因此,其能发挥夏储冬放、调控车站温度的功能。

(5)因城市轨道交通内部空间封闭性较高,隧道较为狭窄,且客流量较大,所以应在设计过程中考虑事故发生时的人员疏散问题。

(6)列车的高速运转可在隧道内形成"活塞风",其风量巨大,是隧道内通气换风的基本动力。但在无屏蔽门的地铁系统中,活塞风可将大部分隧道空气和室外空气引入到车站内,因此,与有屏蔽门的系统相比,其车站空调负荷会大幅度增加。

一、环控系统维护管理措施

1.冬季设备用房温度过低的处理

通常情况下,城市轨道交通车站不会在冬季提供供暖设备,但相对于车站内的工作人员而言,温度较低会严重影响其工作效率。例如,西安城市轨道交通大系统当前选用的冬季通风模式主要为间歇性通风,此种模式的选用主要基于两个方面的考虑:一方面是基于车站通风考虑,另一方面则是确保设备在室内的温度正常。然而,因城市轨道交通车站小系统同时承担着散热量较大的设备和人员常出入房间的通风,如果单考虑人员舒适而间断运行或关闭小系统设备,则设备房间的通风散热效果就会大幅度降低,进而对设备的可靠运行产生影响。根据相关统计数据发现,当前车站设备管理房间的送风口通常选用的是格栅式封口,且一些办公地点因区域限制正好安置在送风口下。因风力过大,工作人员很容易感觉到温度较低。可采用的解决方式是,采用方形散流器代替原有的格栅送风口。

2.风阀数字显示仪表的维修管理

通常城市轨道交通内含有几千个风阀,且大部分风阀选用的是联锁风阀,主要用于避免风机误启动。然而,通过对通风空调系统设备故障情况的分析可以发现,风阀故障率在总体故障率中所占比例最高,且多为风阀数显表损坏问题。数显表的主要功能为显示风阀开度,以便工作人员了解风阀的工作情况。为确保此种就地与远程显示的开度数值一致,风阀的开度数值通常由现场风阀数显表提供,而未使用风阀实际开度提供。这种方式的缺点是数据传输流程中增加了智能数字显示设备,增加了维护工作的难度。数显表数值难以真实地反映实际开度,其基本由工作人员对数显表参数的调节来决定其开度的大小。在实际运行中发现,大量的风阀多为开关量风阀,仅有全开和全闭两种状态,无须显示开度。所以,在维护管理中可清除数显表,利用风阀本体执行器来完成信号的收集和传输。这不仅能有效地减少维护人员更换数显表的工作量,还能确保风阀状态显示数值与本体相同,提高故障检查和排除的效率。

3.节能管理

1)城市轨道交通环控小系统

封闭设备储藏房间的交换排风能耗是环控小系统的主要能源损耗,如值班室、高低压室、通信机械室等系统需保持24h工作,这种方式较为一般且较稳定。管控时,可依据实际情况对机械室、控制室进行改进,调整其内部通风架构,使其适应环控大系统,从而在一定程度上减少机房设备的热量,降低散热设备的能耗,增大车站内部环境的总回排风量。另外,还可采用间断运行方式对不必要的设备进行管理,将24h不间断工作转换为工作日运行等。

2)城市轨道交通环控大系统

在城市轨道交通建立初期,大系统的工作时间一般为5:00—23:00,所以会前后提前和延迟0.5h,以确保系统内部恒定、舒适。但相关数据表明,在温度适宜的春秋季节可不用做此缓冲,且可依照客流量高峰期对系统功率进行调整——在高峰期正常工作,在其他时段低功率工作,由此降低系统能耗。

二、风机及冷水机组的维护

空调系统中风机根据作用原理可分为离心式和轴流式,其中城市轨道交通的隧道通风系统、车站大系统及车站小系统的风系统中大部分采用的是轴流风机,其电动机与叶轮采用的是直连的方式。

城市轨道交通中使用的冷水机组是为环控系统提供冷冻水,以达到对空气进行降温、除湿的目的。冷水机组主要分为风冷式冷水机组和水冷式冷水机组两种;根据压缩机不同又分为螺杆式冷水机组、涡旋式冷水机组、离心式冷水机组等。

1.风机的维护

1)一般轴流风机的二级维护

(1)风机运行情况检查及风机对地绝缘

①检修流程:

a.用钳形表检测风机电流,校对额定电流。

b.用兆欧表对风机绕组进行对地绝缘检测,检测后进行放电。

c.风机运行后,在现场检查振动与噪声,或者用声级计测量运行时噪声,通过检查判断轴承叶轮、支架等故障。

②检修标准:

a.电动机绝缘电阻(包括相间与对地)大于100MΩ。绝缘过低(2MΩ以下),需要浸绝缘漆重新烘干。

b.运行电流稳定,稍低于额定电流,如电流过大,可能是轴承磨损或缺润滑油。

c.电动机接线紧固。

(2)风机进出风软接头的检查

①检修流程:软接管是否破损、漏风,软接固定螺钉有否松脱。

②检修标准:没有破损、漏风、螺钉松脱、老化等现象。

(3)设备及周围环境的检查和清洁

①检修流程:

a.用毛扫、纱布对风机电动机、叶轮及机壳等部件表面进行清洁。

b.清理风叶上的积尘,打开检修口或拆下部分软接,用吸尘器吸尘。

②检修标准:

a.风机电动机、叶轮及机壳等部件表面无污垢、油渍。

b.保证风叶角度线上的清洁度,角度线清晰。

(4)检查紧固地脚螺钉或吊杆螺钉

①检修流程:检查螺栓对照线,对出现偏差的地脚螺钉或吊杆螺钉进行紧固,并使用除锈剂除锈或涂润滑脂防锈。

②检修标准:螺钉应无松动、锈蚀。

(5)检查风机外壳及叶轮有无变形破损

①检修流程：

a.视检风机外壳有没有变形、破损，影响机组运行等情况。

b.视检叶轮有没有变形、扭曲、破损。可用一物固定在外壳边缘，作为参照，慢慢旋转叶轮，看看每个叶片与对照物的距离是否一致。

②检修标准：

a.风机外壳无破损、变形。

b.叶轮牢固，无破损、变形，各扇叶安装角度一致。叶轮转动灵活，与风机外壳的间隙均匀且符合产品要求，各扇叶安装角度一致。

(6)检查及更换减振器

①检修流程：检查减振器是否断裂、变形，锈蚀严重则更换新的，有轻微锈蚀就除锈，补加防锈漆。

②检修标准：减振器等应无变形、松动及锈蚀，缓冲正常。

(7)检查风机轴承的润滑与磨损情况

①检修流程：风机带含油轴承的可通过观察运行电流有无异常、运行时是否产生"咔咔"声来判断。停机后轻轻抬动转子轴杆，感觉轴承及轴承与端盖间的间隙，如间隙过大及有异响，需要更换轴承。

②检修标准：

a.轴承润滑良好，无明显的滚珠磨损及松动，轴承中至少 1/3 的间隙填有洁净的润滑油脂。

b.轴与轴承间配合紧密。

(8)局部除锈、补漆

①检修流程：整机有局部油漆脱落、锈蚀时，应除锈、补漆。

②检修标准：保持整机外观良好，没有锈蚀。

(9)联动带和带轮对中

①检修流程：

a.用墨线或鱼线检查 2 个带轮的 7 个测点是否在同一平面。

b.联动带是否打滑、有裂纹、运行时有较大的"吱吱"声，若有则更换新的带。用手压下带，如能压下 2～3cm 则为带松动，需松开电动机螺钉，调整螺杆直到带正常，重新紧固电动机螺钉。

②检修标准：不允许发出异响，如"吱吱"声和共振声。

2)一般轴流风机的三级维护

(1)年检

①检修流程：同二级维护全部内容，按二级维护内容进行作业。

②检修标准：参照二级维护检修标准。

(2)检查或更换吊杆及基础螺栓

①检修流程：用目测或工具检查是否牢固，锈蚀严重则更换新的，用工具重新紧固吊杆及基础螺栓。

②检修标准:牢固,无破损、变形,保证机体正常运行。

(3)风机轴承

①检修流程:风机轴承用轴承清洁剂进行清洁,重新加入高速润滑脂,轴承严重磨损则更换新轴承。

②检修标准:将旧的润滑剂清理干净,加入新高速润滑脂。轴承润滑良好,无明显的滚珠磨损及松动,轴承中至少1/3的间隙填有洁净的润滑油脂。

(4)机体及支吊架的防锈与油漆

①检修流程:机体及支吊架进行除锈油漆处理。

②检修标准:无锈蚀现象。

2.冷水机组的维护

1)螺杆式冷水机组的二级维护

(1)启动柜及控制箱内外的检查及清扫

①检修流程:

a.清洁启动柜及控制箱内的灰尘及杂物。

b.紧固接线端子排。

②检修标准:

a.启动柜内、控制箱内应清洁。

b.线头应紧固无松动。

(2)主机及周围环境清扫

①检修流程:

a.用抹布清理机组的灰尘和油迹。

b.用扫把清理机组周围的杂物。

②检修标准:

a.机组上应清洁,无油迹。

b.机组周围无杂物。

(3)启动柜或控制箱内接触器的检查或更换

①检修流程:拆开交流接触器灭弧盖,拆卸动触头,检查动静触头的触点是否有打花现象,并采用砂纸打磨光滑,情况严重时更换交流接触器。

②检修标准:主交流接触器触点光滑,无明显的打花现象,各辅助触点动作正常。

(4)电源线接点松脱检查

①检修流程:紧固接线点。

②检修标准:电源线头应紧固无松动。

(5)电气安全性能检查

①检修流程:

a.用万用表测量变压器的输入、输出数据。

b.用兆欧表测量设备对地绝缘电阻。

c.在机组控制界面进行强行控制输出,检测输出设备是否正常。

②检修标准：

a. 控制箱变压器在标准输入下，输出值应为交流电压 110 ~ 120V，直流电源模块输出有 5V、12V、24V。

b. 用 500V 绝缘电阻计测量电动机 10s 及 60s 的绝缘电阻都不得低于 50MΩ。

c. 手动输出冷冻水泵、冷却水泵、冷却塔、上载电磁阀、卸载电磁阀的控制，应能正常动作。

（6）制冷系统泄漏检查

①检修流程：采用电子检漏仪检查机组制冷管道上所有焊接口、凸缘连接口、针阀。

②检修标准：用电子检漏仪检查，无报警或变色，机体无油渍，机内冷媒压力对应于相应温度下的饱和压力，运行时冷冻水出水温度与蒸发温度差在以内或更小。

（7）温度、压力传感器的校验或更换

①检修流程：

a. 观察水管上水银温度计的读数，与机组上的读数相比较。

b. 接入压力表，与机组上的数据相比较。

②检修标准：

a. 温度传感器的准确度维持在 ±1.2℃ 以内

b. 压力传感器的准确度低压力维持在 ±5Psig（35kPa）之内，高压力允许的最大误差为 25Psig。

（8）水流开关的检验

①检修流程：拆开水流开关接线盒，按下活动片，检测常开点是否接通；松开活动片，检查断开是否灵活。

②检修标准：水流开关的准确度在标准水流的 ±10% 之内。

（9）调节电动机检查

①检修流程：分别断开调节电动机的开和关控制线。

②检修标准：调节电动机控制灵活，能正常开关。

（10）安全阀的检查或更换

①检修流程：检查安全释压阀是否有渗漏；检验合格证是否在有效期内。

②检修标准：安全阀应定期检验并有合格证，在 $290N/cm^2$ 保证动作。

（11）运行参数的检查

①检修流程：记录机组运行数据。

②检修标准：吸气压力为 480 ~ 600kPa，排气压力为 1100 ~ 1500kPa；冷冻水进出水温度为 7 ~ 12℃，冷冻水进出水压力差为 0.05 ~ 0.1MPa；冷却水进出水温度为 32 ~ 37℃，冷却水进出水压力差为 0.05 ~ 0.1MPa。

（12）检查主机运行情况是否正常

①检修流程：

a. 观察和感应机组运行时的振动情况。

b. 用声级计测量运行时噪声。

②检修标准：

a. 机组运行时的振动值小于 25μm。

b. 运行时的噪声不大于 86dB(A)。

(13)判断添加制冷剂

①检修流程:在机组满负荷运行时,观察吸排气压力、进出水温度、供液管路上视液镜和蒸发器的观察孔。

②检修标准:

a. 吸气压力为 480~550kPa,排气压力为 1100~1450kPa。

b. 进出水温度为 7~12℃。

c. 供液管路上的视液镜没有气泡出现。

d. 在蒸发器观察孔能刚好看到制冷剂液面。

2)离心式冷水机组的二级维护

(1)运行参数的检查与记录

①检修流程:进入离心机组显示界面,按操作检查、记录机组运行数据。

②检修标准:

a. 运行参数在规定的允许值以内。

b. 冷却水进出水压力差约 100kPa,温差 5℃,进水温度不低于 20℃。

c. 冷冻水进出水压力差约 100kPa,温差 5℃。

d. 油位至少在一个视镜中见到,正常在上视窗一半和下视窗顶部之间,运行时油温为 43~49℃,颜色清澈。

e. 油压差应为 103~207kPa。

f. 轴承温度运行时为 50~74℃。

g. 电动机工作温度约 20℃,但不超过 104.4℃。

h. 运行时冷冻水出水温度与蒸发温度差在 3℃以内。

(2)检查主机运行情况是否正常

①检修流程:

a. 观察和用振动仪测量机组运行时的振动情况。

b. 用声级计测量运行时的噪声。

c. 观察油位、油色。

②检修标准:

a. 机组运行时没有明显的振动(<30μm)。

b. 运行时的噪声在允许的范围内。

c. 油位至少在一个视镜中见到,正常在上视窗一半和下视窗顶部之间,停机时油温为 60~70℃,运行时油温为 43~49℃,颜色清澈。

(3)主机及周围环境清扫

①检修流程:

a. 清理机组的灰尘和油迹。

b. 清理机组周围的杂物。

②检修标准:

a. 机组上应清洁,无油迹。

b.机组周围无杂物。

（4）表面破损锈蚀情况检查

①检修流程：观察机组表面锈蚀情况及保温材料情况。

②检修标准：保温材料无破损、表面无锈蚀。

（5）启动柜及控制箱内的检查及清扫

①检修流程：

a.清洁启动柜及控制箱内的灰尘及杂物。

b.用旋具紧固线头无松动，紧固接线端子排。

c.观察各电气元件有无过热老化、炭化等现象，视需要进行更换。

②检修标准：

a.启动柜内控制箱内应清洁。

b.接线头应紧固无松动。

（6）启动柜或控制箱内接触器的检查或更换

①检修流程：拆开交流接触器灭弧盖，拆卸动触头，检查动静触头的触点是否有打花现象，并采用砂纸打磨光滑，情况严重时更换交流接触器。

②检修标准：主交流接触器触点光滑，无明显的打花现象，各辅助触点动作正常。

（7）电源线接点松脱检查

①检修流程：用 3/8" ~1/2" 内六角扳手、英制梅花扳手紧固接线的螺钉、螺母。

②检修标准：紧固接线点，用手摇、拉扯电线应无松动、松脱。

（8）温度、压力传感器的校验或更换

①检修流程：

a.观察水管上水银温度计的读数，与机组上的读数相比较。

b.接入压力表，与机组上的数据相比较。

②检修标准：

a.温度传感器的准确度维持在 ±1.2℃ 以内。

b.压力传感器的准确度，低压力维持在 ±5Psig(35kPa) 范围内，高压力允许的最大误差为 25Psig。

（9）水流开关的检查

①检修流程：

a.拆开水流开关接线盒，按下活动片，检测常开点是否接通；松开活动片，检查断开是否灵活。

b.用机组测试界面启动水泵检查水流开关接合情况。

c.离心机组显示屏：按 MENU 键、按 STATUS 键、按 NEXT 键使光标指向 STATUS02。

d.按 SELECT 键进入目录，在第 3 行和第 5 行处观察所对水流开关情况，"YES"为接通、"NO"为断开。

②检修标准：水流开关的准确度为标准水流的 ±10% 。

（10）电气安全性能检查

①检修流程：

a.用万用表测量变压器的输入、输出数据。

b.用兆欧表测量设备对地绝缘电阻、相间绝缘电阻。

c.用跨接线接通 CR1 接触器测试控制状态、转换过程,时间启动器动作正常,加速时间一般为 15s,不能太长,转换时间应小于 1s。

②检修标准:

a.控制箱变压器在标准输入下,输出值应在产品要求内,各安全保护功能正常。

b.用 500V 绝缘电阻计测量电动机 10s 及 60s 的绝缘电阻都不得低于 50MΩ。

c.控制测试正常,数据及功能符合产品要求。

(11)安全阀的检查或更换

①检修流程:检查安全阀是否有渗漏;检验合格证是否在有效期内。

②检修标准:安全阀应定期检验并有合格证。

(12)制冷系统泄漏检查

①检修流程:采用电子检漏仪检查机组制冷管道上所有焊接口、凸缘连接口、针阀。

②检修标准:用电子检漏仪检查,无报警或变色,机体无油渍,机内冷媒压力对应于相应温度下的饱和压力,运行时冷冻水出水温度与蒸发温度差在 3℃ 以内。

(13)判断添加制冷剂

①检修流程:在机组满负荷运行时,观察吸排气压力、冷媒温度、进出水温度、蒸发器底部的观察孔。

②检修标准:

a.吸排气压力在正常的范围内。

b.进出水温度在正常的范围内。

c.冷媒温度与出水温度之间的温差不得大于 3℃。

d.在蒸发器底部观察孔制冷剂有流动。

(14)扇门马达检查导叶阀的检验

①检修流程:导叶阀及电动机的检验。

a.先调整电动机链条的松紧度。

b.在控制屏单击"menu",然后选择"SCRICE",单击"1324",进入"CONTROLS TEST"按"NEXT"选"GUIDE VANE ACTUATOR"。

c.控制导叶的开启,并在导叶的角度螺母上用角度规量度,测量角度以及角度变化量是否正常,并按实际调整控制初始设定值。

②检修标准:扇门马达控制灵活,能正常开关。

单元 4.3　空调器的故障分析及处理

学习目标

1.掌握空调器故障分析的基本思路与方法;

2.熟悉空调器各部件常见故障的判断及处理;

3.了解变频空调故障判断与处理。

1. 空调器故障分析"摸、看、听、查、析"五步法；
2. 空调器常见故障判断和分析。

理论知识

　　环控系统最常发生的故障往往是空调故障。空调器由制冷系统和电气系统组成，它的运行状态又与工作环境和条件有着密切的关系，所以对空调器的故障分析需要综合考虑。空调器故障原因可分为两类：一类为机外原因或人为故障（特别是电源是否正常），另一类则为机内故障。机内故障又分为制冷系统故障和电气系统故障两类。

一、空调器故障分析基本思路

　　在分析处理故障时，首先应排除机外原因。排除机外因素后，对于机内故障一般应先排除电气系统故障，并可从以下两方面来查找：一方面，开关电源是否送电；另一方面，电动机绕组是否正常。按照上述总的分析思路，便可逐步缩小故障范围，故障原因也就自然水落石出了。

　　1. 空调器初步检查

　　空调制冷系统运行时，进行初查采用的是"摸、看、听、查、析"的办法，这些办法既简单又有效。

　　1）摸

　　压缩机正常运行 20～30min 后，摸一摸吸气管、排气管、压缩机、蒸发器出风口、冷凝器等部位的温度，凭手感便可判断制冷效果的好坏。压缩机温度一般为 90～100℃。

　　（1）摸蒸发器的表面温度

　　工作正常的空调器蒸发器各处的温度应该是相同的，其表面是发凉的，一般约 15℃，裸露在外的铜管弯头处有凝露水。

　　（2）摸冷凝器的表面温度

　　空调器开机运转后，冷凝器很快就会热起来，热得越快说明制冷越快，在正常使用情况下，冷凝器的温度可达约 80℃，冷凝管壁温度一般为 45～55℃。

　　（3）摸低压回气管表面温度

　　正常时，吸气管冷，排气管热，低压回气管用手摸应感到凉。如果环境温度较低，低压回气管表面还会有凝露水；如果回气管不结露，而高压排气管比较烫，压缩机外壳也很热，很可能是制冷剂不足；如果压缩机的回气管上全部结露，并结到压缩机外壳的一半或全部，说明制冷剂过多。

　　（4）摸高压排气管表面温度

　　用手摸时应感到比较热，夏天时还会烫手。

　　（5）摸干燥滤清器表面温度

　　在正常情况下，手摸干燥滤清器表面感觉略比环境温度高。如果有凉的感觉或凝露，说明干燥滤清器有微堵现象。

(6)摸出风口温度

手摸时应感觉出风有些凉意,手停留的时间长就感到有些冷。

2)看

(1)看空调器外形是否完好,各个部件的工作是否正常。

(2)看制冷系统各管路有无断裂,各焊接处是否有油迹出现,焊点有油迹则可能有渗漏。

(3)再次仔细看一下电气元件的插片有无松脱现象,各连接铜管位置是否正确,有无铜管碰壳体。

(4)然后看一下离心风叶和轴流风叶的跳动是否过大,电动机和压缩机有无明显振动。

(5)看高压、低压压力值是否正常,当环境温度在30℃时,低压压力为0.49~0.54MPa,高压压力为1.17~1.37MPa;当环境温度为35℃时,低压压力为0.58~0.62MPa,高压压力约为1.93MPa;当环境温度为43℃时,低压压力为0.68MPa,高压约为2.31MPa。

(6)看毛细管低压部分的结霜情况。正常制冷时,在压缩机运行之初,毛细管会结上薄薄的一层霜,随后就逐渐融化掉,但制冷剂不足或管路堵塞都会发生挂霜不化的现象。

(7)值得注意的是,室外热交换器在冬季按热泵循环方式工作时,它属低压、低温部件,也可能发生制冷剂泄漏和堵塞。如果毛细管出口至室外热交换器入口这一管段上有霜而其他部分干燥,表明毛细管已半堵塞。从表面看,制冷剂不足和半堵塞的现象是一致的。

(8)需要指出的是,空调器运转时,一般应先看空调器的外部工作条件,如室内、室外环境温度是否过高或过低、过滤网是否太脏或有无通风不良等现象,以便排除外部原因及安装使用不当等因素。

3)听

仔细倾听整机运转的声音是否正常。空调器在运转时,会发出一定的声音,但如果听到一些不正常的声音那就有问题了。

如在听压缩机运转时,若有"嗡嗡"声可立即判明是压缩机电动机不能正常启动的声音,此时应立即关掉电源,查找原因;若有"撕嘶"声是压缩机内高压减振管断裂后发出的高压气流声;若有"嗒嗒"声是压缩机内部金属的碰撞声;若有"当当"声是压缩机内吊簧脱落或断裂后的撞击声。

对开启式压缩机,一般会发出轻微而均匀的"嚓嚓"或阀片轻微的"嘀嘀"的敲击声;如出现"通通"声是压缩机液击声,即有大量的制冷剂吸入压缩机,或为飞轮键槽配合松动的撞击声;若有"啪啪"声是传动带损坏后的拍击声。离心风扇和轴流风扇的运转声听起来应是平衡而均匀,如有碰擦或轴心不正,就会有异常声音出现。停机时,当听到"嘧嘧"声或越来越轻的气流声时(系统压力平衡时发出),则可知系统基本没有堵塞。

此外,凭听觉还可判断出其他一些噪声。例如,分机轴流风扇碰击外壳铁片的声音,风机缺油的"吱吱"尖叫声,风机离心风扇与泡沫外壳发出的"嚓嚓"声,压缩机地脚螺栓松动、振动的声音,毛细管碰外壳的声音。

4)查

一般可用压力表、半导体点温计、钳形电流表、万用表等测量系统的压力、温度、电源电压、绝缘电阻、运转电流等是否符合要求,用卤素检漏灯或电子检漏仪检查制冷剂有无泄漏。

对于窗式空调器,用钳形电流表检查电流、电压、电阻十分方便。电流读数应在额定电流值左右(随温度高低电流略有变化)。对于分体式空调器,用歧管表检测高、低压力也是一种实用、快速、有效的判断方法。

当周围环境温度约为30℃(空调制冷状况下)时,若低压表的压力(表压)在0.4MPa以下,则表明制冷剂不足或有泄漏。高压表的压力(表压)正常值约为2MPa,过高或过低都说明有异常。冷凝器的出口处若发生堵塞可使高压压力升高,而低压压力降低。检查和观察的常规项目包括低压压力、高压压力、停机时平衡压力、吸气管温度、排气管温度、压缩机温度、冷凝器、蒸发器、滤清器、毛细管、工作电流。

5)析

经一看、二摸、三听、四查后,进一步分析故障所在处和故障的轻重程度。由于制冷系统、电气系统和空气循环系统是相互联系又互相影响的,因此,要进行综合分析,由表及里地判断故障的实际部位,要始终保持清醒头脑,免得一时疏忽,出现判断错误,造成不必要的损失。

2. 非空调器本身故障原因分析

1)电源问题

(1)电源电压太低。一般当电压比正常电压220V降低15%时,空调器的压缩机就难以启动。空调运转时,电压一般需保证在198V以上。

(2)空调器专用电路中的熔断丝因容量小而烧断,或因容量过大起不到保护作用,电源插座接触不良等都是不允许的。

(3)电源线截面积过小。

(4)空调器房间家用电器过多,而电源线的容量不足,这也是不允许的。

(5)部分地区网络电压偏低,进电内阻大,特别是使用空调器单位附近又使用大功率电动机等电气设备时,往往造成电压波动范围过大。

(6)供电部门临时停电或瞬间拉闸、报警。

2)安装环境及使用问题

(1)空调器前后有障碍物,影响空气流动,降低热交换效率,从而使空调器的制冷量下降。

(2)房间内温度过高或过低,超过空调器允许的使用温度范围。

(3)空调器房间密闭不严,门窗未关闭,室内人员进出频繁。

(4)室内使用发热器具,阳光直接照射空调器,环境温度高于43℃。

(5)冷凝器进风口与出风口的散热效率急剧下降,甚至超过压缩机的实际负荷。由于节流状态改变,而蒸发面积是一定的,吸气温度提高,在这种恶性循环状况下,会出现压缩机断续启停或抖动停止现象。

(6)空调器房间的面积过大或室内高度过高,而空调器的额定制冷量过小。

(7)空调器房间内空气污浊、灰尘大,致使空气过滤网布满灰尘、污物,室内空气循环受阻,影响热交换。

(8)窗式空调器安装位置过低、过高都不符合安装要求。

二、空调器故障系统的分析方法

1. 制冷系统

1) 检查压缩机的吸排气压力

空调器制冷系统正常运行时的吸排气压力应小于允许的范围,若大于允许压力值,则属于不正常。当环境温度高于设计允许运行最高值时,其系统压力也会升高,此时不能认为制冷系统有故障。但在超高温环境中,空调器处于超负荷运行,也易引起保护电路动作,使空调器自动停机。排气(冷凝)压力与其冷却介质温度有关。冷却介质温度高,冷凝压力及冷凝温度也相应升高。

2) 压缩机吸排气管的结露和温度情况

压缩机的吸气管结露,进气管处泵壳凉而泵壳壳身热,排气管温度稍高,其制冷剂为适中。压缩机的吸气管不结露,排气温度不太热,说明制冷剂偏少。但对于使用膨胀阀的,应检查是否因其阀门开得过小所致。压缩机的吸气管结露,以至泵壳一半以上均结露,则为制冷剂量过多。若是使用膨胀阀的,也可能是其阀门开得过大而引起的。对旋转式压缩机来说,正常时其泵壳内是高温高压气体,其泵壳和排气管总是热的(甚至烫手),不会结露。

3) 听节流元件处的液流声

无论是毛细管还是热力膨胀阀节流,由于节流时的流速突然剧增,其流动声音比较明显,这时可用助听器听其流动声来辨别其流量,进而判断系统的制冷剂量是否适量。正常流动的是气液混合体的流动声(液体占80%以上),若流动声比较低沉,则说明制冷剂量充足;若流动声较洪亮,则说明制冷剂量不足。

4) 换向阀换向时的气流声

检查热泵式冷暖空调器的换向阀时,主要是监听其动作时的气流声,以判断换向阀是否正常。换向阀在正常换向时有两种声音:当电磁线圈通电后,阀芯被吸引时不太响的"嗒"的一声撞击声,随后就是急促的气流声。这是由于电磁换向阀的一端与活塞间筒体内的高压气体向吸气管释放的气体流动声。否则,说明电磁阀或换向阀有故障。若电磁阀有"嗒"的声音而无气流声则说明电磁阀是好的,而换向阀有故障。

5) 工作电流

无论是哪一种空调器,在电压正常的情况下,其输入电流应与额定电流接近,这时空调器的制冷量也与名义制冷量接近,说明制冷剂适中,制冷系统正常。

2. 通风系统

通风系统的故障现象为风量下降、电动机不转和运转时噪声过大等。

1) 风量下降的特征为进出口温差减小

造成风量下降的原因:传动不良(如传动带打滑等)使风机丢转,使叶轮打滑而空转和滤尘网积尘堵风。

2) 电动机不转

电动机不转的主要原因有电源熔断丝熔断、电动机绕组断路或匝间短路、启动电容击穿等,而电动机轴承和某个部位松动及运动部件松动会造成运行噪声增大。

3.电气控制系统

空调器的电气控制电路有故障往往涉及制冷系统和通风系统。故应联系起来综合分析,使检修少走弯路。

1)压缩机和风机不能正常运转

(1)电源电压过低,电动机启动困难,使热保护器跳闸切断电源电路。

(2)电气控制电路内部断线和各种选择开关内部损坏及接触不良。

2)空调器运行时启停频繁

(1)温控器的感温包安装位置离蒸发器太近。

(2)过载保护器的双金属片接触不良造成供电电路时断时通。

(3)电源电压低而不稳定。

3)热型空调器不制热

(1)熔断丝烧断。

(2)加热保护器起跳或熔断丝烧断和控制电加热器的交流接触器的触点接触不良。

4)热泵型空调器不制冷

(1)电磁阀的电磁线圈烧断或损坏。

(2)电磁阀内阀芯卡住或损坏。

(3)换向阀不能换向,主要原因是制冷剂不干净,卡阻了活塞。

(4)因长时间使用,使冷热开关触点表面氧化或烧蚀而引起接触不良。

5)室内风机运转,但压缩机不运转且空调器上的故障灯闪烁

(1)电源缺相或电压过低。

(2)压缩机电流过载,应主要检查压缩机泵壳上的热保护器是否起跳,一旦压缩机超载后电流过大,会使热保护器跳闸。

(3)高压(压力)开关损坏,当高压开关失灵后,其触点不能正常闭合,使电路无法正常接通。

(4)低压(压力)开关起跳,在制冷系统正常情况下,低压开关触点为常闭状态。

(5)当制冷系统内发生故障或制冷剂泄漏时,均会使系统内的压力下降到低压开关起跳点以下,当低压开关跳闸后便会自动切断电源电路。

三、空调器常见故障的判断

无论是窗式空调器还是分体式空调器,其直观反映的常见故障是不制冷(热)或制冷(热)量不足;机器不能正常运转,运转后立即自动停机或运行中突然自动停机等现象。这些故障现象并不一定就是空调器本身有故障,有时是安装和使用不当造成的。

1.制冷量不足

(1)室内人员过多及热源过大。

(2)压缩机的过滤网(进出风口)长期未清洗,使灰尘堵塞网眼,造成通风冷却不良,减弱

了制冷效果。

（3）冷凝器结灰严重、通风不畅、散热效果差，造成空调器制冷量下降。

（4）制冷系统堵塞，毛细管或干燥滤清器堵塞后，流入蒸发器的液体制冷剂减少，使制冷量下降。

（5）电磁四通换向阀、换向阀电磁线圈，冷热换向开关有故障，致使制冷效果差或不能制冷。

2. 压缩机刚启动就自动停机

（1）室外温度过高，冷凝压力升高，压缩机过载，保护器自动切断电源而停机。

（2）电源电压偏低，启动电流增大，致使过载保护器动作而自动停机。

（3）因压缩机启动电容器容量下降或焊接点接触不良，造成电动机输出功率减小、电流增大，使保护器动作而自动停机。

3. 压缩机不转，风扇电动机转动

（1）电压偏低、电流大，压缩机过载保护器动作，使压缩机保护而自动停机。

（2）温控器失灵或损坏。

（3）过载保护器触点或热敏元件受损。

（4）压缩机卡缸或电动机绕组烧坏。

4. 压缩机运转，但不制冷

（1）制冷系统泄漏。

（2）制冷系统的毛细管或干燥滤清器堵塞，使蒸发器得不到制冷剂而不能制冷。

（3）压缩机的压缩阀门漏气。

（4）四通阀冷热开关转换失控或损坏。

5. 制热或制热不足

（1）空气过滤网堵塞，使空气循环效果不理想，有碍于制冷效果。

（2）管路系统堵塞，造成热泵型空调器制热效果差。

（3）制冷剂泄漏。

四、空调器各部件的故障判断与处理

1. 毛细管脏堵的判断

（1）在压缩机的加液工艺管上装接一只三通检修阀。

（2）启动压缩机，运转一段时间后，若低压一直维持在零或负压力的位置，说明毛细管可能处于半脏堵状态；若为真空，可能是完全脏堵，应做进一步检查。此时压缩机运转有沉闷声。

（3）压缩机停转后，如压力平衡很慢，需 10min 或 0.5h 以上，说明毛细管脏堵。脏堵位置一般在干燥滤清器与毛细管接头处。若将毛细管与干燥滤清器连接处剪断，制冷剂喷出，这就可以判断毛细管脏堵。

2.毛细管冰堵的判断及处理

1)毛细管冰堵的判断

冰堵是由于制冷系统真空处理不良,系统内含水率过大或制冷剂本身含水率超标等原因造成的。冰堵大多发生在毛细管的出口端。当液体制冷剂由毛细管到蒸发器蒸发时,体积大大膨胀,变成气态,大量吸收热量。这时,蒸发温度可达到约 -5℃,系统内的微量水分随制冷剂循环到毛细管出口端时就冻结成冰。由于制冷剂不断循环,结成的冰体积逐渐增大,到一定程度就将毛细管完全堵塞。

判断方法为接通电源,压缩机启动运行后,蒸发器结霜,冷凝器发热,随着冰堵形成,蒸发器霜全部融化,压缩机运行有沉闷声,吹进室内没有冷气。停机后,用热毛巾多次包住毛细管进蒸发器的入口处,由于冰堵处融化后而能听到管道通畅的制冷剂流动声,启动压缩机后,蒸发器又开始结霜,压缩机运行一段时间后,又会产生上述情况,这样可以判断毛细管冰堵。

2)毛细管冰堵的排除

确定毛细管冰堵后,先将制冷系统内的制冷剂放掉,重新进行真空干燥处理。对制冷系统的蒸发器、冷凝器进行一次清洗处理。在重新连接制冷系统时,最好更换使用新的干燥滤清器。如没有新的干燥滤清器,可将拆下的干燥滤清器,倒出里面装的分子筛,把滤清器内壁用汽油或四氯化碳冲洗,并经过干燥处理后使用。如属由于制冷剂本身含水率过大而形成冰堵,可在制冷剂钢瓶出口处加一干燥滤清器,使得制冷剂在充注时水分即被吸收。

3.干燥滤清器脏堵的判断及处理

1)干燥滤清器脏堵的判断

干燥滤清器"脏堵"是由于制冷系统焊接不良使管内壁产生氧化皮脱落,或者压缩机长期运转引起机械磨损而产生杂质,或者制冷系统在组装焊接之前未清洗干净等原因造成的。其脏堵故障现象为干燥过滤表面发冷、凝露或结霜,导致向蒸发器供给的制冷剂不足或致使制冷剂不能循环制冷。

判断方法:压缩机启动运行一段时间后,冷凝器不热,无冷气吹出,手摸干燥滤清器,发冷、凝露或结霜,压缩机发出沉闷过负荷声。为了进一步证实干燥滤清器脏堵,可将毛细管在靠近干燥滤清器处剪断,如无制冷剂喷出或喷出压力不大,说明脏堵。这时如果用管子割刀在冷凝器管与干燥滤清器相接处附近割出一条小缝,制冷剂就会喷射出来。此时,要特别注意安全,防止制冷剂喷射伤人。

2)干燥滤清器脏堵的排除

干燥滤清器脏堵后,慢慢割断冷凝器与干燥滤清器连接处(防止制冷剂喷射伤人),再剪断毛细管,拆下干燥滤清器。因干燥滤清器修理比较困难,一般采用更换新的干燥滤清器的方法。如一时没有新的干燥滤清器可供更换,可将拆下的干燥滤清器倒置,倒出装在里面的干燥剂,然后清洗干燥滤清器。滤清器内壁和滤网用汽油或四氯化碳清洗,并经干燥处理后使用。在更换干燥滤清器前,最好对蒸发器和冷凝器进行一次清洗。

4.电容器故障的判断及处理

用数字式万用表检查电容器,将数字式万用表拨到合适的电阻挡,红表笔和黑表笔分别接触被测电容器的两极,电容范围见表4-2。这时,显示值将从"000"开始逐渐增加,直到显示溢出符号"1"。如果始终显示"000",说明电容器内部短路;如果始终显示溢出,可能是电容器内部极间开路,也可能是选择的电阻挡不合适。

测量电容器时对电阻挡的选择   表4-2

电 阻 挡	被测电容范围(μF)	充电时间(s)
20MΩ	0.1 ~ 1.0	2 ~ 12
2MΩ	1 ~ 10	2 ~ 18
200kΩ	10 ~ 100	3 ~ 20
20kΩ	100 ~ 1000	3 ~ 13
2kΩ	>1000	>3

为了能从显示屏上看到电容器的充电过程,对不同容量的电容器应选择不同的电阻挡位。

选择电阻挡的原则:电容器较大时,应选用低阻挡;电容器容量较小时,应选用高阻挡。如果用低阻挡检查小容量电容器,由于充电时间很短,会一直显示溢出,看不到变化过程,从而很容易误判为电容器已开路。如果用高阻挡检查大容量电容器,由于充电过程很缓慢,测量时间较长,会一直显示"000",看不到变化过程,从而很容易误判为电容器已短路。对于 0.1 ~ 1000μF 以上的电容器可按表4-2 选择电阻挡(表中的充电时间指显示挡从 000 变化到溢出所需的时间)。

电容器击穿或开路后,不能修理,只能更换同型号的新电容器。为便于修理时选用,表4-3列出电容器的容量与压缩机电动机输出功率的选配,供参考。

电容器容量与压缩机电动机输出功率的选配   表4-3

压缩机输出功率(kW)	0.4	0.75	1.0	1.5	2.0	2.2	3.0	4.0
电容器容量(μF)	20	30	30	40	50	50	50	75

5.压缩机故障的判断

1)压缩机电动机绕组短路

全封闭式压缩机机壳上有 3 只接线柱,分别为运行端(R)、启动端(S)和公共端(C)。RS 间的电阻 > SC 间的电阻 > RC 间的电阻,RS 间的电阻等于 SC 间电阻与 RC 间的电阻之和。利用上述规律可以予以判别。需要说明的是,三相压缩机的接线端子电阻值是相等的。

万用表选用 R×1 挡,调零后,测量压缩机电动机绕组 C-R 或 C-S 两点的电阻值。若所测绕组的电阻值小于正常值,即可判断此绕组短路。对于三相电动机,用两表笔(红、黑)分别接触 3 个接线柱端子中的两个,如果 3 次测得的阻值一致,表明绕组良好;如果有 2 次测得的阻值为无穷大,表明有一组绕组断路;如果 3 次测试均为无穷大,表明至少有两组绕组断路;如果 3 次测量中有两次所测阻值明显小于另一次所测,表明有短路。

2)压缩机电动机碰壳通地

压缩机电动机碰壳通地是指绕组线内部接线绝缘层损坏与压缩机外壳相碰,形成短路。产生这种故障,可使熔断丝熔断,压缩机电动机不会运转。检查碰壳通地的方法,也可采用万用表的电阻挡。先调零,然后把一只表笔与公用点紧紧靠牢,另一只表笔搭紧压缩机工艺管上露出的金属部分,或将外壳板的漆皮去掉一小块,进行测量。若电阻值很小,可判断绕组或内部接线碰壳通地。

3)压缩机电动机绕组断路

将万用表调至 R×1 挡,然后调零,将表笔接到任何两个绕组的接线端,测其电阻值。若绕组值为无穷大(∞),即两个绕组的接线端间不导通就可判断此绕组断路。

4)压缩机运行效率低

压缩机运行效率下降的原因是运动件的磨损,使配合间隙过大,或吸、排气阀破裂,或缸垫石棉板击穿等造成的。一般表现为排气压力下降,吸气压力升高,压缩机缸盖和吸排气腔温度过高。如果在吸排气管口分别接低压表和高压表,当排气压力在 0.6MPa 以上时,吸气压力仍停留在 0Pa 或只能达到真空度 52.5Pa 以上时,即可判断压缩机运行效率低。

五、变频空调故障判断及处理

1. 由于安装不当引起的故障

(1)空调室外机组一定要选择通风良好的位置来安装,否则,会造成空调一直低频工作,压缩机和变频模块容易频繁保护,严重时会导致停机。

(2)连接线一定要加装固线夹,避免拉脱、拉断连线,接头一定要牢固可靠,否则,容易引起打火,造成火灾等事故。信号线接触不良会导致空调机不能启动或压缩机频繁开停。

(3)所有变频空调机必须可靠接地,用户安装处没有地线的,要提前想办法解决,当空调没有接地线时常见故障现象是频繁开停机,工作不稳定。

(4)所有变频空调机安装时,内外机连线必须采用变频机专用配线,否则会引起控制不良。

2. 维修注意事项

(1)室内部分

①环境感温包开路。整机制冷时不启动或启动一下就停机,制热时工作正常,且一直是高频运转。

②管温包开路时,分体机和柜机容易出现工作6~10min 就停外机,液晶显示器显示 E2 并停止室外机。

③管温包短路时,制冷时无防冻结保护,外机不启动;制热时无防高温保护,整机不工作。

④所有温控元件阻值有偏差时,频率会出现一直高频不降频或一直低频不上升。有些温控元件在不通电的情况下阻值正常,最好是通电检查。

(2)室外部分

①压缩机过热保护器出现保护时,室外机停止工作,外机主板指示灯闪烁且长时间不能开机。

②室外化霜管温头开路时,制冷正常;制热时 45min 就会化霜一次,10min 解除化霜,如此反复循环。

③室外化霜管温头短路时,制冷或制热室外机均不会工作。

④室外机环境感温包开路时,对空调机运转不受影响。

⑤室外机环境感温包短路时,制冷时不受影响,制热时空调一直低频运转,频率不上升。

⑥压缩机排气口管温头开路时,空调机运转一直处于高频(不会降频)。

⑦压缩机排气口管温头短路时,制冷或制热时均不能开机。

⑧变频器(模块)的故障判断及更换。

a. 开机后测量 P^+ 与 N^- 之间是否有约 300V 的直流电压。

b. 检查 5V 与 12V 输出是否正常,可以在室外主板上找点测量。

c. 如前两步正常之后,检测 UVW 三相是否有平衡的交流电输出。

d. 如前 3 步正常之后,检查压缩机线圈阻值是否正常(压缩机 3 个端子阻值应相等,阻值应为 $1 \sim 3\Omega$)。

e. 模块更换及安装时,必须涂散热膏,螺钉要均衡拧紧,紧贴散热器,否则温度过高,将出现模块频繁保护,压缩机频繁开停。

f. 室外主控板与模块之间的 10 根通信线一定要小心插紧,控制器上的 5V 与 12V 均由模块输出。10 根通信线中有 3 根分别为地、5V、12V,另外 7 根是数据线,须用示波器方能检测。

⑨室外机两个整流桥,一个为 220V 输入,输出 300V 直流至模块 P^+ 与 N^- 两端;另一个是半波整流滤波作用。

⑩电抗器为一导通线圈,一般只需检查两端导通就行。

(3)变频空调常见故障处理

①室外机不工作:

a. 开机后检查室外机有无 220V 电压;如没有,检查室内、室外机连接是否接对,室内机主板接线是否正确,否则更换内机主板。

b. 如上电后蜂鸣器不响,检查变压器。

c. 如外机有 220V 电压,检查外机主板上红色指示灯是否亮,否则检查外机连接线是否松动,电源模块 P^+、N^- 间是否有约 300V 的直流电压,如没有,则检查电抗器、整流桥及接线;如果有,但外机主板指示灯不亮,先检查电源模块到主板信号连接线(共 10 根)是否松脱或接触不良,如仍不能正常运转,则更换电源模块。更换模块时,在散热器与模块之间一定要均匀涂上散热膏。

d. 如室外机有电源,红色指示灯亮,外机不启动,可检查室内机、室外机通信(开机后按"TEST"键一次,观察室内机指示灯),任何一种灯闪烁为正常,否则通信有问题;检查室内、室外机连接线是否为专用的扁平线,否则更换之。如通信正常,请检查室内、室外机感温包是否开路或短路或阻值不正常,过载保护器端子是否接好。如果以上方法均不能解决,则更换室外控制器。

e. 如空调开机约 11min 停机,且不能启动,请检查室内管温感温包是否开路;如开机后再启动,外风机不启动,检查室内外感温头是否短路。

②空调开机后一直低频运转。

检查室内管温、室外环境、压缩机及化霜感温包是否有开路或短路、阻值不正常现象。

③制热时,室内机不工作。

检查电源连接线(内、外机)是否正确,电源线是否接地,如以上均正常,则更换室内机主控板。

六、组合空调柜的故障及处理

1.风量不足

(1)可能的原因是过滤网阻力大,应清洗滤网。
(2)可能的原因是前后阀门开度过小,应开启阀门至合适位置。

2.风机段积水

(1)通过挡水段的风速过高,导致冷凝水飞进风机段。
措施:应该降低风速,清洗换热器;更换合适的挡水段,加高积水盘挡水高度;修补穿孔处或用软管代替。
(2)积水盘排水管穿孔,应修补穿孔处或用软管代替。

3.电动机不动作

(1)电动机没有送电、绕组缺相,应检查配电箱、电动机接线及控制回路。
(2)联动风阀没有处于"开"位置,应点动开启风阀。
(3)电动机绕组故障,应对绕组故障点进行修复。

4.风机或电动机轴承过热

可能的原因是轴承或主轴出现磨损,应更换轴承或修补主轴。

5.风机段异响

(1)传动带过松或磨损严重,应调节电动机带轮位置或更换传动带。
(2)传动带规格与带轮不匹配,重新选择传动带规格。
(3)风机或电动机轴承磨损,更换或修复轴承及主轴。
(4)减振器移位或失效,恢复减振器位置,更换减振器。
(5)风机叶轮内有杂物,对杂物进行清除。
(6)风机叶轮叶片脱落,应更换叶轮或修复脱落叶片。

6.整机异响振动

(1)过滤网阻力过大,应洗滤清器。
(2)进风手动风阀开度过小或没有打开,应开启阀门至合适位置。

7.运行电流波动幅度大

(1)传动带过松或磨损严重,应调节电动机位置,调节螺栓或更换传动带。
(2)传动带规格与带轮不匹配,重新选择传动带规格

8.运行电流远低于标准值

(1)出风风阀开度过小或没有打开,应开启阀门至合适位置。
(2)传动带断裂,应更换传动带。

(3)电动机轴断裂,应更换电动机轴。

9. 风机异常

(1)若风机不启动,可能是未送电或电动机故障导致,检查风机是否供电、风机联运风阀是否打开、BAS指令是否正确。

(2)风机异响,可能是由于轴承或叶片卡滞、检查风机避振吊架及轴承是否磨损、叶片是否变形不平衡、外壳变形严重或异物卡滞等,并做相应更换调整。

10. 空调无送风或排风情况

(1)按模式要求风机未动作,应检查设备控制是否设为手动或中继失效。

(2)送风阀、排风阀开关不到位,应检查阀门行程机构。

(3)风机转向错误,应检查风机电动机接线是否正确。

(4)风路堵塞,检查风路上的阀门是否已经开启。

11. 风阀执行器不动作

(1)无送电,检查电源及执行器电源接线。

(2)机构电路板或电动机损坏,应更换电路板或电动机。

(3)手操器设置错误,应重新调整设置。

12. 风阀执行器动作异常

(1)转动轴打滑、齿轮扫齿,应更换打滑的转轴、齿轮。

(2)行程开关不到位,应调整或更换行程机构。

13. 通风空调模式错误——BAS模式设置错误

(1)点对点设备状态未对应好,应校对各设备点对点状态。

(2)模式执行时动作错,应核对系统设置的执行模式。

14. 通风空调模式错误——风阀不动作

原因可能是风阀控制方式设置手动位错误或可编程逻辑控制器(PLC)损坏,应恢复远程控制方式,更换损坏中继。

单元4.4　其他环控设备的常见故障及处理

学习目标

1. 掌握风机盘管常见故障及处理方法;
2. 掌握风管和水管系统常见故障及处理方法;
3. 掌握冷却塔常见故障及处理方法;
4. 掌握空调水泵常见故障及处理方法;
5. 掌握风阀常见故障及处理方法。

学习重点

1.风机盘管机组常见故障现象、原因分析及处理方法;
2.风管常见故障现象、原因分析及处理方法;
3.空调水泵常见故障现象、原因分析及处理方法。

理论知识

除空调外,环控系统的其他设备也经常发生故障,检修工作人员还须掌握其他环控设备的常见故障的分析及处理方法,本单元主要介绍风机盘管、风管系统、水管系统、冷却塔、空调水泵以及风阀的常见故障及处理方法。

一、风机盘管常见故障及处理

1.风机不转

(1)停电导致,查明原因等待供电。
(2)未接通,检查并接通电源。
(3)电压过低,查明原因或进行调压。
(4)配线错误或接线端子松脱,应检查线路并修复,紧固接线端子。
(5)电动机故障,应检查电动机,进行修理或更换。
(6)电容器击穿,应更换电容器。
(7)开关接触不良,进行修复或更换开关。

2.风机旋转但风量较小或不出风

(1)电源电压不正常,检查原因并处理。
(2)风机旋转方向不对,应改变接线,调整旋转方向。
(3)出风口有堵塞物,应清除堵塞物。
(4)空气滤清器堵塞,应清洗空气滤清器。
(5)散热器积灰过多通道堵塞,清除散热器表面积灰。

3.盘管机组吹出的风不冷

(1)散热盘管内有空气积存,应排除盘管内空气。
(2)供水停止循环,应检查供水系统排除供水循环故障。
(3)供水、回水阀未打开,应打开供水、回水阀。
(4)供、回水阀堵塞,水无法进入盘管内,应清除堵塞物或更换阀门。
(5)散热盘管表面积灰过多,传热系数降低,应清除散热盘管表面积灰,提高盘管传热系数。
(6)室外(高温)空气量过多导致,应调整新风量。

4.冷风(热风)效果不良

(1)调节阀开度不够,应调整调节阀开度。

(2)盘管堵塞,通风不良,应清扫盘管。

(3)散热排管内部有空气,应对其进行排除。

(4)电源电压较低,应检查其原因,设法排除。

(5)空气滤清器堵塞,应清洗空气滤清器。

(6)冷(热)水供应不足,应调节供水系统。

(7)供水温度异常,应调节供水温度使其在要求范围内。

(8)风机反转,调整风机转向。

(9)机组送回风口有堵塞现象,清除机组送回风口处障碍物。

(10)前板安装不符合规定,对前板进行调整。

(11)气流组织不合理,形成气流短路,应消除气流短路现象。

(12)室内送风分布不均匀,应调整送风口百叶片角度。

(13)设备选用不匹配(容量偏小),应更换大容量风机盘管机组。

(14)机组出风口与风管连接处漏风,应检查并消除接口处漏风。

(15)温控调节旋钮指示值设定不当,应正确设定温控值。

(16)房间密闭性较差,应避免门窗的频繁开启。

5.关机后风扇不停

(1)开关失灵,进行修复或更换开关。

(2)控制线路短路,应检查线路,排除短路故障。

6.盘管有异常振动和噪声

(1)机组安装不良,应重新调整和安装机组。

(2)外壳安装不合适,应对外壳固定螺钉进行检查、紧固。

(3)风机固定螺钉松动,应紧固风机固定螺钉。

(4)风路中有异物,清除风路中的异物。

(5)风机、电动机发生故障,对风机、电动机进行检修或更换。

(6)风机叶片破损,应更换风机叶片。

(7)送风口百叶片松动,应紧固风口百叶片。

(8)盘管内有空气,应排除空气。

(9)盘管内水流速太大,应降低水流速。

(10)水系统中有空气进入形成水锤,应排除水系统中的空气。

(11)使用定量阀时压差太大,应更换合适的阀。

7.漏水

(1)机组安装不良,应水平安装。

(2)接水盘倾斜,应进行调整。

(3)排水口堵塞,应清除排水口堵塞物。

(4)水管漏水,应更换水管。

(5)冷水管保温不好,凝结水从管上滴下,应对冷水管重新保温。

(6)管接头密封垫破损漏水,应更换接头处密封垫或管件。

(7)盘管机组排气阀未关闭,应关闭排气阀。

8.机壳外面结露

(1)内部保温层破损,应修补保温层。

(2)机壳保温层损坏,应修补保温层。

(3)冷风有泄漏,应对泄漏处进行修补。

(4)室内露点温度过高,应对室内进行除湿处理。

9.有异物吹出

(1)由于腐蚀而造成风机叶片表面锈蚀,应更换风机叶片。

(2)滤清器破损、劣化,应更换空气滤清器。

(3)保温材料破损、劣化,应更换保温材料。

(4)机组内灰尘太多,应对内部灰尘进行清扫。

10.漏电

漏电原因可能是因为电线有破损,应对线路进行修复。

二、风管系统常见故障及处理

1.漏风

(1)凸缘连接处不严密,应拧紧螺栓或更换橡胶垫。

(2)其他连接处不严密,应用玻璃胶或万能胶封堵。

2.保温层脱离管壁

(1)黏结剂失效,应重新粘贴牢固.

(2)保温钉从管壁上脱落,应拆下保温棉,重新粘牢保温钉后再包保温棉。

3.保温层受潮

(1)被保温风管漏风,应先解决漏风问题,再更换保温层。

(2)保温层或防潮层破损,应将受潮或含水部分全部更换。

4.风阀转不动或不够灵活

(1)异物卡住,应除去异物。

(2)传动连杆接头生锈,应加煤油松动,并加润滑油。

5.风阀关不严

(1)安装或使用后变形,应对其进行校正。

(2)门阀制造质量太差,应对其进行修理或更换。

6.风阀活动叶片不能定位或定位后易松动、位移

(1)调控手柄不能定位,应改善定位条件。

(2)活动叶片太松,应适当紧固。

7. 送风口结露甚至滴水

送风温度低于室内空气露点温度所致,应适当提高送风温度,使其高于室内空气露点温度 2～3℃。

8. 送风口吹风感太强

(1)送风速度过大,应开大风口调节阀或增大风口面积。
(2)送风口活动导叶位置不合适,应调整到合适位置。
(3)送风口形式不合适,应更换另一类型的风口。

9. 有些风口出风量过小

(1)支风管或风口阀门开度不够,应开大到合适开度。
(2)管道阻力过大,应加大管截面或提高风机全压。
(3)风机方面的原因,应检查风机,查明原因后处理。

三、水管系统常见故障及处理

1. 水管漏水

(1)螺纹连接处拧得不够紧,应紧固螺栓。
(2)螺纹连接所用填料不够,应在渗漏处涂抹憎水性密封胶或重新加填料。
(3)凸缘连接处不严密,应紧固螺栓或更换橡胶垫。
(4)管道锈蚀穿孔,应补焊或更换新管道。

2. 保温层受潮或滴水

(1)被保温管道漏水,先解决漏水问题,再更换保温层。
(2)保温层或防潮层破损,应对受潮和含水部分全部更换。

3. 管道内有空气

(1)自动排气阀不起作用,应修理或更换排气阀。
(2)自动排气阀设置过少,应在支环路较长的转弯处增设自动排气阀。
(3)自动排气阀位置设置不当,应在水管路的最高处设置自动排气阀。

4. 阀门漏水或产生冷凝水

(1)阀杆或螺纹、螺母有磨损,应及时更换损坏部件。
(2)无保温或保温不完整、有破损,应进行保温或补完整。

四、冷却塔的故障及处理

1. 冷却塔有异常噪声及振动

(1)风机平衡性差,应校正平衡。

（2）叶片末端与塔体接触,应调整叶片末端与塔体间隙。

（3）锁紧螺钉松动,应拧紧松动的螺钉。

（4）电动机轴承运行不好,应加油脂或更换轴承。

（5）管道振动,应安装管道支撑架。

2. 电流过大

（1）风机叶片角度不一致,应调整一致。

（2）电动机故障,应对其进行修理或更换。

（3）轴承故障,应更换轴承。

（4）出风量过大引起过载,应调整叶片角度。

（5）供应电压过低,应检查供应电源电压。

（6）电源缺相,应检查电源相位。

3. 循环水温升高

（1）循环水量过大或过大,应调整至规定水量。

（2）风机风量不足,检查并调整传动带,调整风机叶片角度。

（3）被排出热空气的再循环,应改善通风环境。

（4）吸入空气少,应改善通风环境。

（5）填料堵塞,应对堵塞物进行清理。

（6）播水系统不正常,应清除淤塞杂物。

4. 循环水减少

（1）底盆水位降低,应检查调整自动补水、快速补水系统。

（2）过滤网堵塞,应对其进行清扫。

（3）水泵水量不足,应修理或更换。

5. 漂水现象

（1）循环水量过大,应对水量进行调挡。

（2）风量过大,应调整风机叶片角度、减少风量。

（3）播水盆水量不均匀,应清理播水盆及喷头。

（4）填料安装方向错误,应重新调整方向安装。

（5）填料堵塞,应清理填料。

（6）挡水板安装错误,应重新按要求安装。

五、空调水泵常见故障及处理

1. 泵不出水,压力表及真空表指针剧烈跳动

（1）注入泵的水不足,应继续注水。

（2）进水管漏气,应堵塞漏气处。

2. 泵不吸水,但真空表显示高度真空

(1)底阀没打开或堵塞,应校平或更换底阀。
(2)吸水管阻力过大,应清洗或更换吸水管。
(3)吸水高度过高,应降低吸水高度。

3. 泵不出水,压力表显示有压力

(1)泵轴旋转方向不对,应改正转向。
(2)出水管阻力过大,应检查出水管长度。
(3)叶轮淤塞,应清洗叶轮。
(4)转数不够,应增加转数。

4. 泵流量减少或扬程下降

(1)叶轮或管路阻塞,应清洗叶轮或管路。
(2)密封环或叶轮磨损严重,应更换损坏的零件。
(3)转数低于规定值,应调整到规定的转数。

5. 泵消耗的功率过大

(1)叶轮与密封环磨损,应消除机械摩擦。
(2)流量过大,应关小出水闸阀。

6. 泵内声音反常,吸不上水

(1)吸水高度过高,应减少吸水高度。
(2)吸水管漏气,应堵塞漏气处。
(3)流量过大,应调节出水闸阀。
(4)发生气蚀,应消除气蚀并在规定工况下使用。

7. 泵强烈振动

(1)泵发生气蚀,应消除气蚀。
(2)叶轮不平衡,应将叶轮校平衡。
(3)泵与电动机不同心,应校正泵与电动机的同轴度。
(4)地脚螺栓松动,应紧固地脚螺栓。

8. 轴承过热

(1)润滑油不足,或过多,或变质,应检查油量,清洗轴承并换油。
(2)泵与电动机轴不同心,应校正泵轴与电动机的同轴度。

9. 水泵振动

(1)润滑油不足,或过多,或变质,应检查油量,清洗轴承并换油。
(2)泵与电动机轴不同心,应调整泵与电动机的同轴度。

10. 电动机不启动

(1)原动机的故障,应检查原动机部分。

(2)不满足启动条件,应按条件顺序逐条检查。

(3)异物进入到转动部位,滑动部位被咬住,应清除叶轮、壳体衬套、口环等处的异物。

(4)缺相运行,应检查绕组接线。

11.电动机过热

(1)电源三相电压不对称,电源三相电压相间不平衡度超过5%,会引起绕组过热。

(2)启动过于频繁、定额为短时或断续工作制的电动机连续工作,应限制启动次数,正确选用热保护,按电动机上标定的定额使用。

(3)水路阀门全开,水量超标,水泵实际运行的电流长期超过额定电流10%,应调整阀门至水量合适。

(4)联结错误,将三角形联结误接成丫形联结,应重新接线。

(5)定子绕组有相间短路、匝间短路或局部接地,应修复绕组故障点或重绕。

(6)通风系统发生故障,应检查风扇是否损坏、旋转方向是否正确、通风孔道是否堵塞。

(7)轴承磨损、转子偏心扫膛使定转子铁芯相擦发出金属撞击声,铁芯温度迅速上升,应更换轴承。

(8)电动机绕组受潮或灰尘、油污等附着在绕组上,导致绝缘性能降低,应测量电动机的绝缘电阻并进行清扫、干燥处理。

12.异常振动和噪声

(1)轴承有损伤,应更换轴承。

(2)异物堵塞、叶轮损伤、转子不平衡,应清除异物、修复更换叶轮、转子静平衡。

(3)轴弯曲,应对轴进行矫直。

(4)原动机不良,应修理原动机。

(5)基础薄弱,应增加基础刚性。

(6)旋转部分已坏,应拆卸修理。

(7)泵的固有频率与泵传动带的频率相同或接近,应改变泵的固有频率。

(8)出水管路的影响,应检查接头、阀门等,消除不良影响。

六、风阀常见故障及处理

1.阀门关不严

(1)阀芯与阀座之间有杂物,应清除杂物。

(2)阀芯与阀座密封面有磨损或有伤痕,应研磨密封面或更换损坏部分。

2.阀体与阀盖间有渗漏

(1)阀盖旋压不紧,应将阀盖旋压紧。

(2)阀体与阀盖间的垫片过薄或损坏,应加厚或更换垫片。

(3)凸缘连接的螺栓松紧不一,应均匀紧固。

3.填料盒有泄漏

(1)填料压盖未压紧或压得不正,应将其压紧、压正。

（2）填料填装不足,应补装足。

（3）填料变质失效,应对其更换。

4. 阀杆转动不灵活

（1）填料压得过紧,应对其适当放松。

（2）阀杆或阀盖上的螺纹磨损,应更换阀门。

（3）阀杆弯曲变形卡住,应矫直或更换。

（4）阀杆或阀盖螺纹中结水垢,应予以除垢。

5. 止回阀阀芯不能开启

（1）阀座与阀芯黏住,应清除水垢或铁锈垢。

（2）阀芯转轴锈住,应清除铁锈,使之活动。

思考题

1. 阐述城市轨道交通车站环控系统维护管理措施以及风机和冷水机组的维护。

2. 简述空调机故障分析的基本思路和方法、常见故障判断及处理。

3. 简述组合空调柜常见故障及处理方法。

4. 简述风机盘管机组、风管系统以及冷却塔的故障及处理方法。

模块5 维修安全防护工具及设备

模块背景

城市轨道交通安全防护是城市轨道交通企业管理的重要内容之一,是整个城市轨道交通企业综合管理的反映。安全防护可以消除企业存在的各种隐患和风险,最大限度地预防和避免意外事故的发生。通过规范人的行为和对物的不安全状态的控制和管理,减少各种不安全因素,尽可能避免发生事故,从而保障职工的生命安全和健康,保证企业生产经营的正常运行。城市轨道交通企业的安全防护和其他各项管理工作密切相关、互相渗透,随着社会的发展,安全防护理论从传统到现代,正日臻完善和成熟。安全是生产企业永恒的话题,安全生产是企业的生命线,安全生产的重要前提是做好相应安全防护工作,对于城市轨道交通行业来说尤其如此。

模块学习清单

维修安全防护工具及设备的模块学习清单见表5-1。

维修安全防护工具及设备模块学习清单   表5-1

名 称		维修安全防护工具及设备
学习目标	知识目标	1.掌握与安全相关的基本概念以及基本概念之间的关系; 2.掌握安全防护以及安全防范系统的相关概念; 3.掌握安全防护工具与设备的概念及其使用方法; 4.掌握防护仪器的概念及其使用方法
	技能目标	1.掌握安全防护工具与设备的操作方法; 2.掌握防护仪器的佩戴及操作方法
	素质目标	1.具有良好的社会公德、职业道德和专业基本素质; 2.具有强烈的法律意识、安全环境保护意识、安全与自我保护意识; 3.具有沟通协调能力、语言表达能力、班组管理能力; 4.培养团结协作、热情有礼、认真细心、沉着冷静、遇乱不惊的职业素养

续上表

名　　称	维修安全防护工具及设备
学习内容	单元5.1　安全相关的基础知识 本单元主要阐述与安全相关的基本概念、基本概念之间的关系以及安全防护的定义。 单元5.2　安全防护工具与设备 本单元主要阐述安全防护工具与设备的概念及其使用;阐述防护仪器的概念及其使用
学习要求	1.将授课班级学生分组,每小组5~8人为一个学习团队; 2.每个学习团队组织学习,进行模块分析、组员分配、制订团队工作分配表; 3.资料学习、相关知识准备,完成模块的资讯环节; 4.利用现场教学、资源完成模块的实施演练环节; 5.学习团队讨论,编制模块—单元—知识点学习计划书; 6.学习团队现场实践,制订现场实践的实施方案; 7.学习团队制作模块的汇报演讲稿,团队派代表上台演讲; 8.制定该模块的评价表、考核要素,进行小组互评
学习要点	1.教学资源的收集与整理; 2.确认模块下每个单元学习的重点与难点; 3.单元学习计划制订,小组分工,汇报PPT制作,小组交流演讲; 4.学习团队进行讨论,教师参与讨论,通过团队合作解决问题
学习拓展	1.会收集具有国内外领先水平的具有代表性的维修安全防护工具及仪器的相关资料; 2.按"准员工"的要求来学习,结合本城市的情况,组织团队成员去现场学习; 3.会制作内容丰富的多媒体课件(PPT)
清单下发人	日期:　　年　　月　　日
清单执行人	日期:　　年　　月　　日

单元 5.1　安全相关的基础知识

学习目标

1. 掌握与安全相关的基本概念以及基本概念之间的关系;
2. 掌握安全防护以及安全防范系统的相关概念。

学习重点

安全、危险、事故、危险源等概念以及相互之间的关联。

理论知识

一、与安全相关的基本概念

1. 安全

多数专家认为,安全通常指各种事物对人或对人的身心不产生危害、不导致危险、不造成损失、不发生事故、正常、顺利的状态,即安全与否是从人的身心需求的角度或着眼点提出来的,是针对人和人的身体而言的,当然健康也属于安全范畴。对于与人的身心存在状态无关的事物来说,根本不存在安全与否的问题,所以,安全首先是指外界不利因素(或称环境因素)作用下,使人体免受威胁,使人的心理不感到恐慌、害怕,使人能够健康、舒适、高效地进行各种活动的存在状态。另外,安全还包括人能够健康、舒适、高效地进行各种活动的客观保障条件。

关于安全的概念可概括如下:

安全是人的身心免受外界(不利)因素影响的存在状态(包括健康状况)及其保障条件。换言之,人的身心存在的安全状态及其事物保障的安全条件构成安全整体。安全可归纳为两种,绝对安全和相对安全。

绝对安全是指没有危险、不受威胁、不出事故,即消除能导致人员伤害,发生疾病、死亡或造成设备财产破坏、损失以及危害环境的条件。这种在现实生产系统中是不存在的,它是一种极端的理想状态。

与绝对安全观相对应的就是人们现在普遍接受的相对安全观。相对安全是指在具有一定危险条件下的状态,安全并非绝对无事故。换言之,安全意味着人或物遭受的可能性是可以接受的,若这种可能性超过了可接受的水平,即为不安全。

2. 危险

关于什么是危险,从文献上看,目前还没要十分统一的定义。作为安全的对立面,可以将危险定义如下:危险是指在生产活动过程中,人或物遭受损失的可能性超出了可接受范围的一种状态。危险与安全一样,也是与生产过程共存的过程,是一种连续性的过程状态。从危险的概念可以看出,危险是人们对事物的具体认识,必须指明具体对象,如危险环境、危险条件、危险状态、危险物质、危险场所、危险人员、危险因素等。

3. 安全性

安全性是衡量系统安全程度的客观量。它表明系统在规定的条件下,在规定的时间内不发生事故、不造成人员伤害或财物损失的情况下,完成规定功能的性能。

对于城市轨道交通系统,安全性是指在系统运营过程中,保障"乘客与员工不受伤害以及设备(设施)不遭破坏"的能力。它主要包括两个方面,即不发生意外安全和免遭破坏安全。其对应的事故也包括两种,即意外发生的事故与故意造成的事件。

4. 事故

事故是指人们在进行有目的的活动过程中,突然发生的违反人们意愿,并可能使有目的的活动发生暂时性或永久性中止,造成人员伤亡或(和)财产损失的意外事件。简单地说,凡是引起人身伤害、导致生产中断或国家财产损失的所有事件统称为事故。

城市轨道交通运营事故按照事故的性质、损失及对运营造成的影响,可分为特别重大事故、重大事故、较大事故、一般事故四类。

(1)运营事故造成下列后果之一的为特别重大事故:①人员死亡30人以上;②人员重伤100人以上;③直接经济损失1亿元以上;④特别重大火灾。

(2)运营事故造成下列后果之一的为重大事故:①人员死亡10人以上30人以下;②人员重伤50人以上100人以下;③中断正线形成6h以上;④直接经济损失5000万元以上;⑤较大火灾。

(3)运营事故造成下列后果之一的为较大事故:①人员死亡1人以上10人以下;②中断正线行车3h以上;③直接经济损失1000万元以上;④一般火灾。

(4)一般事故按事故程度或对运营造成影响程度分为1~6级安全事件。

5. 事故隐患

事故隐患是指作业场所、设备及设施的不安全状态,人的不安全行为和管理上的缺陷是引发安全事故的直接原因。重大事故隐患是指可能导致重大人身伤亡或重大经济损失的事故隐患。加强对重大事故隐患的控制管理,对于预防特大安全事故有重要的意义。

事故隐患是客观存在的,它存在于企业的生产全过程,对职工的人身安全、国家的财产安全和企业的生存及发展都直接构成威胁。正确认识事故隐患的特征,对熟悉和掌握事故隐患产生的原因,及时研究并落实防范对策是十分重要的。

安全工作中出现的事故隐患,通常是指在生产、经营过程中有可能造成人身伤亡或经济损失的不安全因素,它包含人的不安全因素、物的不安全状态和管理上的缺陷。

6. 危险源

危险源是指一个系统中具有潜在能量和物质释放危险的、可造成人员伤害、在一定的触发因素作用下可转化为事故的部位、区域、场所、空间、岗位、设备及其位置。它的实质是具有潜在危险的源点或部位,是爆发事故的源头,是能量、危险物质集中的核心,是能量从那里传出来或爆发的地方。危险源存在于确定的系统中,不同的系统范围,危险源的区域也不同。

危险源应由潜在危险性、存在条件和触发因素三个要素构成。危险源的潜在危险性是指一旦触发事故,可能带来的危害程度或损失大小,或者说危险源可能释放的能量强度或危险物质量的大小。工业生产作业过程中的危险源一般分为以下七类:

(1)化学品类:毒害性、易燃易爆性、腐蚀性等危险物品。

(2)辐射类:放射源、射线装置及电磁辐射装置等。

(3)生物类:如动物、植物、微生物(传染病病原体类等)等危害个体或群体生存的生物因子。

(4)特种设备类:如电梯、起重机械、锅炉、压力容器(含气瓶)、压力管道、客运索道、大型游乐设施、场(厂)内专用机动车等。

(5)电气类:如高电压或高电流、高速运动、高温作业、高空作业等非常态、静态、稳态装置或作业等。

(6)土木工程类:如建筑工程、水利工程、矿山工程、铁路工程、公路工程等。

(7)交通运输类:如汽车、火车、飞机、轮船等。

7. 重大危险源

重大危险源(Major Hazards)是指长期或临时地生产、加工、搬运、使用或储存危险物质,且危险物质的数量等于或超过临界量的单元。单元可分为生产单元与储存单元,其中生产单元按照切断阀来判断,储存单元则是根据防火堤来判断分类。

按照《危险化学品重大危险源辨识》(GB 18218—2018)标准辨识确定,生产、储存、使用或搬运危险化学品的数量等于或超过临界量的单元(包括场所和设施)。所谓临界量,是指对某种或某类危险物品规定的数量,若单元中的危险物品数量等于或超过该数量,则该单元应定为重大危险源。具体危险物质的临界量由危险物品的性质决定。有了上述危险源的概念,我们也可以将重大危险源理解为超过一定量的危险源。

8. 本质安全

本质安全是指通过设计等手段使生产设备或生产系统本身具有安全性,即使在误操作或发生故障的情况下也不会造成事故的功能。本质安全具体包括失误-安全功能和故障-安全功能。

1)失误-安全功能

失误-安全功能是指操作者即使操作失误,也不会发生事故或伤害,或者说设备、设施和技术工艺本身具有自动防止人的不安全行为的功能。

2)故障-安全功能

故障-安全功能是指当设备、设施或技术工艺发生故障或损坏时,仍能暂时维持正常工作或自动转变为安全状态。

上述两种安全功能应该是设备、设施和技术工艺本身固有的,即它们在规划设施阶段就被纳入其中,而不是事后补偿的。

本质安全既是安全管理预防为主的根本体现,也是安全管理的最高境界。实际上,由于技术、资金和人们对事故的认识等原因,到目前还很难做到本质安全。

二、基本概念之间的关系

1. 安全与危险

安全与危险是一对矛盾,它具有矛盾的所有特性。一方面,安全与危险这对矛盾互相排斥、互相否定;另一方面,安全与危险两者相互依存,共同处于一个统一体中,存在着向对方转化的趋势。安全与危险这对矛盾的运动、变化和发展推动着安全科学的发展和人类安全意识的提高。

描述安全与危险的指标分别是安全性(S)与危险性(R),安全性越高则危险性就越低,安全性越低则危险性就越高,两者存在如下关系:

$$S = 1 - R \tag{5-1}$$

2. 安全与事故

事故与安全是对立的,但事故并不是不安全的全部内容,而只是在安全与不安全这一矛盾斗争过程中某些瞬间突变结果的外在表现。

系统处于安全状态并一定不发生事故,系统处于不安全状态,也未必完全由事故引起。

3. 危险与事故

危险不仅包含了作为潜在事故条件隐患,还包含了安全与不安全的矛盾化表现出来的事故结果。

事故发生,系统不一定处于危险状态;事故不发生,也不能否认系统不处于危险状态。事故不能作为判别系统危险与安全状态的唯一标准。

4. 危险源与事故

一起事故的发生是两类危险源共同起作用的结果。第一类危险源的存在是事故发生的前提,没有第一类危险源就谈不上能量或危险物质的意外释放,也就无所谓事故。另外,如果没有第二类危险源破坏对第一类危险源的控制,也不会发生能量或危险物质的意外释放。第二类危险源的出现是第一类危险导致事故的必要条件。

在事故的发生、发展过程中,两类危险源相互依存、相辅相成。第一类危险源在事故发生时释放出的能量是导致人员伤害或财物损坏的能量主体,决定事故后果的严重程度;第二类危险源出现的难易决定事故发生的可能性的大小。两类危险源共同决定危险源的危险性。

三、安全防护的定义

安全防护,即安防。所谓安全,是指没有危险、不受侵害、不出事故;所谓防护,是指防备、戒备,其中防备是指做好准备以应付攻击或避免受害,戒备是指防备和保护。综上所述,是否可以给安全防护进行如下定义:做好准备和保护,以应付攻击或者避免受害,从而使被保护对象处于没有危险、不受侵害、不出现事故的安全状态。显而易见,安全是目的,防护是手段,通过防范的手段达到或实现安全的目的,就是安全防护的基本内涵。

《城市轨道交通安全防范系统技术要求》(GB/T 26718—2011)中规定了城市轨道交通区

域安全防范系统的技术要求,是设计、制造和验收轨道交通安全防范系统直接服务于城市轨道交通运营、调度、维修等工作的区域,包括轨道交通的车站、列车、车辆基地、主变电站(所)、运营控制中心和正线视频安防监控系统等轨道交通安全防范系统。

(1)安全防范系统(Security and Protection System,SPS)是指以维护社会公共安全为目的,运用安全防范产品和其他相关产品所构成的视频安防监控系统、入侵报警系统、出入口控制系统、电子巡查系统、危险物品检查系统等,或者由这些系统为子系统组合或集成的电子系统或网络。

(2)运营控制中心(Operation Control Center,OCC)是指为调度人员使用信号、电力监控、火(防)灾自动报警、环境与设备监控、自动售检票、通信等系统中央级设备对城市轨道交通全线所有运行车辆、车站和区间的设备运行情况进行集中监视、控制、协调、指挥、调度和管理的场所。同时,运营控制中心也是上述系统中央级设备的安装场所。

(3)视频安防监控系统(Video Surveillance and Control System,VSCS)是指利用视频探测技术,监视设防区域并实时显示、记录现场图像的电子系统或网络。

(4)入侵报警系统(Intruder Alarm System,IAS)是指利用传感器技术和电子信息技术探测并指示非法进入或试图非法进入设防区域(包括主观判断面临被劫持、遭抢劫或其他紧急情况时,故意触发紧急报警装置)的行为、处理报警信息、发出报警信息的电子系统或网络。

(5)紧急报警(Emergency Alarm)是指用户主观判断面临被劫持、遭抢劫或其他危急情况时,故意触发的报警。

(6)出入口控制系统(Access Control System,ACS)是指利用自定义符识别或模式识别技术,对出入口目标进行识别并控制出入口执行机构启闭的电子系统或网络。

(7)电子巡查系统(Guard Tour System)是指对保安巡查人员的巡查路线、方式及过程进行管理和控制的电子系统。

(8)周界(Perimeter)是指需要进行实体防护或电子防护的某区域的边界。

(9)安防控制室(Security Control Room)是指对各类安全防范系统进行功能操控和状态显示的固定场所。在城市轨道交通车站可以是公安管理部门的警务室。

(10)非公共区域重要部位(Important Part of Non-public Area)是指轨道交通单位内部禁止外部人员随意出入且由公安管理部门确定需重点进行安全防范的部位。例如,现金存放场所、计算机信息中心、重要物资仓库、危险品仓库、车辆基地、主变电站、客户服务中心等。

单元5.2　安全防护工具与设备

学习目标

1.掌握安全防护工具与设备的概念及其使用;
2.掌握防护仪器的概念及其使用。

1. 通用手工工具、配置管制工具、维修与安装专用设备的概念；
2. 防护仪器的佩戴及使用。

理论知识

一、安全防护工具与设备概述

1. 通用手工工具(相关资源见二维码)

手工工具是指用手握持,以人力或以人的手控制作用于物体的小型工具。手工工具一般均带有手柄,便于携带。手工工具是与人类同时产生和发展的一种改造和征服自然的工具。最初的手工工具极为简陋,如木棒、带有棱角的石块等。随着现代的机械和冶金技术的发展,手工工具在造型设计、材质使用等方面不断更新和发展,充分考虑到了力学、人体功能等设计因素,手工工具的制造更加专业化,功能更加多样化,出现了诸如随车工具、电子仪表装配工具等专用配套手工工具。

为了防止城市轨道交通设备劣化,维修设备的性能,我们需要进行清扫、检查、润滑、紧固以及调整等日常维护工作。为测定设备劣化程度或性能降低程度而进行必要检查;为修复劣化,恢复设备性能而进行修理活动等。在上述维修维护工作中,维护与安装专用设备设施不可或缺的工具。常见的手工工具有锤、锉、刀、钳、锯、螺钉旋具、扳手和金刚石工具等。

1)螺丝刀(旋具)类

螺丝刀(旋具)类是一种用以拧紧或旋松各种尺寸的槽形机用螺钉、木螺钉以及自攻螺钉的手工工具。它的主体是韧性的钢制圆杆(旋杆),其一端装配有便于握持的手柄,其另一端镦锻成扁平形或十字尖形的刀口,以与螺钉的顶槽相啮合,施加扭力于手柄便可使螺钉转动。

(1)螺丝刀(一字)。螺丝刀主要用于旋转一字槽形的螺钉、木螺钉和自攻螺钉等。它有多种规格,通常说的大、小螺丝刀是用手柄以外的刀体长度来表示的,常用的有 100mm、150mm、200mm、300mm 和 400mm 等几种。要根据螺钉的大小选择不同规格的螺丝刀。若用型号较小的螺丝刀来旋拧大号的螺钉很容易损坏螺丝刀。一字螺丝刀如图 5-1 所示。

(2)螺丝刀(十字)。十字形螺丝刀主要用于旋转十字槽形的螺钉、木螺钉和自攻螺钉等。使用十字形螺丝刀时,应注意使旋杆端部与螺钉槽相吻合,否则,容易损坏螺钉的十字槽。十字螺丝刀的规格和一字螺丝刀相同。十字螺丝刀如图 5-2 所示。

旋具的使用方法:

(1)使用时,右手握住旋具,手心抵住柄端,旋具和螺钉同轴心,压紧后用手腕扭转,松动后用手心轻压旋具,用拇指、中指、食指快速扭转。

(2)使用长杆旋具,可用左手协助压紧和拧动手柄。

2)钳子类

钳是一种用于夹持、固定加工工件或扭转、弯曲、剪断金属丝线的手工工具。钳的外形呈 V 形,通常包括手柄、钳腮和钳嘴三个部分。由两片结构、造型互相对称的钳体,在钳腮部分重

叠并经铆合固定而成。钳以钳腮为支点灵活启合,其设计包含着杠杆原理。钳最初仅用于夹持物体,如打铁用的火钳。

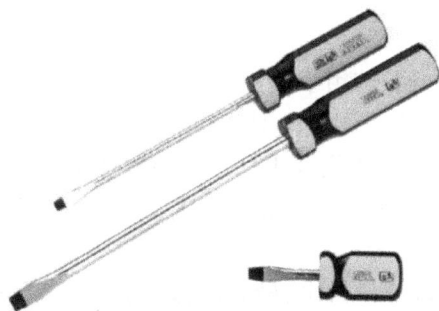

图5-1　一字螺丝刀

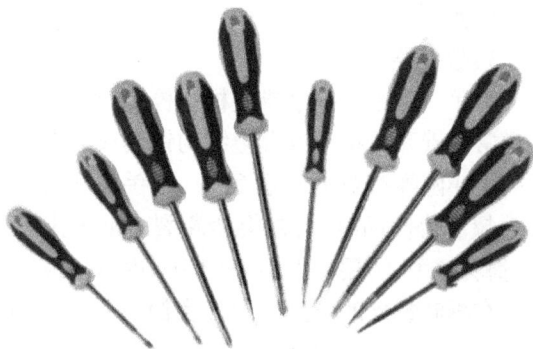

图5-2　十字螺丝刀

　　钳一般用碳素结构钢制造,先锻压轧制成钳坯形状,然后经过磨铣、抛光等金属切削加工,最后进行热处理。钳的手柄依握持形式而设计成直柄、弯柄和弓柄三种式样。钳使用时常与电线之类的带电导体接触,故其手柄上一般都套有以聚氯乙烯等绝缘材料制成的护管,以确保操作者的安全。钳嘴的形式很多,常见的有尖嘴、平嘴、扁嘴、圆嘴、弯嘴等样式,可适用于对不同形状工件的作业需求。按其主要功能和使用性质,钳可分夹持式、剪切式和夹持剪切式三种。此外,还有一种特殊的钳——台虎钳。钳子如图5-3所示。

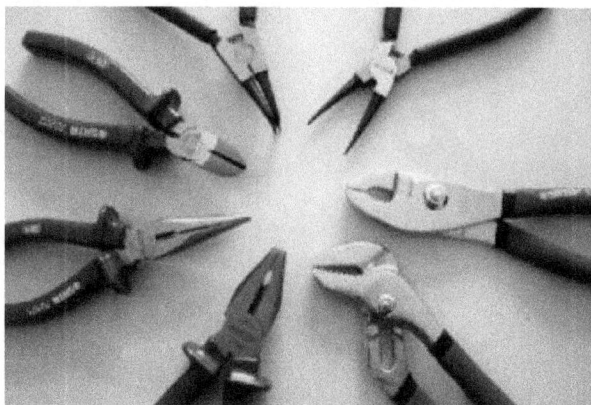

图5-3　钳子

钳子的使用方法:

　　刀口朝上,使用者大拇指在上钳柄上方,食指、中指、无名指在下钳柄的下方,小指在下钳柄的上方,大拇指固定上钳柄,其余四指自由活动使钳口张开、闭合,如图5-4所示。

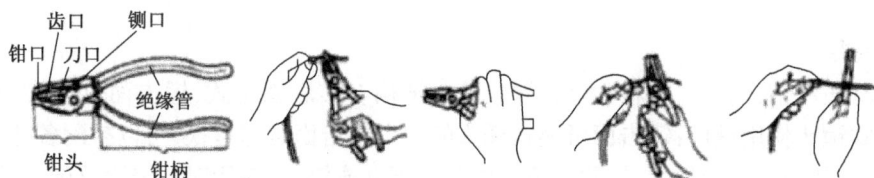

图5-4　钳操作图

注意：禁止用钳子代替锤子敲击其他工件,也不允许用钳子起钉。钳柄上绝缘胶套禁止被钉扎或放在高温及有腐蚀性的地方,以防绝缘层损坏,若发现钢丝钳的钳柄绝缘套已损坏,应及时更换。

3)扳手类

扳手一种用于拧紧或旋松螺栓、螺母等螺纹紧固件的装卸用手工工具,如图5-5所示。扳手通常由碳素结构钢或合金结构钢制成。它的一点或两头锻压成凹形开口或套圈,开口和套圈的大小随螺钉对边尺寸而定。扳手头部具有规定的硬度,中间及手柄部分则具有弹性。当扳手超负荷使用时,会在突然断裂之前先出现柄部弯曲变形。常用的扳手有活动扳手、呆扳手、梅花扳手、两用扳手、套筒扳手、内六角扳手和扭力扳手七种。

在拆卸螺栓时,应按照"先套筒扳手、后梅花扳手、再开口扳手、最后活动扳手"的选用原则进行选取。在选用扳手时,要注意扳手的尺寸。尺寸是指它所能拧动的螺栓或螺母正对面间的距离。例如,扳手上表示有22mm,即此扳手所能拧动螺栓或螺母棱角正对面间的距离为22mm。

4)锉刀

锉刀是一种通过往复摩擦而锉削、修整或磨光物体表面的手工工具,如图5-6所示。锉刀由表面剁有齿纹的钢制锉身和锉柄两部分组成,大规格钢锉(又称钳工锉)的锉柄上还配有木制手柄。锉身的外部形状呈长条形,其截面主要有扁平形、圆形、半圆形、方形和三角形五种,可适应各种表面形状工件的加工需要。常见的锉刀有钳工锉、整形锉、异形锉、钟表锉、锯锉和软材料锉等。

图5-5　扳手

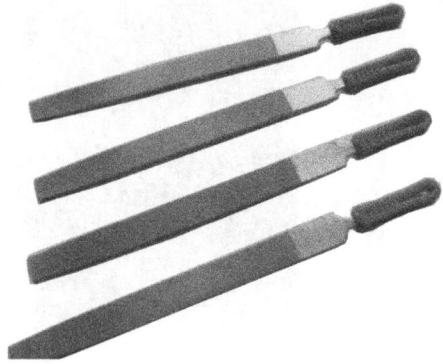

图5-6　锉刀

5)锤

锤是一种用于敲击或锤打物体的手工工具,如图5-7所示。锤由锤头和握持手柄两部分组成。

(1)锤头

锤的材质有钢、铜、铅、塑料、木头、橡胶等。结构有实心固定式、锤击面可换式和填弹式。实心固定式锤头使用最广;锤击面可换式锤头的两个敲击面可卸可换,可以换配各种材质和硬度的锤击面,故敲击范围很大;填弹式锤头内装有钢丸或铅粒,使用时可消除反弹,又称无反弹锤。反弹的消除,可显著地降低操作者的疲劳感。钢锤锤头的一端或两端的锤击面均经过充分的热处理,具有很强的坚硬性;中段一般不经热处理,具有良好的弹韧性,在锤击过程中能起缓冲作用以防止锤头爆裂。锤头的中心处开有孔洞,以便安装手柄。

图5-7　锤

（2）手柄

锤的手柄有木柄、钢柄和以玻璃纤维制作的塑料柄等。木柄多用胡桃木、槐木等硬质木材制成,弹韧性好,但易受气候影响,伸缩性大,逐渐为后两种材质的锤柄所取代。

锤的使用极为普遍,形式、规格很多。常见的锤有圆头锤、羊角锤、斩口锤和什锦锤等。

6）锯

锯是一种用于割断物体的手工工具,如图5-8所示。切割部分为带有齿状快口的、厚度为0.2～0.4mm的薄形钢带（锯条）或圆盘（锯片）,它们固定在特定框架上。钢带的一边或两边、圆盘的周边上开有连续不断的锋利锯齿,齿与齿之间留有齿槽空隙,以供排除切屑之用（切屑一般呈颗粒形状）。将锯条或锯片安装在钢锯架或锯床上,通过往复运动即可将坚硬的物体切割成所需规格和形状。锯条和锯片的材质是碳素结构钢或高速钢。锯的应用范围很广,除可锯切钢铁、木材之外,配上相应材质的锯条后,还可以切割塑料、水泥板、玻璃等。锯条、锯片一般要安装上手柄或锯架,加以固定后方能使用。

图5-8　锯

2.配置管制工具

1）切管器

切管器有各种不同的种类,标准切管器如图5-9所示。这种切管器设有棘轮进给机构,切管器可快速打开,骑上连接管和套在切管位置。

切管器的使用方法:管子卡住后,旋转手柄

图5-9　切管器

后部的旋钮,刀头压入管子一点,然后旋转切管器,刀就在管子上切一个印痕,然后继续旋转旋钮,让刀更进一步,继续旋转切管器,不停地重复。

2)扩口工具

扩口工具由固定连接器的扩口条、一个可脱开的箍卡以及带有扩管锥头的进结螺杆组成,这种扩管工具可用于各种规格的连接管。其外形如图5-10所示。

3)铆钉枪

铆钉枪(图5-11)是用于各类金属板材、管材等制造工业的紧固铆接,广泛地使用在汽车、航空、铁道、制冷、电梯、开关、仪器、家具、装饰等机电和轻工产品的铆接上。为解决金属薄板、薄管焊接螺母易熔、攻内螺纹易滑牙等缺点而开发,它可铆接不需要攻内螺纹,不需要焊接螺母的拉铆产品、铆接牢固效率高、使用方便快捷。

图5-10 扩口工具

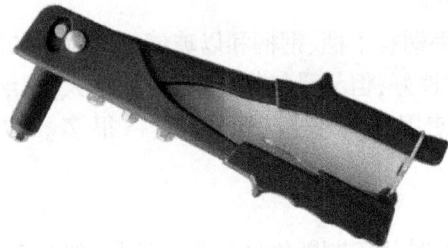

图5-11 铆钉枪

铆钉枪的使用方法:

(1)开始工作前先从进气嘴注入少量润滑油、保证铆钉枪的工作性能和工作寿命。

(2)保持规定的进气压力。若进气压力过小,会降低铆锤的功率,不仅铆接效率低,而且铆钉顿头也可能因锤击次数过多而裂纹。

(3)冲头顶紧铆钉后再按压按钮。否则,活塞产生往返运动,会消耗一部分能量,活塞撞击壳体,使铆钉枪损坏。

(4)利用防护弹簧将冲头与枪身连接牢靠,避免冲头飞出,损伤人或产品。

(5)右手持握手柄,食指按下按钮,启动铆钉枪,可利用按钮调节压缩空气大小,保证铆钉枪平稳工作。铆接刚开始,由于铆钉杆较长,铆钉杆与铆孔之间的间隙较大,受锤击时铆钉杆容易弯曲。因此,应轻压按钮,使铆钉枪功率小一些,待铆钉杆填满铆孔再重压,增大铆钉功率,以迅速形成墩头,墩头接近完成时,再逐渐放松按钮,防止墩头打得过低。

(6)冲头尾部按不同铆钉枪的型号配制,不应串用,避免损伤机件,降低效率。

(7)使用中不应随意打空枪,避免损坏机件。

(8)使用中严禁枪口对人。铆钉枪使用方法图如图5-12所示。

4)套接工具

套接工具有冲杆式和杠杆式两种,如图5-13所示。

5)弯管式

弯管机有弹簧弯管机、可以弯制小半径的杠杆式弯管机和轮齿弯管机三种。图5-14为杠杆式弯管机。

冲头
压边圈
凹模

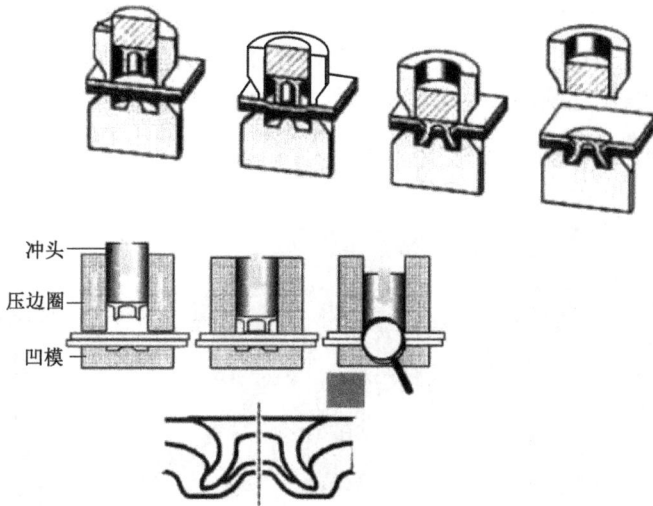

图 5-12　铆钉枪使用方法图

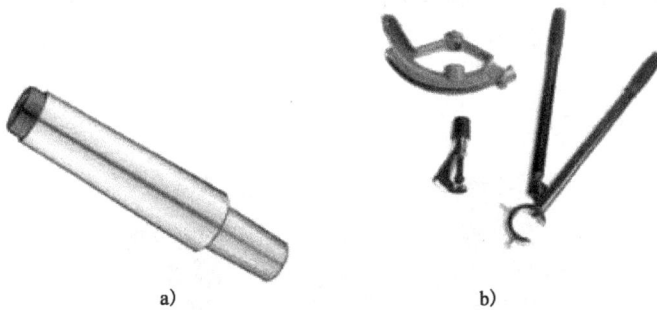

a)　　　　　　　　　　　b)

图 5-13　套接工具

a)冲杆式;b)杠杆式

6)塑料管剪

塑料管剪可用于剪切塑料连接管、无丝网增强的塑料管和合成纤维制成的水管,如图 5-15 所示。

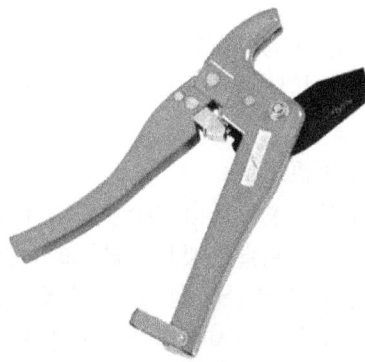

图 5-14　弯管机　　　　　　　　　图 5-15　塑料管剪

3. 维修与安装专用设备

在城市轨道交通维护维修工作中,我们通常需要使用到各类维修与安装专用设备,主要有以下几种。(相关资源见二维码)

1)不落轮镟床(图5-16)

图5-16　不落轮镟床

其维修重点是在电动列车整列编组中,未出现解体时,针对车轮的轮缘及踏面的剥离、磨耗和擦伤实施修理,并对其车轮本身或者运行中的数据进行计算和测量,以完全恢复车轮的性能。

2)自动清洗机(图5-17)

图5-17　自动清洗机

列车的自动清洗机可在列车运行之后,对其车体实施清洗。其原理就是清洗机通过其清洗毛刷、水和清洗剂等滚刷作用,对列车的车体外表(如车门、车身、窗户玻璃等)进行的自动化清洗。

3)地下式架车机组

地下式架车机组主要是由两个独立车体架车、与转向架架车机配套的架车系统,它可同时同步将若干节列车单元直接架起。复原的时候,机组平面和地面的轨道处于相同水平。在检修作用中,车体的架车机及转向架的架车机需配合使用,同时这两套提升机构的高度可进行调解。如果地下式架车机组和铲车及液压升降台等设备配合使用,可对车体所有的部件实施拆卸维修。

4）地面式架车机（图5-18）

地面式架车机主要有固定式及移动式两种样式，可同时同步对若干节不解钩的列车单元组进行提升，方便维修人员对车体之下的电气部件和机械等实施保养、更新或维修，增强部件的灵活性。而总操作控制台可对整套机组的上升和下降进行控制。

5）空调悬臂吊（图5-19）

图5-18 地面式架车机

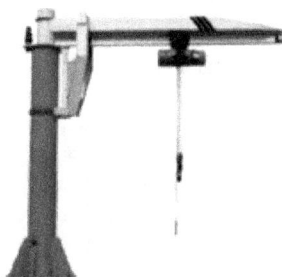

图5-19 空调悬臂吊

空调悬臂吊是指可起吊、安装和拆卸及运输列车的顶部空调、受电弓等部件的设备。使用吊车动臂时，可深入供电触网之下将车顶部件吊起后送到地面。

6）室内移车台

室内移车台可将整节的地铁列车横向运送到检修台。设备的纵向端头有1块带导轨活动的连接板，经液压系统控制和移车台的两头工作台位的轨道连接后，活动轨和固定轨两者处于同一水平，可把需维修的车辆牵引到移车台。

7）轮对压装机

轮对压装机（图5-20）可把车轮、车轴经压力装配为轮对，同时可把轮对分解为车轮及车轴。

8）转向架清洗机（图5-21）

图5-20 轮对压装机

图5-21 转向架清洗机

（1）可清洗列车的转向架，由于设备属于全封闭型，其通过蒸汽＋热碱水对转向架的高油污部位清洗后，再用清水漂洗。

(2)转向架升降台。

(3)可将转向架提升到各种所需的高度,对其实施维修及附件更换。

(4)转向架试验台。

(5)可静态变形测试转向架。

9)试验台(图5-22)

(1)一系弹簧的试验台:可对一系弹簧实施负载变形和刚度测试,对一系弹簧进行选配。

(2)交流牵引电动机试验台:测试交流牵引电动机的有关参数。

(3)减振器试验台:测试液压减振器的综合性能,依据被测对象的差异性,设定出不同的测试项目。

10)磨轨机(图5-23)

图5-22　试验台　　　　　　　　图5-23　磨轨机

磨轨机可对钢轨实施除锈,磨除其皱褶、条纹和磨损边缘等工作,以恢复钢轨的轮廓。

11)救援复轨组合设备

救援复轨组合设备可用于现场恢复脱轨的故障车辆,确保故障线路的畅通。救援复轨组合设备由单一的功能台、单套的设备等组合而成,配套使用后,可完成一定的救援工作。

总之,城市轨道交通车辆在出现故障时,需对其进行维修,如果维修主要设备的配置不全,就会导致地铁无法运营,为人们的生活造成不便,因此,对于城市轨道交通车辆维修的主要设备,需提前配置,以应对突发故障的发生。

4. 制冷剂检漏仪(相关资源见二维码)

在城市轨道交通空调设备维护维修中,我们通常会遇到冷媒泄漏的情况。那么应该如何检测冷媒泄漏的情况。制冷剂检漏仪就是检漏冷媒的一种设备。

冷媒检漏仪(D-TEK Select™)如图5-24所示。其核心是红外吸收(Filtomete)。其一端为红外源(发射源),另一端为红外能量检测器,两者之间是滤光器的取样单元。

与我们见到的可见光相同,红外能量是电磁能谱的一部分。大多数材料吸收的特定波长的红外能量。从吸收谱图可知道材料吸收的特定波长能量。在7.5~14nm范围所有冷媒有相似的吸收谱图。

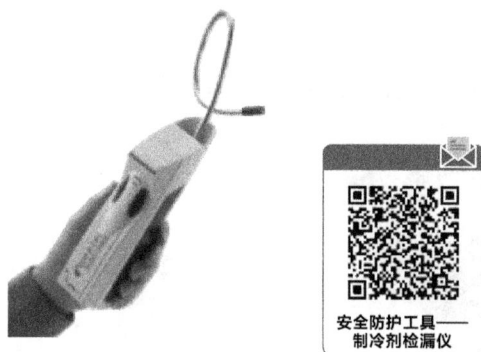

图 5-24 冷媒检漏仪

红外源(发射源)产生一个包含所有红外谱波长的高强读能量的束流。这个束流通过滤光器,它阻挡除冷媒吸收波长外的所有波长。过滤的红外能量撞击检测器使它发热。当冷媒由内部泵的作用通过取样单元时,某些红外能量被冷媒吸收。这导致达到检测器红外能量的减小和检测器温度的降低,从而触发冷媒检漏仪报警。整个过程在几分之一秒内完成。

由于采用了精确特性的滤光器。英富康(INFICON)的冷媒检漏仪对所有冷媒敏感,并消除了虚假信号。仪器的感测器不会受到高冷媒剂量的损伤,也不会随着时间而降低灵敏度。一旦冷媒从单元中消除,检测器的恢复时间是瞬间的。

二、防护仪器

防护仪器用于作业人员进行气体防护及普通安全防护的器具。其中,气体防护器具主要有正压式空气呼吸器、过滤式防毒面具、防护服、便携式检测仪器等,普通安全防护器具主要有安全帽、安全带、常用电器绝缘工具等。

1. 正压式空气呼吸器

正压式空气呼吸器系列产品为自给开放式空气呼吸器,可以使消防人员和抢险救护人员在进行灭火战斗或抢险救援时防止吸入对人体有害毒气,烟雾,悬浮于空气中的有害污染物。正压式空气呼吸器如图 5-25 所示。

佩戴与使用方法:

(1)佩戴装具。将气瓶阀向下背上气瓶,通过拉肩上的自由端调节气瓶的上下位置和松紧,直到感觉舒适为止。

(2)扣紧腰带。将腰带插头插入座内,然后将腰带左右两侧的伸出段同时向两侧拉紧,收紧腰带。

(3)佩戴面罩。先放松面罩下方的 2 根颈带和上方的 2 根头带,然后将面罩贴合在佩戴者脸上,戴好面罩,调节面罩位置,收紧下端的 2 根颈带,再收紧上端的 2 根头带,直到舒适为止。

(4)检查面罩密闭性。用手掌捂住面罩接口处,通过深呼吸检查面罩密封是否良好,否则调整位置,收紧头带或重新佩戴面罩。

(5)打开气瓶阀。将气瓶的阀门打开,旋转至少 2 圈,确保充足的供气量。

(6)连接供气阀。先将供气阀的接口与面罩口接合,然后顺时针旋转90°,当听到"咔嗒"声即安装完毕。

(7)佩戴完毕后,深呼吸几次,激活供气阀,当呼吸舒畅后,方可进入作业区域。

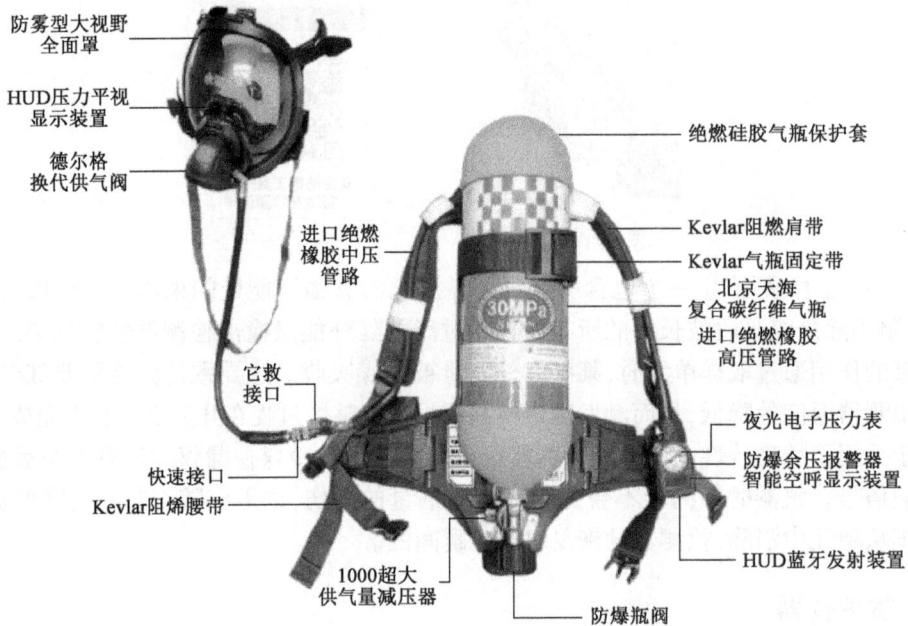

防雾型大视野全面罩
HUD压力平视显示装置
德尔格换代供气阀
进口绝燃橡胶中压管路
它救接口
快速接口
Kevlar阻燃腰带
1000超大供气量减压器
绝燃硅胶气瓶保护套
Kevlar阻燃肩带
Kevlar气瓶固定带
北京天海复合碳纤维气瓶
进口绝燃橡胶高压管路
夜光电子压力表
防爆余压报警器
智能空呼显示装置
HUD蓝牙发射装置
防爆瓶阀

图 5-25　正压式空气呼吸器

使用注意事项:

(1)进入毒区,必须两人或两人以上协同作业,事前确定好联络信号。

(2)本装具仅用于呼吸系统的保护,在特殊情况下操作时,应另外佩戴特殊防护设备。

(3)在使用中,因碰撞或其他原因造成面罩错动时,应及时屏住呼吸,以免吸入有毒气体,立即使面罩复位并撤离作业区域。

(4)严禁在有毒区域内摘下空气呼吸器的面罩。

(5)经常查看压力表,注意余气量,当压力降至5MPa或听到报警声时,应立即撤离作业现场。

(6)在使用空气呼吸器前,必须按佩戴顺序佩戴,严禁佩戴完毕后再打开气瓶阀。

(7)使用过的空气呼吸器应通知经营管理部及时充装。

2.过滤式防毒面具

图 5-26　过滤式防毒面具

过滤式防毒面具是防毒面具最为常见的一种,如图 5-26 所示。过滤式防毒面具主要由面罩主体和滤毒件两部分组成。面罩起到密封并隔绝外部空气和保护口鼻面部的作用。滤毒件内部填充以活性炭为主要成分的活性炭,由于活性炭里有许多形状不同和大小不一的孔隙,可以吸附粉尘,并在活性炭的孔隙表面浸渍了铜、银、铬金属氧化物等化学药剂,以达到吸附毒气后与其反应,使毒气丧失毒性的作用。

使用与维护方法：

（1）使用面具时，由下巴处向上佩戴，再适当调整头带，戴好面具后用手掌堵住滤毒盒进气口用力吸气，面罩与面部紧贴不产生漏气，则表明面具已经佩戴气密，可以进入危险涉毒区域工作。

（2）面具使用后，应擦拭各部位上的汗水及赃物，尤其是镜片、呼气活门、吸气活门要保持清洁，必要时可以用水冲洗面罩部位，对滤毒盒部分也要擦干净。

（3）如在具有传染性质的病毒环境下使用后，面罩及滤毒盒可用1%过氧乙酸消毒液擦拭，清洗消毒，必要时面罩可浸泡在1%过氧乙酸消毒液中，但滤毒盒不可浸泡，也不可进水，以防失效，而且经消毒液消毒后，应用清水擦拭，晾干后再用。

思考题

1. 简述分体空调机的更换步骤。
2. 水泵联轴器拆装需要注意哪些问题？
3. 简述冷却塔试车的详细步骤。
4. 一般轴流风机的二级和三级维护有何区别？
5. 简述空调器故障分析基本思路。
6. 简述空调器制冷系统的故障分析方法。
7. 风管系统有哪些常见故障？如何处理？
8. 安全、危险、事故以及危险源几个概念之间有什么关系？
9. 安全防护工具有哪几种类型？请举例说明。
10. 简述防毒面具的使用步骤。

模块6 空调水系统管网设计与施工

模块背景

传统的空调系统一般以氟为冷媒,空调水系统即空调以水为冷媒,水系统比传统氟系统更为庞大,一般用于大型建筑。水系统将室内负荷全部由冷热水机组来承担,各房间风机盘管通过管道与冷热水机组相连,靠所提供的冷热水来供冷和供热。就城市轨道交通而言,空调水系统主要包含冷水机组、冷却塔、冷冻水泵和冷却水泵、补水装置、水处理装置以及风机盘管等设备。本模块主要对空调水系统的基本形式、空调水系统的设计以及施工进行简单的介绍,有助于更深刻地了解城市轨道交通空调水系统。

模块学习清单

空调水系统管网设计与施工的模块学习清单见表6-1。

空调水系统管网设计与施工模块学习清单   表6-1

名 称		空调水系统管网设计与施工
学习目标	知识目标	1.掌握空调水系统的基本概念、组成及基本形式; 2.掌握空调水系统的设计内容,了解典型空调水系统、冷却水以及冷冻水系统的设计; 3.掌握空调水系统施工工艺规范的相关内容
	技能目标	1.能够进行简单的空调水系统的设计和计算; 2.具备初步的空调水系统管网施工基础知识
	素质目标	1.具有良好的社会公德、职业道德和专业基本素质; 2.具有强烈的法律意识、安全环境保护意识、安全与自我保护意识; 3.具有沟通协调能力、语言表达能力、班组管理能力; 4.培养团结协作、热情有礼、认真细心、沉着冷静、遇乱不惊的职业素养

名　　称	空调水系统管网设计与施工
学习内容	单元6.1　空调水系统概述 本单元主要阐述空调水系统的基本概念、组成及基本形式。 单元6.2　空调水系统设计 本单元主要阐述空调水系统的设计内容,介绍了典型空调水系统的设计以及冷却水系统和冷冻水系统的设计。 单元6.3　空调水系统施工 本单元主要阐述空调水系统施工工艺规范的相关内容以及安装空调水系统时应注意的问题
学习要求	1.将授课班级学生分组,每小组5~8人为一个学习团队; 2.每个学习团队组织学习,进行项目任务分析、任务分配、制订团队工作任务分配表; 3.资料学习、相关知识准备完成项目的资讯环节; 4.利用现场教学、资源完成项目的实施演练环节; 5.学习团队讨论,编制项目任务知识点学习计划书; 6.学习团队现场实践,制订现场实践的实施方案; 7.学习团队按任务分配表制作项目任务的汇报演讲稿,团队派代表上台演讲; 8.制定该项目任务的评价表、考核要素,进行小组互评
学习要点	1.教学资源的收集与整理; 2.确认任务学习的重点与难点; 3.任务学习计划制订,小组任务分工,汇报PPT制作,小组交流演讲; 4.学习团队进行讨论,教师参与讨论,通过团队合作解决问题; 5.能够识别安全标志,注意安全与环保意识的培养
学习拓展	1.会收集具有国内外领先水平的具有代表性的空调水系统管网设计与施工的相关资料; 2.按"准员工"的要求来学习,结合本城市的情况,组织团队成员去现场学习; 3.会制作任务书要求的多媒体课件(PPT)
清单下发人	日期:　　年　　月　　日
清单执行人	日期:　　年　　月　　日

单元 6.1　空调水系统概述

学习目标

1. 掌握空调水系统的基本概念；
2. 掌握空调水系统的组成；
3. 掌握空调水系统的基本形式。

学习重点

1. 空调水系统的组成；
2. 空调水系统的形式。

理论知识

空调工程除采用空气作为热传递的介质外，还常采用水作为热传递的介质，通过水管路系统将冷、热源产生的冷、热量输送给各种空调设备，并最终将这些冷、热量提供给空调房间。

一、空调水系统(图6-1)的基本概念

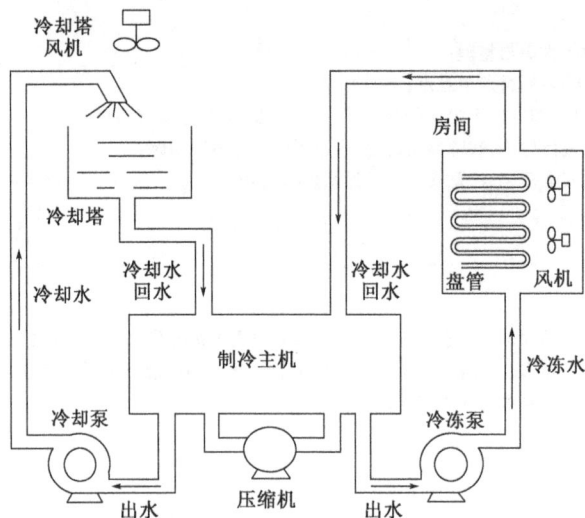

图6-1　空调水系统

典型空调机组主要由冷冻水循环系统、冷却水循环系统和主机三部分组成。

1.冷冻水循环系统

冷冻水循环系统由冷冻泵、室内风机及冷冻水管道等组成。从主机蒸发器流出的低温冷

冻水由冷冻泵加压送入冷冻水管道(出水),进入室内进行热交换,带走房间内的热量,最后回到主机蒸发器(回水)。室内风机用于将空气吹过冷冻水管道,降低空气温度,加速室内热交换。

2. 冷却水循环系统

冷却水循环系统由冷却泵、冷却水管道、冷却水塔等组成。冷冻水循环系统进行室内热交换的同时,必将带走室内大量的热能。该热能通过主机内的冷媒传递给冷却水,使冷却水温度升高。冷却泵将升温后的冷却水压入冷却水塔(出水),使之与大气进行热交换,降低温度后再送回主机冷凝器(回水)。

3. 主机

主机由压缩机、蒸发器、冷凝器及冷媒(制冷剂)等组成。

二、空调水系统的组成

空调水系统如图6-2所示。

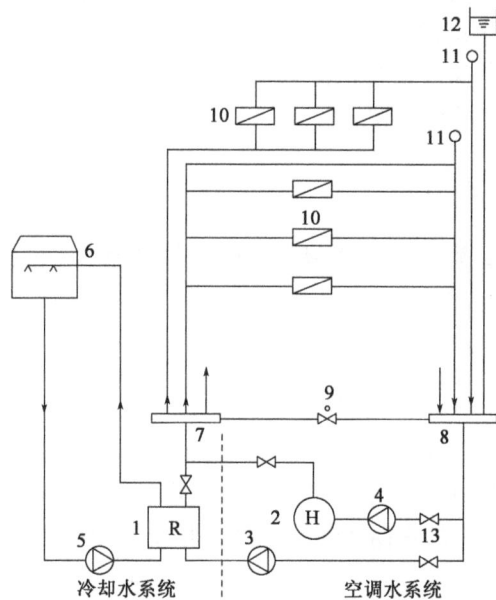

图6-2　空调水系统的组成

1-水冷冷水机组;2-锅炉;3-冷冻水泵;4-热水泵;5-冷却水泵;6-冷却塔;7-分水器;8-集水器;9-压差控制阀;10-空调设备;11-自动排气阀;12-膨胀水箱;13-阀门

夏季供冷时,冷水机组制出的7℃冷冻水,在冷冻水泵的作用下送至分水器,然后由分水器通过各供水支管分别送至各空调房间或区域的空调设备。

在空调设备中,冷冻水与空气经热湿交换后,水温升至12℃又分别由各回水支管流回集水器,最后,返回至冷水机组再被降温处理至7℃,如此反复循环。

冬季供暖时,首先,锅炉制出的60℃热水,在热水泵的作用下送至分水器;然后,按夏季供水路线循环;最后,返回至锅炉再重新被加热处理。

夏季供冷和冬季供暖的转换,通过冷水机组和锅炉进出水管上的阀门启、闭实现。

当系统中部分空调设备不使用时,水流量减少,水系统阻力将增大。为了保持系统内压力稳定,当分水器和集水器间压差超过压差控制阀的设定值时,阀门开启,部分水量由分水器经旁通管直接流入集水器,然后返回至冷水机组或锅炉,以保证冷水机组或锅炉的定流量运行。

膨胀水箱的主要作用是收集因水被加热时体积膨胀而多出的水量,防止系统损坏造成漏水。膨胀水箱还可起到补水和定压作用。

水系统中管道的高处容易积聚空气。当管道内存有空气时,会形成所谓的"气堵",影响水的流动。自动排气阀是为随时排除系统内的空气而设置的。

水系统中设置阀门的作用:

(1)调节作用——调节管道中的水流量。

(2)关断作用——中止水的流动。

水系统中还要设置以下必要仪表和装置:

(1)在冷热源设备和空调设备的进、出水口设置测温装置,检测设备与水的换热效果。

(2)在主要设备进、出水口设置测压装置,以便了解设备的水流阻力情况。

(3)在冷水机组、锅炉等重要设备水流入口处,通常要设置水过滤装置,防止脏、杂、污物堵塞冷热源设备和空调设备的传热管。

三、空调水系统的形式

空调水系统的功能是输送冷热量,以满足空调设备处理空气的需要。空调水系统的形式由于分类方式不一样,有很多类型。

1. 开式系统和闭式系统

从管路和设备的布局上分,空调水系统可分开式系统和闭式系统两种形式。它们的主要区别在于,开式系统的末端水管路是与大气相通的,而闭式系统的管路并不是与大气相通。所以凡连接冷却塔、喷水室和水箱等设备的管路均构成开式系统,如图6-3所示。上例中的冷却水系统为开式系统。图6-4中的水循环管路中没有开口处,所以它是闭式系统。上例中的冷冻水系统为闭式系统。

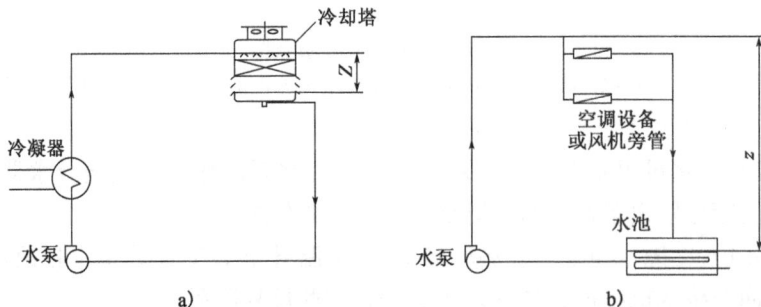

图6-3　开式系统图示

由于开式系统的管路与大气相通,所以循环水中氧含量高,容易腐蚀管路和设备,而且空气中的污染物如烟尘、杂物、细菌、可溶性气体等易进入水循环,使微生物大量繁殖,形成生物污泥,所以管路容易堵塞并产生水锤现象。与闭式系统相比,开式系统中的水泵压头比较高,它不仅要克服管路沿程的摩擦阻力损失和局部压头损失,还必须有一个把水提升高度 z 所需的压头(图6-4)。因此,水泵的能耗大。此外,开式系统中的水箱或水池等设备不可避免地会造成

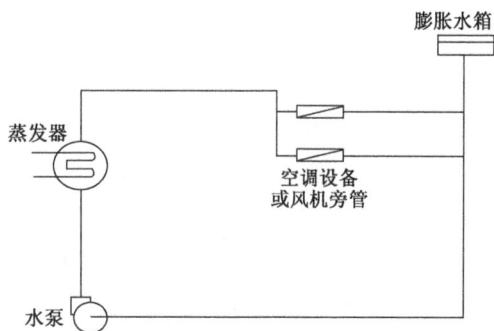

图6-4　闭式系统图示

无效的能量损耗。所以,近年来在空调工程领域,特别是冷冻水环路中,已经很少采用开式系统。

为了节约水泵的能耗,冷却水池最好紧接冷却塔,或者采用开式、闭式系统,不专门设水池,系统的管路直接与冷却塔出水口相接。

与开式系统相比,闭式系统的水泵能耗小,管路和设备的腐蚀可能性小,水处理费用便宜。但由于系统需要补给水以及系统内的水在温度变化时会体积膨胀等原因,闭式系统需设膨胀水箱。

2. 同程式回水方式和异程式回水方式

在大型建筑物中,空调水系统的回水管布置方式可分为两类:同程式回水式和异程式回水方式。对于同程式回水方式(图6-5),在各机组的水阻力大致相等时,由于各并联环路的管路总长度基本相等,所以系统的水力稳定性好,流量分配均匀;而异程式回水方式(图6-6)的优点是管路配置简单,省管材,但是由于各并联环路的管路总长度不相等,存在着各环路间阻力不平衡现象,从而导致了流量分配不匀。如果在各并联支管上安装流量调节装置,增大并联支管的阻力,那么异程式回水方式也可以达到令人满意的效果。

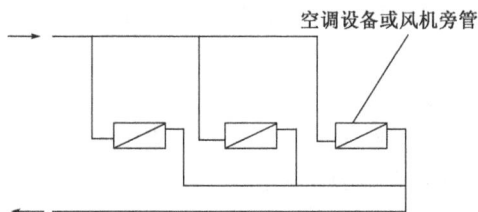

图6-5　同程式回水方式图示

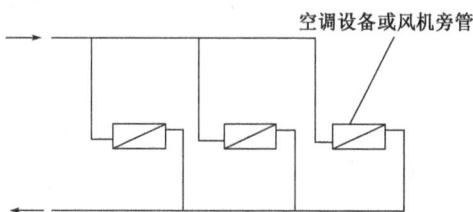

图6-6　异程式回水方式图示

3. 定水量系统和变水量系统

从调节特征上划分,空调水系统可分为定水量系统和变水量系统两种形式。前者通过改变供回水温差来适应房间的负荷变化要求,系统中的水流量是不变的;后者通过改变水流量(供回水温度不变)来适应房间负荷变化要求。所以,变水量系统要求空调负荷侧的供水量随负荷增减而变化,故输送能耗也将随之变化。

在定水量系统中,负荷侧(末端设备或风机盘管机组)大部分采用三通阀进行调节,如图6-7所示。这种三通阀进行双位控制,当室温没有达到设计值时,室温控制器使三通阀的直

通阀座打开,旁通阀座关断,这时系统供水全部流经末段空调设备或风机旁管;当室温达到或超出设计值时,室温控制器使直通阀座关闭,旁通阀座开启,这时系统供水系统全部经旁通流入回水管系。

在变水量系统中,负荷侧通常采用二通调节阀进行调节,如图6-8所示。常用的二通调节阀也是双位控制的,当室温没有达到设计值时,二通调节阀开启,系统供水按设计值全部流经风机盘管;当室温达到或超出设计值时,由室温控制器作用使二通阀关闭,这时系统停止向该负荷点供水。由于变水量系统的管路内流量是随负荷变化而变化的,因此,系统中水泵的配置和流量的控制必须采取相应措施。

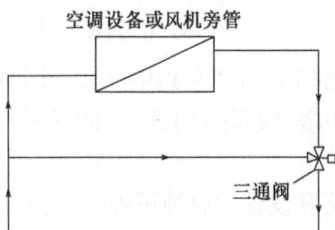

图6-7 用三通阀调节   图6-8 用双通阀调节

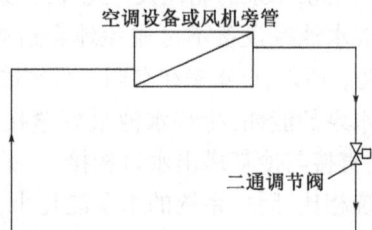

4.单式水泵供水系统和复式水泵供水系统

从水泵的配置状况划分,空调水系统有冷、热源侧(制冷机、热交换器)和负荷侧(空调设备)合用水泵的单式环路和分别设置水泵的复式环路之分。前者称为单式水泵供水系统方式,适用于中小型建筑物和投资少的场合;后者称为复式水泵供水系统方式,适用于大型建筑物,对于各空调分区负荷变化规律不一和供水作用半径相差悬殊的场合尤其适用,它有利于提高调节品质和减少输送能耗。

单式水泵供水系统图如图6-9所示。如果负荷侧(空调设备和风机旁管)设置三通调节阀,则通过制冷机的流量是一定的。但是如果设置二通调节阀,那么系统中的水流量将会减少。要防止流过制冷机的水量过少,以致发生故障,应在供回水干管间设置旁通管路。在旁通管路上应装上压差控制阀,当流量过小,旁通调节阀两端压差太大时,在压差传感器作用下打开此调节阀以维持供回水干管间的压差在允许的波动范围以内。如果供冷或供热用同一管路,那么管路中应接入换热器H(供热水时用),如图6-9中虚线所示。

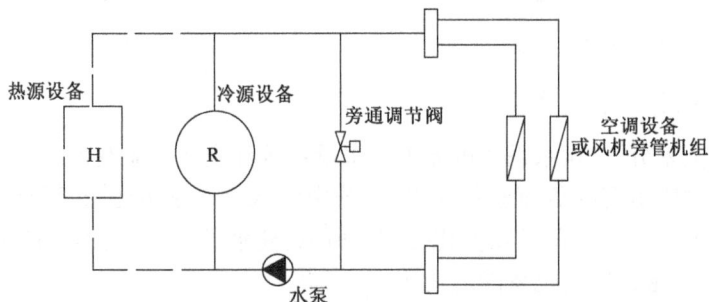

图6-9 单式水泵供水系统图示

复式水泵供水系统图如图 6-10 所示。冷热源侧设置一次泵,一般选用定流量水泵以维持一次环路内水流量基本不变。在负荷侧设置二次泵构成二次环路。各二次环路互相并联,并独立于一次环路。二次环路的划分取决于空调的分类要求。

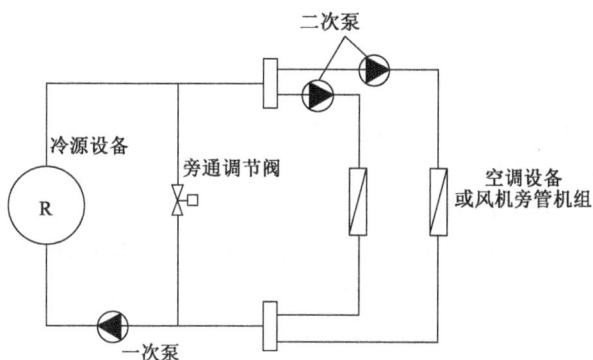

图 6-10　复式水泵供水系统图

单元 6.2　空调水系统设计

学习目标

1. 掌握空调水系统的设计内容;
2. 熟悉典型空调水系统的设计;
3. 了解冷却水系统和冷冻水系统的设计。

学习重点

1. 水系统的设计内容;
2. 典型水系统的设计。

理论知识

一、水系统的设计内容

空调水系统包括冷却水系统(如冷却水管、泵、冷却塔、冷凝器、阀门等)、冷冻水系统(如冷冻水管、泵、末端、阀门、保温、膨胀水箱等)和冷凝水系统。

空调水系统的设计主要包括以下内容:水系统方案的总体构思;水系统形式的选择与分区;水系统管网布置及走向;水系统水管的选择与管径的确定;水系统的辅助设备和配件的配置与选择;水系统的防腐、保温和保护;水系统的调节与控制。

不同水系统在具体工程设计中的选择就是对优缺点的取舍问题。但有很多因素会影响到对各项优缺点的评估,其中既有技术性的因素,也有商业性的因素,甚至有业主方面的、咨询专家的习惯等因素。在不同的时期这种评估还会受能源价格、设备价格、技术人员工资等相应关系的变化而改变。所以,从技术角度提出究竟哪种建筑应采用哪种系统方式也是不容易的。水系统的设计内容主要注意以下几点:

(1)水系统形式的选择与分区。

(2)水系统管网布置及走向。

(3)水系统水管的选择与管径的确定。

(4)水系统的辅助设备和配件的配置与选择。

(5)水系统的防腐、保温和保护。

空调水系统设计应坚持的原则:

(1)在我国宾馆等空调工程中多采用双水管系统供水。对舒适性要求很高的建筑物,在有可靠的自控元件的前提下,也可采用四水管系统供水。由于系统规模小,水管路大多采用异程式回水方式。

(2)空调水管的水流速主要与经济和噪声两个因素有关,管内流速按推荐表选用。

(3)应对水管进行阻力计算,校核主机所选配的水泵扬程是否满足要求。

(4)为避免空气滞留管内,水管的最高处应设自动排气阀。

(5)机组与水管连接处应配软管,以减少机体的振动对室内管道的影响。

(6)机组与空调水管的连接处,应装设温度计和压力表,以便于日常运转时检查。

(7)机组进水口应设丫形水滤清器,以防堵塞机组内的换热器。

(8)为便于水流量调节,空调箱和风机盘管的支管切断阀宜选用有一定调节作用的截止阀或球阀。

(9)选用的管材、配件要符合规范的要求。

(10)便于维修管理,操作、调节方便。

二、典型空调水系统设计

1. 水管系统的设计计算

根据能量守恒定律,理想流体(没有黏性)在管内流动时,各处的能量应该是不变的,可以用能量方程式表示如下:

$$E = P_j + \frac{\rho v^2}{2} + \rho g z = 常数 \tag{6-1}$$

式中:E——单位体积流量流体具有的总能量,Pa;

P_j——单位体积流量流体具有的压能,亦称静能,Pa;

ρ——流体的密度,kg/m^3;

v——流体在断面上的平均流速,m/s;

$\frac{\rho v^2}{2}$——单位体积流量流体具有的动能,亦称动压,Pa;

g——重力加速度,m/s^2;

z——在流体断面上任一点相对于选定基准面的高程,m;

$\rho g h$——单位体积流量流体具有的位能,Pa。

也就是说,如果有图 6-11 所示的流段,沿流向取 1、2 两断面,那么根据能量方程式就存在以下关系:

$$P_{j1} + \frac{\rho v_1^2}{2} + \rho g z_1 = P_{j2} + \frac{\rho v_2^2}{2} + \rho g z_2 \qquad (6\text{-}2)$$

但是,实际流体是具有黏性的,它在管内流动时就有阻力。因此克服阻力就必定有能量损失,如果用 H 表示单位体积流量实际流体在从断面 1 流向断面 2 时所损失的能量。那么实际流体在管内流动时的能量方程式应为

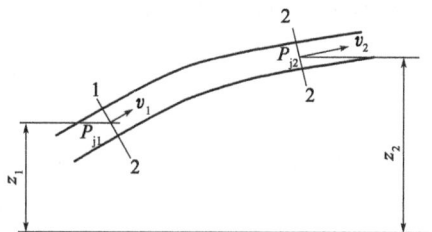

图 6-11　沿流向取 1、2 两断面的关系式

$$E = P_{j1} + \frac{\rho v_1^2}{2} + \rho g z = P_{j2} + \frac{\rho v_2^2}{2} + \rho g z + H \qquad (6\text{-}3)$$

另外,为了维持水管系统正常的输配作用,系统中必须配置水泵以提供克服阻力 H 所必要的能量 P(单位常用 kPa)。

在各种使用场合下水泵应具备的压头(扬程)按下述确定。

(1)水泵在开式系统中工作时

当水泵连接的上下水池面足够大时,可以认为 $v_1 = v_2 \approx 0$,这样:

$$P = P_0 + \rho g h + \sum(H) \qquad (6\text{-}4)$$
$$\sum(H) = H_1 + H_2$$

式中:P_0——供水管末端所需的工作压强(力),kPa;

　　z——上下两水池液面间的高差;当水泵从水池吸水向高位的空调箱喷水室供水时,它应该是水池出水口与最高供水点间的高差,m;

　　$\sum(H)$——整个水管系统的阻力损失,kPa;

　　H_1——水泵吸入段的阻力,kPa;

　　H_2——水泵压出段的阻力,kPa。

(2)水泵向压力容器供水时

当水泵向压力容器(如锅炉或闭式膨胀水箱)补水时(图 6-12),如果补给水箱的液面压强为大气压 P_a(单位为 kPa),压力容器的液面压强为 P_1(单位为 kPa),则有:

$$P = (P_1 - P_a) + \rho g h + \sum(H) \qquad (6\text{-}5)$$

2. 配件的局部阻力

当流体经局部配件如弯头、阀类或其他连接件时,会发生流向改变和速度场重新分布等现象,因而造成能量损失。这种能量损失就是局部阻力,可以用下式表示:

$$h_d = \zeta \frac{\rho v^2}{2} \qquad (6\text{-}6)$$

式中:ζ——配件的局部阻力系数。

配件的局部阻力系数均由实验方法获取。与 λ 值一样,ζ 系数值也与流体的性质、流速和配件的有效通径等因素有关。常用水管

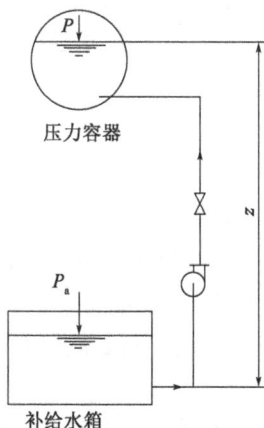

图 6-12　水泵向压力容器补水

配件的局部阻力系数见表 6-2。

水管系统配件的局部阻力系数 ζ 值 表 6-2

配件名称		ζ	配件名称	ζ	说明
渐缩变径管（对应小断面 v）		0.1	合流三通 —旁支①,2→3	1.5	① ②
渐扩变径管（对应小断面 v）		0.3	合流三通 —直通②,1→3	0.5	③ ④
从水箱侧壁接出	出水	0.5	分流三通 —旁支③,1→2	1.5	⑤ ⑥
	出水	0.75	分流三通 —直通④,1→3	0.1	⑦ ⑧
	出水	0.1	合流三通⑤, $\frac{1}{3}$→2	3.0	1. 局部阻力系数均对应图中总管的动压值;
	进水 进水	1.0	分流三通⑥, $\frac{1}{3}$→2	1.5	2. 三通配件的局部阻力系数 ζ 与流体流经三通配件时流量、面积变化有关,需要仔细计算水管系统阻力时应查阅有关专业手册
有网底阀		7.0	合流三通⑦, 2→3	0.5	
无网滤水阀		3.0	分流三通⑧, 3→2	1.0	

配件名称	公称直径 D_g(mm)					
	15	20	25	32	40	≥50
45°弯头	1.0	1.0	0.8	0.8	0.5	0.5
90°弯头	2.0	2.0	1.5	1.5	1.0	1.0
90°煨弯及乙字管	1.5	1.5	1.0	1.0	0.5	0.5
截止阀	16.0	10.0	9.0	9.0	8.0	7.0
闸阀	1.5	0.5	0.5	0.5	0.5	0.5
斜杆式截止阀	3.0	3.0	3.0	2.5	2.5	2.0
旋塞	4.0	2.0	2.0	20	—	—
升降式止回阀	16.0	10.0	9.0	9.0	8.0	7.0
旋启式止回阀	5.1	4.5	4.1	4.1	3.9	3.4

流经设备的水阻力可以直接从生产厂的产品样本中查取。目前市售的供冷量在约 3kW (2500kcal/h) 的风机盘管机组,其水阻力大致在 23.5~26.5kPa(2.4~2.7m) 范围。

由于 ζ 值由试验数据整理所得,因此在进行配件的局部阻力计算时,必须辩明 ζ 值所对应的动压值。

水管系统上喷嘴的工作压力即其局部阻力,其中包括喷嘴出口的动压损失。冷却塔的喷雾压力可以从生产厂的产品样本中查到一般情况下可以按 49kPa 计算。

3.离心泵选择及其应用

1）空调系统中常用的离心泵形式

水泵形式的选择与水管系统的特点、安装条件、运行调节要求和经济性等有关。就空调系统而言，使用比转数在 30～150 的离心泵最为合适，因为它在流量和压头的变化特性上容易满足空调系统的使用需要。在常用的离心泵中，根据对流量和压头不同要求，可以分别选用单级泵和多级泵。除此，离心泵还有单吸还有双吸之分，在相同流量和压头的运行条件下，从吸水性能、消除轴向不平衡力和运行效率方面比较，双吸泵均优于单吸泵，在流量较大时更明显；然而，双吸泵结构复杂，且一次投资较大。

空调工程中常用的高效节能型离心泵见表6-3所列。

空调工程中常用的高效节能型离心泵系列 表6-3

结 构	系列	流量范围		扬程范围		取代的系列
		（l/s）	（m³/h）	（kPa）	（m）	
单级、单吸、悬臂式	IS	1.75～111	6.3～400	49～1226	5～125	BA
单级、双吸、中开式	S	38.9～561	140～2020	98～931	10～95	SH
单吸、多级、分段式	TSWA	4.17～53.1	15～191	165～2865	16.8～292	TSW

2）水泵的性能曲线

性能曲线时液体在泵内运动规律的外部表现形式，它反映着一定转速下水泵的流量 L、压头 P、功率 N 及效率 η 之间的关系。

每一种型号的水泵，制造厂都通过性能试验给出图6-13所示的三条基本性能曲线：L-P 曲线、L-N 曲线和 L-η 曲线。

各种型号水泵的 L-P 曲线随水泵压头（扬程）和比转数而不同，一般有三种类型：平坦型、陡降型、驼峰型（图6-13）。具有平坦型 L-P 曲线的水泵，当流量变化很大时压头变化较小；具有陡降型 L-P 曲线的水泵，当流量稍有变化时压头就有较大变化。具有以上两种性能的水泵可以分别应用于不同调节的水系统中。具有驼峰型 L-P 曲线的水泵，当流量从零逐渐增大时压头相应上升；当流量达到某一数值时压头会出现最大值；当流量再增加时压头反而逐渐减少，因此，L-P 曲线形成驼峰状。当水泵的工作参数介于驼峰曲线范围时，系统的流量就可能出现忽大忽小的不稳定情况，使用时应注意避免。

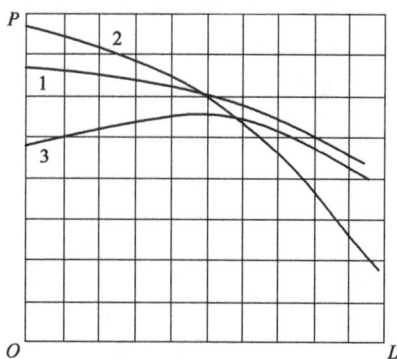

图6-13 三种不同类型的 L-P 曲线

3）水泵选择

选择水泵所依据的流量 L 和压头（或扬程）P 如下确定：

$$L = (1.1 \text{ 或 } 1.2)L_{\max} \tag{6-7}$$

式中： $L_{\max}$——设计的最大流量，m³/s 或 m³/h；

1.1 或 1.2——附加系数，当水泵单台工作时取1.1；两台并联工作时取1.2。

$$P = (1.1 \sim 1.2)H_{max} \quad\quad\quad (6\text{-}8)$$

式中：H_{max}——管网最不利环路总阻力计算值，kPa；

1.1 ~ 1.2——附加系数。

已知 L、P 值后，就可以按水泵特性曲线选择水泵型号，并从样本查知其效率、功率和配套电机型号等。当需要自行选配电机时，其功率的确定方法可参见下节。单级离心水泵的性能曲线如图 6-14 所示。

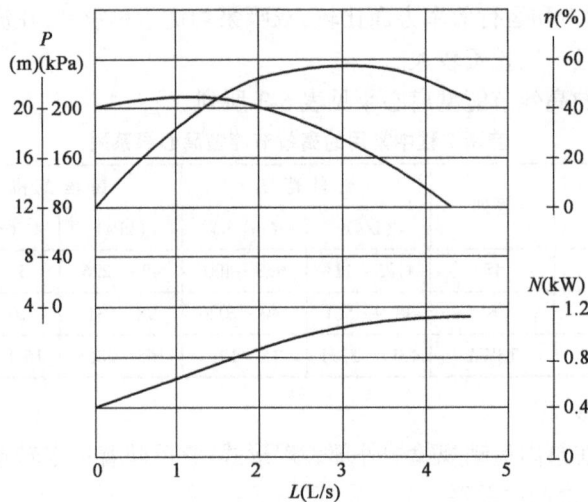

图 6-14 单级离心水泵的性能曲线

【例】 选择水泵型号。已知水系统的最大设计流量为 6(L/s)(21.6m³/h)，最不利环路总阻力为 147kPa(15mH₂O)。

【解】 计算水泵必须具有的流量和压头(扬程)。流量附加系数取 1.1；压头(扬程)附加系数取 1.15，则

$$L = 1.1L_{max} = 1.1 \times 6 = 6.6\text{L/s}, \text{即} 23.76\text{m}^3/\text{h}$$

$$P = 1.15H_{max} = 1.15 \times 147 = 169\text{kPa}, \text{即} 16.5\text{mH}_2\text{O}$$

从图 6-14 表示的 IS 系列离心水泵性能曲线，根据上述 L 和 P 的计算值，可以知道有两种型号是可以满足要求的，即 IS65-50-125 型和 IS80-50-250 型。前者转数 2900r/min，后者转速 1450r/min。根据这样初步选择，再查 IS 系列水泵样本，即可知道各自的效率和配用电机型号、功率等。

4）泵的轴功率和配用电机选择

水泵所需的轴功率 N_s，用下式计算：

$$N_s = \frac{LP}{\eta}$$

式中：L——水泵流量，m³/s；

η——水泵在工作点的总效率。

一般情况下,电机的额定功率 N_d 可以根据水泵轴功率 N_s 再增加下列富余量来确定:

$$N_d = K_a N_s$$

式中:K_a——电机容量安全系数,根据水泵轴功率从表6-4选用。

电机容量安全系数 K_a　　　　表6-4

水泵轴功率 (kW)	1	1~2	2~5	5~10	10~25	25~60	60~100	>100
K_a	1.70	1.70~1.50	1.50~1.30	1.30~1.25	1.25~1.15	1.15~1.10	1.10~1.08	1.08~1.05

应该注意的是,在选择并联水泵的电机容量时,应考虑到单台运行时超流量的影响,而水泵的功率是随水量增加而增加的,因此,电机容量应按单台运行时所需的功率配置。

由于在实际运行的空调工程中,水泵的功率较大(在一般情况下,水泵与电动式制冷机的功耗比大致为1:3),所以必须重视运行期,即在非峰值空调负荷时水泵的运行工作点的分析研究,并应使其尽量处于最高效率区工作。

5)水泵的变速计算关系

水泵的性能参数是针对某一定转速 n_0 而言的。当实际运行转速 n 与 n_0 不同时。可用相似律求出其新的性能参数。在工程应用中,相似律被简化为

$$\frac{L}{L_0} = \frac{n}{n_0} \tag{6-9}$$

$$\frac{P}{P_0} = \left(\frac{n}{n_0}\right)^2 \tag{6-10}$$

$$\frac{N}{N_0} = \left(\frac{n}{n_0}\right)^3 \tag{6-11}$$

式中:L、P、N——当水泵转速为 n 时的流量(m^3/s)、压头(kPa)和功率(kW);

L_0、P_0、N_0——当水泵转速为 n_0 时的流量(m^3/s)、压头(kPa)和功率(kW)。

式(6-9)~式(6-11)可以写成以下更为实用的形式:

$$\frac{L}{L_0} = \sqrt{\frac{P}{P_0}} = \sqrt[3]{\frac{N}{N_0}} = \frac{n}{n_0} \tag{6-12}$$

这个综合式的重要性在于,这些关系式必须同时成立。这就指出,当用增加转速来提高流量的同时,不要忘记,电机的功率应同时增加,而且它增加的倍数要比流量增加的倍数大得多。

三、冷却水系统设计

1.冷却塔的设计选型

冷却塔的作用是使水在塔内与空气进行热湿交换而得到降温。近年来,为了减低城市供水管网的负荷,空调工程中制冷系统冷凝器用的冷却水基本上都是采用冷却塔处理而循环使用的。

冷却塔多为开放式并配用风机,使空气与待处理的冷却水强制对流,以提高水的降温效果。塔内装有高密度的亲水性填充材料。常用的冷却塔有逆流型和直交流型两种(图6-15)。

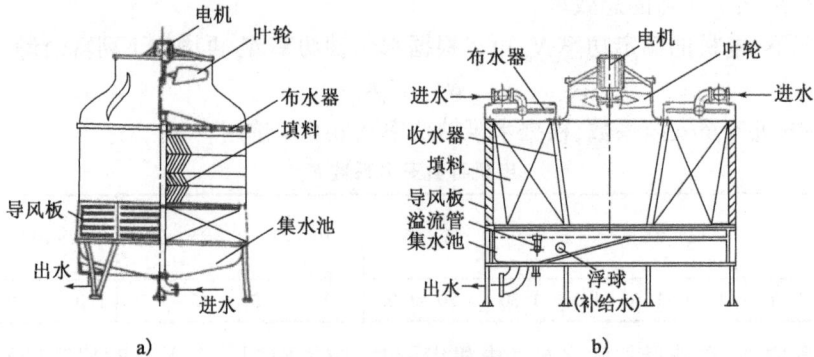

图 6-15　冷却塔的形式

a) 逆流型；b) 直交流型

空调中常用的逆流式水膜型填充物冷却塔的热工计算是一个比较复杂的问题,表示其热工特性的重要参数——以焓为基准的总容积传热系数与填充料的材质特性、冷却塔的结构形式、淋水密度、水气比、塔断面风速等因素有关。因此,在工程中使用时一般都按市售产品的样本提供的热工性能数据进行选择。

在选择冷却塔的型号和规格前,首先应根据工程设计资料计算需要的冷却水量 W。计算公式如下:

$$W = \frac{Q_c}{c(t_{w1} - t_{w2})} \tag{6-13}$$

式中: Q_c——冷却塔排走的热量,kW;

　　　c——对于压缩式制冷机,取制冷机负荷的约 1.3 倍;对于吸收式制冷机,取制冷机负荷的约 2.5 倍;

　　t_{w1}——水的比热容,KJ/(kg·℃);常温时 $c = 4.1868$[KJ/(kg·℃)]。

　　t_{w2}——冷却塔的进出水温差,℃;对于压缩式制冷机,取 4~5℃;对于吸收式制冷机,取 6~9℃。

然后,根据 W 值从产品样本选择型号和规格。当设计条件与制造厂提供的产品性能表所列条件不同时,应考虑按设计条件予以修正。

在冷却塔型号规格选定时,还需复核所选冷却塔的结构尺寸(指占地面积和高度)是否适合现场的安装条件,要根据冷却塔的运行质量核算冷却塔安装位置的楼板(或屋面板)结构的承受能力;同时要重视所选冷却塔在运行时的噪声水平,使其满足环境噪声要求。选择理想的冷却塔还要重视它的能耗指标和价格。

冷却塔的安装位置应选在不受日照之处,空气要流畅且不能受污染(指热、废气和尘埃等)。当冷却塔采用百叶窗围挡时,则百叶窗的开口面积要取得足够大,以使空气有小于2m/s 的速度流经百叶窗。机械通风式冷却塔在运行时难免会有水滴飞溅现象,在冷却塔选址时也要注意。

因为冷却水在塔内处理过程中不断蒸发,因此,水循环系统需要不断补给水。冷却塔补给水管的管径选择时应考虑高架水箱水位的高度,根据可利用的压头进行配管设计。补给水量可根据产品样本提供的数据确定,一般,可取冷却塔循环水量的1%~3%。

在冷却塔的运行管理方面,保持冷却水系统的水质是一个极为重要的问题。由于冷却水系统与大气相通,空气中的污染物如尘土、杂物、细菌、可溶性固体等随时都有可能进入循环水系统,使微生物大量繁殖,造成生物黏泥,与此同时,如果系统的补给水未经软化处理,在冷却塔中蒸发的那部分水的盐分将滞留在冷却水系统中,所以随着蒸发过程的进行,循环冷却水的溶解盐类不断被浓缩,因此水的浓度不断升高;此外,还有水中的溶解氧作用,使金属管道结垢、腐蚀。由于以上的原因,水系统的流通断面不断减小,换热器的热效率会降低,系统的输配能力降低,能耗增加,最终还可能发生水流堵塞现象甚至发生事故。所以要重视冷却水的水处理问题。冷冻水系统因为多为闭式循环,不与大气接触,而且水温低,所以结垢和黏泥不严重,但是因为补给水阀件,管道接口和水泵轴封漏气等原因会给循环水带入溶解氧,所以电化学腐蚀情况也存在,因此也要重视水处理问题。

下列冷却水水质控制指标可供工程管理参考:

(1)pH 值:6.5～8.5。

(2)浑浊度:最大容许含量≤200mg/L。

(3)暂时硬度:8～30 度(指德国度)。

实用中最有效的水处理方法是化学清理方法,即根据水质的情况定期向系统内投入清洗药剂进行水处理,使水质到达指标要求。

使用经过水处理的软水作为补给水是冷却水系统最理想的水源。如果现场不具备上述条件,为了改善水质指标可以采用下述简易方法,即调节冷却塔底池的排污阀在某一开度,使维持连续少量的排水,借以使冷却水系统内的水硬度保持在极限值以下。补给水量可以从水系统的水量平衡和盐度平衡进行计算。

2. 回水箱和回水泵的设计

回水箱的容积 V 一般根据循环水量和水泵启动方式确定:

$$V = 3.6KV_d$$

式中:V_d——回水系统的循环水量,L/s;

    K——系数;水泵采用人工充水启动时,K 取 0.10～0.16;水泵采用自动充水启动时,K 取 0.05～0.10。

回水箱逸流口的高程应按式(6-14)计算确定(图 6-16):

$$H_2 \leqslant H_1 - 0.1\Delta H + 0.1P_0 \qquad (6-14)$$

式中:H_2——回水箱溢水口中心线与回水箱最低水位的高程差,m;

    H_1——喷水室底池溢水口与回水箱最低水位的高程差,m;

    H——溢(回)水管路的阻力,kPa;

    P_0——喷水室内空气的静压值,kPa;当喷水室处在送风机的负压段时,此值为负。

当回水箱设置在回水泵高程以下时,应该用下式校核回水泵的安装高度:

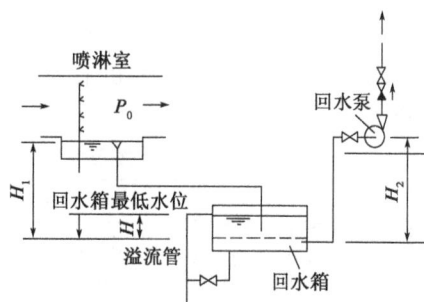

图 6-16 回水箱溢水口高程和回水泵允许安装高度的确定

$$H_a \leqslant H_s - 0.1H - H_d - \frac{v^2}{2g} \qquad (6-15)$$

式中:H_a——水泵安装高度,m,指水泵叶轮中心与回水箱最低水位最大高差;

H_s——水泵的吸水高度,m;

H——吸水管段的阻力,kPa;

H_d——当地海拔高度影响的水头,m(表6-5)。

$\dfrac{v^2}{2g}$——水泵吸水口处的流速水头,m。

当地海拔高度影响的水头 H_d 　　　　　　　　表6-5

海拔高度(m)	0	110	200	300	400	500
影响水头(m)	−0.3	−0.2	−0.1	0	0.2	0.3

四、冷冻水系统的设计

1.膨胀水箱

膨胀水箱的容积是由系统中水容量和最大的水温变化幅度决定的,可以用式(6-16)计算确定:

$$V_p = \alpha \Delta t v_3 \qquad (6\text{-}16)$$

式中:V_p——膨胀水箱有效容积(由信号管到溢流管之间高差内的容积),m^3;

α——水的体积膨胀系数,$=0.0006$,$℃^{-1}$;

Δt——最大的水温变化值,$℃$;

v_3——系统内的水容量,m^3,即系统中管道和设备内存水量的总和。

系统的水容量可以在设计完成后,从各管路和设备中逐一计算求得,也可以参考表6-6所提供的数据来确定。

系统内的水容量(L/m^2) 　　　　　　　　表6-6

状　态	全空气方式	与机组结合使用方式
供冷时	0.40 ~ 0.55	0.70 ~ 1.30
供暖时	1.25 ~ 2.00	1.20 ~ 1.90

注:与机组结合使用的方式是指诱导机组或风机盘管机组与空气系统相结合的方式,表中供暖时的数值是指使用热水锅炉的情况;当使用热交换器时可以取供冷时的数值。

从以上计算得到膨胀水箱的有效容积后,即可从采暖通风标准图籍 T_{905}(一)、(二)进行配管管径选择,从而选定规格型号。表6-7是该标准图籍中的有关资料,可供选用参考。

膨胀水箱的规格尺寸及配管的公称直径 　　　　　　　　表6-7

水箱形式	型号	公称容积(m^3)	有效容积(m^3)	外形尺寸(mm)		水箱配管的公称直径 D_g(mm)					水箱自重(kg)	采暖通风标准图籍图号
				长×宽 $L×B$(或 d)	高 H	逸流管	排水管	膨胀管	信号管	循环管		
方形	1	0.5	0.61	900×900	900	40	32	25	20	20	156.3	T_{905}(一)
	2	0.5	0.63	1200×700	900	40	32	25	20	20	164.4	
	3	1.0	1.15	1100×1100	1100	40	32	25	20	20	242.3	
	4	1.0	1.20	1400×900	1100	40	32	25	20	20	255.1	

续上表

水箱形式	型号	公称容积 (m³)	有效容积 (m³)	外形尺寸(mm)		水箱配管的公称直径 D_g(mm)					水箱自重 (kg)	采暖通风标准图籍图号
				长×宽 $L \times B$(或 d)	高 H	逸流管	排水管	膨胀管	信号管	循环管		
圆形	1	0.3	0.35	900	700	40	32	25	20	20	127.3	T_{905} (二)
	2	0.3	0.33	800	800	40	32	25	20	20	119.4	
	3	0.5	0.54	900	1000	40	32	25	20	20	153.6	
	4	0.5	0.59	1000	900	40	32	25	20	20	163.4	
	5	0.8	0.83	1000	1200	50	32	32	20	25	193.0	
	6	0.8	0.81	1100	1000	50	32	32	20	25	193.8	
	7	1.0	1.10	1100	1300	50	32	32	20	25	238.4	
	8	1.0	1.20	1200	1200	50	32	32	20	25	253.1	

2. 集水器和分水器

在采用集中供冷、供暖方式的工程中,为了有利于各空调分区流量分配和调节灵活方便,常常在供回水干管上分别设置分水器和集水器,再从分水器和集水器分别连接各空调的供水管和回水管。这种连接方式使得各分区供回水管上的安装和维修操作都十分方便。

分水器和集水器实际上是一大段管径的管子,只是在其上按设计要求焊接上若干不同管径的管接头(图6-17)。

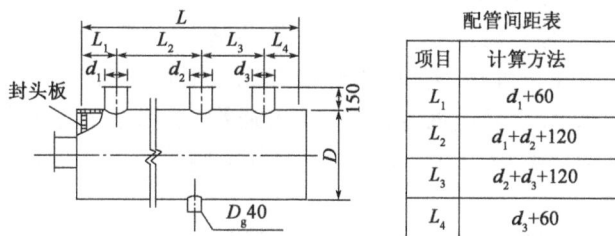

配管间距表	
项目	计算方法
L_1	d_1+60
L_2	d_1+d_2+120
L_3	d_2+d_3+120
L_4	d_3+60

图6-17 分水器或集水器的构造简图(尺寸单位:mm)

确定分水器和集水器管径的原则是使水量通过时的流速大致控制在 $0.5 \sim 0.8 \text{m/s}$。

【例】 如果要从分水器上接出6根公称管径为 D_g80 的供水管,而且该供水管的设计流速为 2.0m/s,那么分水器的管径应该选多大?

【解】 先查得 D_g80 水煤气输送钢管的内径为80.5mm,算得其断面就为 51.9cm^2,这样,6根 D_g80 管道的总流通断面积为 311.4cm^2。如果分水器内流速取 0.8m/s,那么分水器的流通断面积为 $311.4 \times (2.0 \times 0.8) = 498.24\text{cm}^2$,于是就可以算出分水器的内径为315mm。对照我国在空调水系统中常用的钢管规则,可以认为,选用 D325×8 无缝钢管是合适的。由于 D325×8 无缝钢管的内径为309mm,所以实际管内水流速稍稍大于 0.8m/s。

分水器和集水器上各配管的间距可参考图6-17中的表格确定。

分水器和集水器都用无缝钢管制作。选用的管壁和封头板的厚度以及焊缝作法应按耐压要求确定。分水器和集水器的底部应有排污管接口,一般选用 D_g40。

3. 除污器和水滤清器

为防止水管系统堵塞和保证各类设备和阀件的正常功能,在管路中应安装除污器和水滤清器,用以清除和过滤水中的杂物和黏混水垢。一般,除污器和水滤清器安装在水泵的吸入管和热交换设备的进水管上。其他如供暖系统上的减压阀和自动排气阀等小通径阀件前的管路上都应安装。

工程上常用的除污器有立式直通式、卧式直通式和卧式角通式等,可视现场安装条件选用。

除污器和水滤清器的型号都是按照连接管的管径选定的。连接管的管径应该与干管的管径相同。在进行阻力计算时,目前工程上常用的除污器的局部阻力系数可取 4 ~ 6;水滤清器的局部阻力系数可取 2.2;它们都对应于连接管的动压。

在选定除污器和水滤清器时,应重视它们的耐压要求和安装检验的场地要求。除污器和水滤清器的前后,应该设置闸阀,供它们在定期检修时与水系统切断之用(平时处于全开状态);安装时必须注意水流方向。在系统运转和清洗管路的初期,宜把其中的滤芯卸下,以免损坏。

4. 管材、管件和保温

1) 管材

空调水系统中常用的管材是水、煤气输送钢管和无缝钢管。

水、煤气输送钢管是按照原冶金工业部技术标准《水、煤气输送钢管》(YB234-63)用碳素软钢制造的俗称熟铁管。它有镀锌管(俗称白铁管)和不镀锌管(俗称黑铁管)之分。它的管壁纵向有一条焊缝,一般用护焊法和高频电焊法焊成。钢管管端有带螺纹和不带螺纹两种。根据管壁的不同厚度,水、煤气输送钢管又可分为普通管(适用于公称压力 $P_g \leqslant 1.0$MPa)和加厚管(适用于公称压力 $P_g \leqslant 1.6$MPa)。这两种壁厚都可用手动工具或套丝机在管端加工管螺纹,以便采用螺纹连接。

水、煤气输送钢管的规格是用公称直径(D_g)表示的。例如,公称直径为 50mm 的水、煤气输送钢管,则表示为 D_g50。空调水系统上常用的规格见表 6-8 所列,表中理论质量是指不镀锌钢管(黑铁管)的理论质量。镀锌钢管比不镀锌钢管重为 3% ~ 6%。

煤气输送钢管的规格表[摘自《水、煤气输送钢管》(YB234-63)] 表 6-8

公称直径 D_g (mm)	外径 (mm)	普通管		加厚管		每米钢管分配的管接头质量 (以每 6m 一个管接头计算) (kg)
		壁厚 (mm)	不计管接头的理论质量 (kg/m)	壁厚 (mm)	不计管接头的理论质量 (kg/m)	
8	13.50	2.25	0.62	2.75	0.73	—
10	17.00	2.25	0.82	2.75	0.93	—
15	21.25	2.75	1.25	3.25	1.44	0.01
20	26.75	2.75	1.63	3.50	2.01	0.02
25	33.50	3.25	2.42	4.00	2.91	0.03

续上表

公称直径 D_g （mm）	外径 （mm）	普通管		加厚管		每米钢管分配的管接头质量 （以每6m一个管接头计算） （kg）
		壁厚 （mm）	不计管接头的理论质量 （kg/m）	壁厚 （mm）	不计管接头的理论质量 （kg/m）	
32	42.25	3.25	3.13	4.00	3.77	0.04
40	48.00	3.50	3.84	4.25	4.58	0.06
50	60.00	3.50	4.88	4.50	6.16	0.08
65	75.50	3.75	6.64	4.50	7.83	0.13
80	88.50	4.00	8.34	4.75	9.81	0.20
100	114.00	4.00	10.85	5.00	13.44	0.40

常用的无缝钢管是按照原冶金工业部技术标准《热轧无缝钢管》（YB231-70）用普通碳素钢、优质碳素钢、普通低合金钢和合金结构钢制造的。习惯用英文字母 D 后续外径乘以壁厚来表示，如外径为 108mm、壁厚为 4mm 的无缝钢管，应表示为 D108×4，它相当于公称直径 100mm。

无缝钢管按制造方法分为热轧管和冷拔（轧）管。冷拔（轧）管的最大公称直径为 200mm，热轧管的最大公称直径为 600mm。在管道工程中，管径超过 57mm（指外径）时常选用热轧管，管径小于 57mm 时常选用冷拔（轧）管。

无缝钢管按外径和壁厚供货。在同一外径中有多种壁厚，承受的压力范围较大，但各有不同。钢管一般按实际质量交货，也可按理论质量（密度 $7.85kg/m^3$）交货。钢管的实际质量和理论质量偏差，每根钢管为 ±12%，每批钢管为 ±8%。

2）管道连接件

管道连接方法有螺纹接、凸缘接和焊接三种，应按所选管材和最大工作压力选定，具体参数见表 6-9。

空调水系统中常用的一般无缝钢管规格表［摘自《热轧无缝管》（YB231-70）］　　表 6-9

公称直径（mm）	外径（mm）	壁厚（mm）	质量每米（kg/m）
10	14	3.0	0.814
15	18	3.0	1.11
20	25	3.0	1.63
25	32	3.5	2.46
32	38	3.5	2.98
40	45	3.5	3.58
50	57	3.5	4.62
65	76	4.0	7.10
80	89	4.0	8.38
100	108	4.0	10.26
125	133	4.0	12.73
150	159	4.5	17.15

公称直径(mm)	外径(mm)	壁厚(mm)	质量每米(kg/m)
200	219	6.0	31.54
250	273	7.0	45.92
300	325	8.0	62.54
400	426	9.0	92.55
500	530	9.0	105.50

当选择与设备(或阀件)相连接的凸缘时,应按设备和阀件的公称压力。

注意:对于空调工程范畴的水管,最大工作压力可以当作公称压力考虑来选择,否则会造成所选择的凸缘与设备(或阀件)上的凸缘尺寸不相符的情况。当采用凹凸式或榫槽式凸缘连接时,在一般情况下,设备和阀件上的凸缘制成凹面或槽面,而配制的凸缘制成凸面或榫面。

在选用凸缘时应优先选用标准凸缘,非标准凸缘是要自行设计的。我国现行凸缘技术标准的公称压力(P_g)系列为 0.1、0.25、0.6、1.0、1.6、2.5、4.0、6.4MPa 时,一般应按 1.6MPa 等级选用。

3)管道保温

为了减少管道的能量损失,防止冷水管道表面结露以及保证进入空调设备和末端空调机组的供水温度,管道及其附件均应采用保温措施,保温层的经济厚度的确定与很多因素有关,如材料的物理特性,材料和保温结构的投资及其偿还年限、能价(还应包括上涨率因素)、系统的运行小时数等,需要详细计算时可以查阅有关技术资料。一般情况下可以参考表 6-10 选用。

保温层厚度选用参考表 表 6-10

冷水管(或热水管)的公称直径 D_g(mm)		≤32	40~55	80~150	200~300	>300
保温层厚度(mm)	聚苯乙烯(自熄型)	40~45	45~50	55~60	60~65	70
	玻璃棉	35	40	45	50	50

注:其他管道如冷凝水管、室外明装的冷却塔出水管以及膨胀水箱的保温层厚度取25mm。

目前,空调工程中常用的保温材料及其主要技术特性列于表 6-10。

保温结构的设计和施工质量直接影响到保温效果、投资费用和使用寿命,应予以重视。

管道和设备的保温结构一般由保温层和保护层组成。对于敷设在地沟内的管道和输送低温水的管道还需加防潮层。

管道保温结构的施工应在管道系统试压和涂漆合格后进行。在施工前应先清除管子表面的脏物和铁锈,涂上防锈漆两道,要保护管道外表面的清洁并使其干燥。在冬、雨季进行室外管道施工时应有防冻和防雨的措施。

保温结构的形式甚多,视选用的保温材料、管径大小和管径的外界环境条件而异。目前,空调工程中水管大多用管壳式保温材料,并采用绑扎式结构,在管壳的外面应包裹油毡玻璃丝布保护层涂抹石棉水泥保护壳。

注意:在用矿渣棉或玻璃棉制的管壳作保温层时,宜使用油毡玻璃丝布保护层,而不宜选用石棉水泥保护壳。

具体常见保温材料及其主要技术特性见表6-11。

常用保温材料及其主要技术特性 表6-11

材料名称	密度 （kg/m³）	导热系数 ［W/（mK）］	适用温度 （℃）	备 注
可发性聚苯乙烯塑料板、管壳	18～25	0.041～0.044	−40～70	此种材料有自熄型和非自熄型两种,订货时需明确指出
软质聚氨酯泡沫塑料制品	30～36	0.040	−20～80	它可以现场发泡浇注成型,强度较大,但成本也高
酚醛树脂矿渣棉管壳	150～180	0.042～0.049	<300	难燃、价廉、货源广,施工时刺激皮肤且尘土大
岩棉保温管壳	100～200	0.052～0.058	−268～350	适应温度范围大,施工容易,但需注意岩棉对人体的危害
水泥珍珠岩管壳	250～400	0.058～0.087	≤600	不燃、不腐蚀、化学稳定性好,且价廉
玻璃棉管壳	120～150	0.035～0.058	≤250	耐腐蚀、耐火、吸水性很小,有良好的化学稳定性,但施工时刺激皮肤
聚乙烯高分子架桥发泡体	33～45	0.036	≤100	难燃、燃烧无毒性、极佳的防水性、优良的耐候性、加工容易、优良的结构强度

管道保温结构的施工方法很多,详细的内容可以参阅施工规范和有关手册。

管道支、吊、托架的做法和使用材料可参阅采暖通风标准图集（N112）。间距可以根据管段的负载计算而定。一般情况下,可以参考表6-12选定。

钢管管道支、吊、托架的最大间距 表6-12

公称直径 D_g （mm）		15	20	25	32	40	50	65	80	100	125	150	200	250	300
最大间距 （m）	保温管道	1.5	2.0	2.0	2.5	3.0	3.0	4.0	4.0	4.5	5.0	6.5	7.0	8.0	8.5
	不保温管道	2.5	3.0	3.5	4.0	4.5	5.0	6.0	6.0	6.5	7.0	8.0	9.5	11.0	12.0

5.簧管压力表

（1）作用:簧管压力表用于测量水系统的压力。了解水系统各处的压力对于判断水系统是否正常十分必要,应该专人每天对于水系统压力表进行抄数。

（2）形式:常用的簧管压力表的外形如图6-18所示。

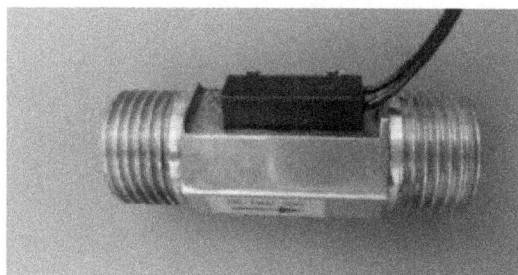

图6-18 簧管压力表

（3）安装方法：

①压力表的取压口应安装在直管段上，前后 5 倍管径处不能有弯管、变径、阀门等设备；

②安装时必须使表盘直于地面，若安装位高于视平线时，应使表盘略向前倾斜，以便观测，应安装在便于观察和维修的起压点，取压管应有足够的长度，避免将弯管式旋塞包在保温结构中。

③当簧管压力表的接头一般为公制螺纹，如与英制螺纹连接时，中间应增加压力表过渡接头。

6. 温度计

（1）作用：用于测量系统内各点的水温。

（2）形式：温度计的形式有很多种，常用的为工业内标式玻璃温度计。

（3）安装方法：温度计的安装的核心原则是尽量减少温度计与水之间的热阻。

安装时应确保温度计温饱部分应在管道的中心线上，即温度计的下体长度为管道的半径加温度计的接头的有效长度。在没有接头的具体长度时，可以按如下方法进行估算下体长度：直形温度计 $(D/2 + 60)$ mm；$90°$ 角形温度计 $(D/2 + 80)$ mm；$135°$ 角形温度计 $(0.7D + 70)$ mm。

注意：以上估算的温度计的下体长度，不包括管子的保温层厚度。

7. 水流开关（流量控制器）

（1）作用：中央空调一般以水作为二次换热的介质，合适的水流量是中央空调主机可靠工作的必要保证，不适当的水流量可能导致冷水主机蒸发器结冰、冷凝压力高、压缩机"咬缸"等故障，因此，合适的水流检测方法以及检测部件是保证机组只有在系统水流量大于允许的最小水流量下工作，避免空调主机发生故障；应特别注意，一般使用 2 年以后就需要更换。

（2）形式：一般有靶标式和压差式两种，目前我们常用的为靶标式；

（3）安装方法：

①安装前请仔细检查流量控制器，包装应完好，外观应无损伤及变形。水流开关（流量控制器）安装方法如图 6-19 所示。

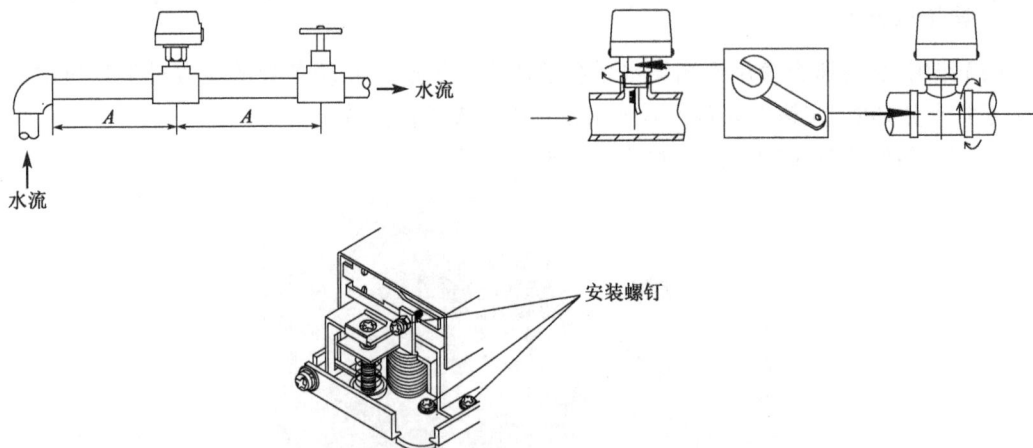

图 6-19　水流开关（流量控制器）安装方法（$A > 5D$）

②流量控制器可安装在水平管道或液流方向向上的垂直管道中,但不能安装在液流向下的管道中。当安装在液流向上的管道时,应考虑到重力影响。需要指出的是,一般不要在垂直管段上安装。

③流量控制器一定要安装在一段直线管道上,其两边至少有5倍管径的直线行程,同时必须注意管道中液流方向必须与控制器上箭头方向相一致。其接线端子应在易于接线的位置。

④安装及接线时,请注意以下事项:

a.绝对禁止扳手碰撞流量控制器底板,导致流量控制器变形失效。

b.为避免触电及损害设备,在接线或进行调试时,应切断电源。

c.接线时,绝对禁止调节除微动开关接线端子、接地螺栓外的其他螺栓,并应注意,微动开关接线时不能用力过猛,否则,将使微动开关本身位置位移,导致流量控制器失效。

d.接地必须使用专用接地螺栓,不能随意拆卸安装螺钉,否则将导致控制器变形失效。

e.控制器出厂前已设定为最小流量值,不得调到低于出厂设定值,否则可能造成开关失效。安装结束后,请通过按动流量控制器杠杆数次来检查,一旦发现杠杆回复时没有"咔嗒"时,应顺时针旋转调节螺栓直到回复时有"咔嗒"声。

f.控制器的靶片不能与管道内壁及管道中其他节流器相接触,否则,容易导致控制器不能正常复位。

(4)水流开关调试。应观察3个工作周期,确定控制器和与之连接的系统运转正常,并及时盖上控制器外壳。

8.气阀

(1)作用:用于排出水系统中的空气。

(2)形式:一般有自动式和手动式。

(3)安装方法:应安装于系统最高点。

9.集气罐

(1)作用:为是水系统运行正常,及时排除系统内的空气是很重要的。

(2)形式:通常的做法是在管路上装置集气罐,集气罐一般是用公称直径100~150mm的短的钢管制成的。它与系统的连接方法如图6-20所示。集气罐的放气管可选用公称直径为15mm的钢管制作。放气管上应安装放气阀,供系统充水时和运行时定期放气之用。为保证集气罐的排放空气功能,它的安装高度必须低于膨胀水箱。

(3)安装方法:集气罐与系统管路的连接,由于立式集气罐容纳的空气比卧式集气罐容纳得多,所以在大多数情况下都选用立式集气罐;只在干管距顶篷的距离很小不能设置立式集气罐时,才使用卧式集气罐。

10.阀门

安装平直,阀门手柄严禁朝下;以阀座为基准,采用低进高出安装方向;注意介质流动方向,防止装反。

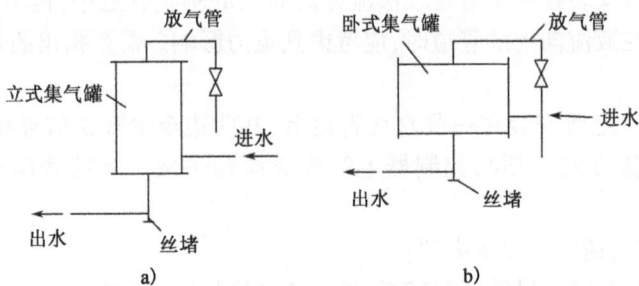

图6-20 集气罐连接方法

11. 玻璃液位计

由一副针形阀和一根玻璃管组成,在针形阀内有金属小球,以防止玻璃管突然破裂,能在容器内介质的压力下(一般不小于0.2MPa)自动阻塞通道,不会致使液体流失,阀体上的丝堵主要用于清理通道或兼作排液,该液位计的工作压力在1.6MPa,工作温度在80~100℃,液位计阀以螺纹或凸缘与容器相连接。安装时应校核,使其两端液位计阀接口对中,液位计阀门与玻璃管采用锁母填料函的连接方式,一般以石棉绳作填料。

单元6.3 空调水系统施工

学习目标

1. 熟悉空调水系统施工工艺规范的相关内容;
2. 了解安装空调水系统时应注意的问题。

学习重点

空调水系统施工工艺规范。

课前预习

请扫描二维码观看微课视频,完成预习。

空调设备的安装

理论知识

一、空调水系统施工工艺规范

为了规范空调水系统管道的施工方法及程序,保证施工质量,降低成本,最终使空调水管道安装工程满足设计及验收规范要求,并做好文明施工、环境保护,创造良好的施工环境,创建文明工程,空调水系统施工应满足相关规范要求。

1.工艺流程方框图(图6-21)

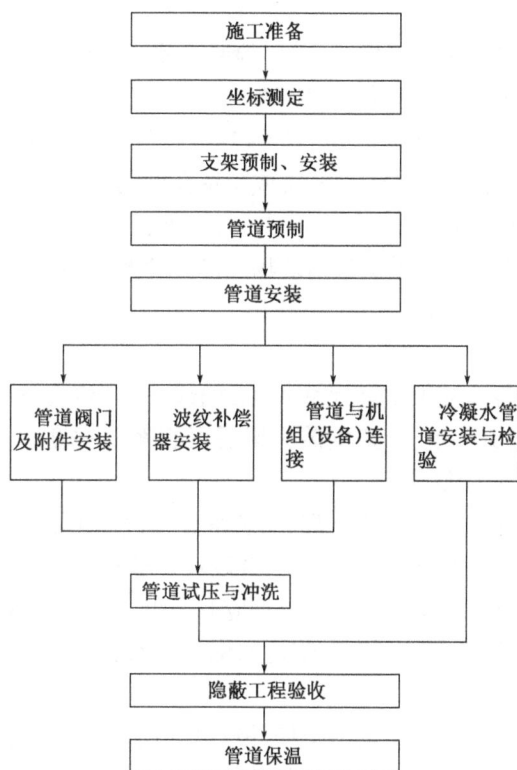

图6-21　工艺流程图

2.工艺过程

空调水系统管道的施工及验收应符合《通风与空调工程施工质量验收规范》(GB 50243—2016)、《工业金属管道工程施工规范》(GB 50235—2010)以及《建筑给水硬氯乙烯管管道工程技术规程》(CECS 41—2004)的有关规定。

1)施工准备

(1)熟悉施工图纸与管道工艺流程、输送介质温度、压力与连接形式等的技术要求及施工验收规范。同时,认真审阅施工图,注意施工图的设计深度和完整性,及时提出和解决设计图上存在的问题。

(2)按贯标文件要求,根据工程进度准备提供公司规定的合格分供方生产的材料。

(3)根据施工组织设计要求编制简要施工方案。向施工班组进行安全、技术交底,交技术执行标准、验收规范以及交施工方法、工艺技术要求,作业队向施工班组签发施工作业单元书。

(4)根据工程进度,按施工图及时提出要料计划及加工件加工计划。进入库房或指定位置的材料,必须具备产品质量保证书和合格证,同时还应按验收规范要求,对进入现场仓库的材料进行检验和试验。各类阀门进现场后应按验收规范要求进行抽查试压检验。并及时做好状态标志和产品标志,严禁未经检验和试验的产品和不合格产品材料投入使用。

(5) 根据计量器具需用计划,分阶段组织计量器具进场。

(6) 根据施工进度,及时提供机具使用计划,确保机具及时到位。

2) 坐标测定

(1) 现场安装部位的结构工程已完毕,并已检验合格达到强度要求,土建单位已定出必需的定位轴线、高程控制线和抹灰层厚度控制标准。

(2) 按设计施工图所标管道坐标位置、管道口径、类别与规范要求,及时复验土建做好的管道穿越基础、沉降缝、墙板、楼板的予埋套管或预留孔洞的坐标位置。

(3) 应按设计施工图所规定的管道坐标、走向,根据已有建筑物和设备位置,室内高程基准线,用测量工具测量出管道及管道支架的现场安装的坐标位置、高程位置,并绘制出管道单线加工预制图及支架加工预制图。

3) 支架预制安装

(1) 支架预制。依据各个支架实际尺寸加工,画线下料、定位钻孔到焊接成型,并做好油漆防腐工作(底漆二度、面漆一度,管道安装完毕后再刷面漆一度)。垫木式支架的硬垫木和U形抱卡的加工应符合技术交底规定。

(2) 支架安装。管道支架形式选用合理、安装平整牢固、排列整齐统一。管道与支架接触紧密,支架与固定支架设置位置、构造形式应符合设计要求和施工验收规范规定。固定在建筑结构上的支、吊架不得影响结构安全,支、吊架不应有漏焊、欠焊或焊接裂痕等缺陷。当管道与管道支架、支座需要焊接时,管子处不应有咬边和烧穿现象。支架安装完毕后必须进行工序检查,检查合格后方可进行管道安装。

(3) 常用管道支架形式。常用管道支架按外形分为门型支架、悬臂支架、吊架和压制弯管托架等;按照管道的固定情况分为活动支架和固定支架。

4) 管道支架间距及允许偏差

本工程管道支架的最大间距见表6-13。

钢管管道支架的最大间距   表6-13

管道直径(mm)		15	20	25	32	40	50	70	80
支架最大间距(m)	保温管	1.5	2	2.5	2.5	3	3.5	4	5
	不保温管	2.5	3	3.5	4	4.5	5	6	6.5
管道直径(mm)		100	125	150	200	250	300	350	400
支架最大间距(m)	保温管	5	5.5	6.5	7.5	8.5	9.5	9.5	9.5
	不保温管	6.5	7.5	7.5	9	9.5	10.5	10.5	10.5

(1) 预制加工。为了加快施工进度,保证施工质量,减少管道到位后固定位置的仰焊、死角焊,应尽量增加管道的预制工作量。应按管道单线图加工预制,同时加工组合件应便于装配、垂直运输及吊装,并且要求具有足够的强度。

(2) 无缝钢管公称通径≤50mm 时,应采用机械或钢锯、管子割刀切断,断口不准有缩颈或毛刺,必须采用气焊焊接。当公称通径≥65mm 时,切断和坡口可采用机械或氧乙炔气割割断和坡口,但表面不可有裂纹、毛刺,焊接组对的对口,焊接质量必须达到《现场设备、工业管道焊接工程施工规范》(GB 50236—2011)规定的要求。

(3)连接镀锌钢管螺纹时,管道螺纹应光滑、完整,无毛刺、乱丝,断丝长度不得超过10%。用手拧入2～3牙,一次装紧不得倒回,同时要清除多余填料,并涂防锈油漆加以保护。

5)管道安装

(1)安装顺序:管道井总管→支立管或平面支管→再与空调设备连接→冷冻机房管道安装。无缝钢管安装前必须除锈刷第一度防锈漆。

(2)管道气割修口和开制三通时应避免将铁屑、铁块等异物进入管内。施工临时告一段落时,应将管道开口处、朝天敞口处及时封堵住,切实做好管道防堵预防工作。

(3)当管道穿越楼板与隔墙时,应设置套管,有防水要求时,应设置刚性防水套管,其口径应比管道口径大二挡,并应保证有大于保温层的间隙以利保温。管道焊缝与阀门仪表等附件的设置不得紧贴墙壁、楼板和支架上。

(4)在安装垂直总管或者管道井安装总管时,应在立管的底部处设置承重支架。

(5)应按设计要求合理设置放气和排水装置。当回水管与其他管线、设备相碰避让,产生向下变位敷设时,其管道变位前的最高处应加设放气装置,以利放尽管道内空气,避免产生气隔堵塞现象,影响管道供热或供冷的运行效果。

(6)管道安装的允许偏差应符合表6-14的规定。

管道安装的允许偏差（mm）　　　　　表6-14

项　　目			允　许　偏　差
坐标	架空及地沟	室外	25
		室内	15
	埋地		60
高程	架空及地沟	室外	±20
		室内	±15
	埋地		±25
水平管道平直度		$DN \leqslant 100$	$2L‰$最大50
		$DN > 100$	$3L‰$最大80
立管铅垂度			$5L‰$最大30
成排管道间距			15
交叉管的外壁或绝热层间距			20

注:L-管子有效长度;DN-管子公称直径。

6)管道阀门及附件安装

(1)阀门安装时应按施工图纸要求核对阀门的规格、型号及压力等级、安装位置、介质流向和安装高度。

(2)阀门的手柄不得向下,电动阀、调节阀等仪表阀类的阀头均应向上安装,成排管线上的阀门应错开安装,其手轮间距不得小于100mm。阀门应开启方便灵活,便于操作维修。

(3)压力表、温度计与流量计等仪表的型号、规格及安装位置应符合设计与验收规范的要求,并应便于观察检修。

7)波纹补偿器安装

(1)空调水系统管道上的补偿器,一般采用波纹补偿器。波纹补偿器一般分为轴向型补偿器、横向型补偿器、角向型补偿器、压力平衡式补偿器四类。不同的补偿器具有不同的补偿功能,必须按照设计要求正确选用。同时,在安装前必须认真阅读生产厂家提供的产品安装说明书,按厂方规定的技术条件核查进场的补偿器及其附件的质量和数量。

(2)安装:无论是钢管焊接还是凸缘连接形式的补偿器,通常是待管道安装好,导向支架与固定支架安装定位后,再安装补偿器,以确保补偿器的同轴度不受影响。

(3)安装顺序:

①根据补偿器安装状态下的长度定出切割线切割管道。

②凸缘式补偿器安装时将凸缘与垫片临时安装在管道上,当补偿器安装定位后,进行管道凸缘点焊固定,拆下补偿器,再进行管道凸缘焊接,然后将补偿器安装定位。

(4)波纹补偿器的导向支架与固定支架必须按照设计要求排列安装,型钢大小选用必须符合设计的规定。吊装补偿器时,不得将绳索捆绑在波节上,临时支撑件也不能靠在波节上。安装过程中,必须严防波节遭受磕碰、电焊渣飞溅到波节上的现象,做好产品保护工作。

(5)波纹补偿器上的临时固定装置,在管道试压结束后才能拆除或调整(约束固定装置必须按照厂商提供产品的要求,拆除或调整),确保补偿器正常投入运行的性能,安装质量达到设计及验收规范要求。补偿器安装完毕后,应按要求填写补偿器安装记录表。

8)管道与机组、设备连接

(1)管道与机组、泵类设备连接时,应采取隔振措施。本工程采用橡胶软接头凸缘连接。

(2)隔振软接头位置应尽量靠近设备接口,管道与软接头、设备之间的连接,应在不受应力影响下安装定位,严禁强行对口,造成隔振软接头长度尺寸的变化和同轴度偏差,安装长度偏差及同轴度偏差应≤2mm。隔振软接头安装前应采取加设限位控制保护措施,确保隔振软接头安装达到施工验收规范的要求。

(3)与机组、泵类设备连接时,必须对设备采取可靠的保护措施,防止交叉施工中异物、水泥砂浆污损设备和进入设备,造成堵塞。同时在设备与管道连接前,应在连接凸缘间加设盲板封堵,防止在施工中,焊渣、小铁块、垃圾等异物进入设备,造成隐患,损坏设备。

(4)与设备隔振软接头连接的管道均应有支吊架固定。确保管道与设备连接的施工质量达到设计与验收规范的要求。

(5)与冷冻机组、换热器等设备连接的管道,可以在循环清洗后安装。如果要求在循环清洗前进行安装时,必须在循环清洗前,将连接设备的管道临时连通,防止管道内异物进入设备,清洗合格后再接通。

(6)与风机盘管的连接安装:当供回水管道三通向上方开启时,管道的坡度应该坡向总支管,管道高程不能高于风机盘管的管道进出口高程,否则,容易产生气隔堵塞现象,不利于风机盘管的放气。阀门一般采用球阀,与风机盘管的连接应采用紫铜管胀口接管连接、橡胶软接头和不锈钢波纹管连接等软性连接方式。

3.冷凝水管道安装与检验

(1)冷凝水管道PP-R管道采用热熔连接或丝扣连接。

安装时,管道坡度、坡向应符合设计要求,有条件时应尽量加大空调器滴水盘与冷凝水管的高差,减少管道变向转弯敷设,确保冷凝水管道畅通。

（2）管道安装时,应及时进行支吊架固定,支架的间距和位置必须符合设计与规范的要求。管道的切口不得有缩颈或毛刺,严禁丝口填料进入管内。冷凝水管道水平敷设不宜过长,对设计中不合理的布置应向设计人员提出合理化建议。冷凝水管水平管道的起点与冷凝水管的立管顶部,宜设置透气口以利排水畅通。

（3）管道安装结束后,应做好管道通水试验。在试验前要清除空调器滴水盘内的垃圾异物,在通水试验时必须逐只检查空调器的滴水盘,不得有倒坡现象,灌水量宜为滴水盘高度2/3,一次排放,畅通为合格。

（4）加强吊顶内与管道井内的管道检验,管道及支吊架安装良好,冷凝水管无被碰移位现象,管道与空调器滴水盘的连接软管无弯曲折瘪、无脱落现象,管道保温完好,安装质量完全符合设计与施工验收规范。

4.管道试压与清洗

（1）试压前,管道施工技术人员必须熟悉设计要求、工艺流程、压力和输送介质、温度等技术参数。根据空调水管道的施工顺序、进度和施工方法选定管道试压顺序和循环清洗方法,编制出相应完善的施工方案,以指导试压。

（2）管道试压应按施工进程分区、段进行,待系统施工完毕后最后进行系统试压工作。试压前应满足,被试压管道施工已完毕,管道、支吊架、阀门等附件安装经系统完整性检查都已符合规范验收要求,试压施工方案已审批,试压准备工作已完成。同时应成立试压工作小组,明确各自的工作职责和检查范围,统一联络、统一指挥调动,加强巡回检查,确保试压与清洗工作顺利完成。在试压与循环清洗施工前,应根据施工方案要求,就当前要进行的试压与清洗管道的范围、施工方法与详细要求、安全与产品保护措施要求等对全体参与施工的人员进行安全技术交底,各分工负责人员明确各自责任后应该在交底记录单上签字。各参与施工人员应明确自己所承担的工作。试压验收合格后应及时办理好试压验收记录表的签证工作。

二、安装空调水系统时

1.空调水系统施工工序

从施工前期准备到调试验收阶段,空调水系统施工的工作内容繁多且每步都相继关联,为保证调试及运行时空调水系统能够更好地运行,施工人员应该按部就班地遵照规范及正确的施工工艺顺序,落实细节。

在工程施工准备阶段,施工人员应该积极熟悉图纸,重视图纸会审,需将系统图、平面图逐一审核,审核时应注意细节,如末端阀门安装是否合理、系统回路是否正确、冷凝水立管及水平排放点、管井安装距离是否方便操作施工、立管伸缩节固定支架合理性、管道及保温材质厚度是否明确等。

在主体施工阶段,须统计出楼板及剪力墙上预留洞数量,对于管井建议预留长条形管井洞以便于安装立管。当土建主体结构施工至约15层时应及时安装空调水立管,立管随主体安装直至主体封顶。在预留预埋期间应抓紧进行技术方面的工作,进行系统、平面及机房的深化,并与建设单位、设计沟通各设备形式参数,尽快进行生产,保证设备提前进场。为正式安装提前做好准备。

当主体封顶后,逐渐进入安装阶段。空调水系统应尽量保证"设备先行、先干管后支管、先大管后小管"的安装顺序,安装中重点项目应注意空调水管的闭式环路的特殊性,保证安装的合理性和规范性,为后期空调水系统的完美运行埋下伏笔。

2. 安装空调水系统时应注意的问题

1)施工前的准备

(1)图纸会审问题

图纸是施工中的主要依据,项目专业技术人员应认真审核图纸,对图纸中不明确事项及图纸中存在的错误进行统计,并结合相关专业图纸核查设备数量及相应配电情况有无遗漏。设计说明是施工中主要遵守的准则,要仔细看设计说明,把其中的每一个细节都要看清。有时设计只是在设计说明中提了一句,在以后的图纸中都没有标明,但要根据前面的说明进行施工。此外,还要看图纸中所涉及的施工规范,图纸没有具体说明的要参考施工规范。图纸要收集全,通用图、综合管线图、给排水图纸、建筑图纸、装饰图纸、限界图纸都要看一下。有时图纸前后冲突,以出图日期靠后的图纸为准,如果出图日期靠后的图纸也不符合要求,则以平面图为准,而管线的走向及高程以综合管线图为准。在图纸会审中要注意以下几个问题:

①管道支吊架的固定问题。有时设计只注意高程及空间,没有考虑施工中支吊架的固定,这样就容易造成在图纸上管道高程空间都够,但在实际施工中管道无法固定的问题。在走廊及空间比较狭窄处设计容易存在这样的失误,在图纸会审中要看仔细,发现问题应及时跟设计沟通。

②在按照综合管线图施工时,设计有时会忽略公共区装修的图纸,管线和公共区装修冲突,在施工时要看一下公共区装修的图纸。

③空调管道的保温问题。设计在管道的排列时容易只算管道自身的尺寸,而把保温棉的尺寸忽略。

④预留孔洞问题。由于给排水和消防管道比较多,中板、墙上需要预留孔洞比较多,建筑设计容易疏漏,给管道施工造成困难。容易漏掉孔洞的地方有消防箱、各风亭的预留孔洞等,如有遗漏应及时跟设计沟通。

⑤管线交叉问题。在站厅公共区和设备区交接处,水管要与电缆桥架、风管交越,在这一位置,设计容易出现错误,要注意与各专业协调布置管道位置。

⑥区间消防管施工时要注意看一下限界图纸,有时管道高程是要做局部调整的,千万注意。

(2)材料订货问题

①材料的技术标准。在订货前要仔细把招标文件中对各种材料规定的技术标准看清。招标文件中没有说明的要参照施工及验收标准和国标。

②材料的订货周期问题。给排水消防施工中所用材料比较多、比较杂,要看清哪种材料是甲供,哪一种材料是甲控乙供,哪一种材料是乙供。在乙供材料中,有很多材料需要提前至少半个月订货,如公称直径100mm以上的钢塑管、公称直径250mm以上的钢管、公称直径250mm以上的卡箍配件、公称直径250mm以上的阀门及电动阀门等,以上配件在订货时一定

要提前,以免耽误施工。

2)土建单位的交接问题

给排水及消防空调管道工程的施工是在土建单位施工完毕后才进行的。如果土建单位在施工中存在误差会给给排水施工造成很大困难,因此,在与土建单位交接时要注意以下事项:

(1)孔洞预留问题。在交接前要参照建筑图纸和给排水图纸对预留孔洞一一查找,对孔洞的预留位置及大小都要核实,如有遗漏,应及时与土建单位沟通。

(2)泵坑的清理问题。在城市轨道交通车站设有多处泵房,在泵房里有积水坑。在土建施工中有许多建筑垃圾遗留在集水坑里,很难清理。给排水施工单位在交接前要把每一个集水坑的深度与图纸一一对应,如深度不够的、有垃圾的要由土建单位清理干净,直到看到混凝土底板为止。

(3)站台板下建筑垃圾问题。城市轨道交通站台层的消防管道一般都在站台板下,交接前要注意站台板下的垃圾清理问题。

(4)伸缩缝的问题。所有管道再过伸缩缝和诱导缝时都要加金属软管,在给排水图纸中有时没有标明伸缩缝的位置。在交接时要弄清伸缩缝的位置及数量,以免在施工中漏加金属软管。

3.施工中的问题

(1)施工的总体安排问题。在施工前要根据建设单位确定的总的工期节点和各阶段的节点进行有序的施工安排,要保证各阶段的节点如期完成,在施工队进场前要做详细的施工计划。在施工过程中要根据建设单位的安排及施工进度对施工计划进行调整,使工程有序地进行。

(2)施工队进场之前要对其进行安全及技术交底,这样施工队在施工过程中就有了依据,避免一些返工。技术交底要做到让施工队明确如何去作业施工。

(3)材料进场后的摆放问题。给排水的材料比较多,尽量将配件摆放整齐,管道及配件要放在指定的位置和土建、通风等专业协调好,避免在施工中二次搬运。

(4)施工中的细节问题。施工队都是专业的队伍,对施工中的流程、工序都是比较熟悉,但由于是包工,施工队可能只抓进度,对一些细节处理不到位。

(5)各专业的协调问题:

①与装饰装修专业施工协调。装饰装修施工由于施工人员比较多,难于管理,施工中有时只注意进度。给排水工程师要及时关注装饰装修施工进度,对给排水的施工做合理安排。

②与通风空调专业施工协调。在城市轨道交通机电安装工程中,根据小管让大管原则,风管是不容易更改的。当给排水消防专业与通风发生冲突时,一般是改变管道位置,所以在施工中要注意避开风管的问题。

③与动力照明专业施工协调。在给排水和消防水及空调水管道上有一些电动蝶阀,要把电动阀门的供电及协议和动力配电专业工程师沟通好,以免出现偏差。

④与公共区装修专业施工协调。在公共区有一些消防箱的位置需要公共区装修单位定位以后安装。不要提前安装,以免出现返工。与装修单位的接口要确认好,特别是洁具的施工。

⑤与市政给排水专业施工协调。城市轨道交通内的废水、污水都要通过潜污泵提到室外,

再排到市政雨水管道和污水管道。在施工过程中要注意地面的恢复工作,和市政给排水施工队沟通好,在修路之前把室外的管道做好。在管道、化粪池等室外施工中,一定要考虑隧道的顶板和挡土墙,尽量避开。

⑥与铺轨单位施工协调。在区间里有排水泵房处要预埋排水管或预留过轨管槽;在消防管联通管处要有过轨沟槽。一定要注意铺轨进度,不要忘记预留过轨通道或预埋管道。

4.工程计价的问题

在施工过程中,专业工程师要对照合同计价表对现场实际发生的工程量进行仔细的比对,如果发现与合同计价量不符时要及时记录,及时与设计沟通,要力求合同外多干的每一处都要计价,积少成多,这对项目来说是非常重要的。

思考题

1.何谓空调水系统? 它由哪几部分组成?
2.空调水系统有哪些常见形式?
3.空调水系统的设计内容主要有哪几点?
4.冷却塔的设计包含哪些内容?
5.简述空调水系统施工流程。
6.安装空调水系统时应注意哪些问题?

参 考 文 献

[1] 刘艳华. 暖通空调节能技术[M]. 北京:机械工业出版社,2019.

[2] 刘秋新. 暖通空调节能技术与工程应用[M]. 北京:机械工业出版社,2016.

[3] 朱济龙,唐春林. 城市轨道交通车站机电设备[M]. 2 版. 北京:机械工业出版社,2016.

[4] 涂丹. 城市轨道交通车站设备[M]. 江苏:江苏大学,2019.

[5] 王明年,于丽,刘大刚,等. 城市轨道交通地下车站设计与施工[M]. 北京:科学出版社,2014.

[6] 张杨,李助军. 城市轨道交通车站消防与给排水系统维护[M]. 成都:西南交通大学出版社,2018.

[7] 刘志义. 城市轨道交通工程设计(上册)[M]. 北京:中国铁道出版社,2020.

[8] 马最良,姚杨,姜益强. 暖通空调热泵技术[M]. 2 版. 北京:中国建筑工业出版社,2019.

[9] 黄翔. 空调工程[M]. 北京:机械工业出版社,2017.

[10] 严煦世,刘遂庆. 给水排水管网系统[M]. 3 版. 北京:中国建筑工业出版社,2019.

[11] 张伟. 给排水管道工程设计与施工[M]. 河南:黄河水利出版社,2020.

[12] 胡世琴. 给水处理与运行[M]. 北京:中国建筑工业出版社,2016.